PROBLÈMES
DE
RYTHMANALYSE

Collection Rythmanalyses

Dépôt légal – juillet 2022
© Rhuthmos, 2022– N° Siret : 81094682200014
14 A, rue Notre-Dame-de-Nazareth, 75003 Paris
ISBN : 979-10-95155-348
ISSN : 2610-1432
Impression : KDP/ICN
Couverture : Hélène Courset – TONDO 1322 - Alkyde sur toile - diamètre 40 cm / 2022.

Les œuvres d'Hélène Courset sont visibles sur Instagram : https://www.instagram.com/ helene_courset, ainsi que sur le contact de l'Invisible Galerie : https://www.instagram. com/invisiblegalerie

Pascal Michon

PROBLÈMES DE RYTHMANALYSE

Volume 2

Rhuthmos

Du même Auteur

Problèmes de rythmanalyse, I, Paris, Rhuthmos, 2022.

Elements of Rhythmology. V. A Rhythmic Constellation. The 1980s, Paris, Rhuthmos, 2021.

Elements of Rhythmology. IV. A Rhythmic Constellation. The 1970s, Paris, Rhuthmos, 2021.

Elements of Rhythmology. III. The Spread of Metron. *From the 1840s to the 1910s*, Paris, Rhuthmos, 2019.

Elements of Rhythmology. II. From the Renaissance to the 19th Century, Paris, Rhuthmos, 2018.

Elements of Rhythmology. I. Antiquity, Paris, Rhuthmos, 2018.

Rythme, pouvoir, mondialisation (1re éd. 2005), Paris, Rhuthmos, 2016.

Rythmologie baroque. Spinoza, Leibniz, Diderot, Paris, Rhuthmos, 2015.

Marcel Mauss retrouvé. Origines de l'anthropologie du rythme (1re éd. 2010), Paris, Rhuthmos, 2015.

Les Rythmes du politique. Démocratie et capitalisme mondialisé (1re éd. 2007), Paris, Rhuthmos, 2015.

Sujet et individu en Occident. Dumont, Elias, Meyerson, Vernant [2013], Paris, Rhuthmos, à paraître.

Fragments d'inconnu. Pour une histoire du sujet, Paris, Le Cerf, 2010.

Poétique d'une anti-anthropologie. L'herméneutique de Gadamer, Paris, Vrin, 2000.

Éléments d'une histoire du sujet, Paris, Kimé, 1999.

À Maguy Marin et Élise Lerat

Sommaire

2. Rythme et nature

3. Rythme et art

Préface

Le volume précédent nous a permis d'éclairer l'essor remarquable que connaît la rythmanalyse depuis une dizaine d'années. Nous en avons, tout d'abord, examiné les principales bases épistémiques : la, ou plutôt, les définitions du concept de rythme ; les différents paradigmes théoriques qui se sont opposés et parfois alliés au cours d'une histoire plus que bimillénaire ; la mise en place d'une domination métrique ; les mutations *rhuthmiques* en cours dans les sciences sociales contemporaines ; la nature, le caractère minoritaire et les raisons historiques et théoriques de ces mutations. Puis nous avons discuté un certain nombre d'analyses rythmiques, ou apparentées, du social. Nous en avons vu la richesse, les apports substantiels chez Melucci et Bouton, mais aussi parfois les limites : en particulier, la persistance d'une vision phénoménologique et métrique chez les héritiers de Lefebvre, et la réduction des problèmes rythmiques aux seules questions du temps, de la vitesse et de l'accélération, chez Virilio, Rosa et leurs successeurs. Ce parcours nous a conduits à proposer *in fine* de transformer la rythmanalyse en *rhuthmanalyse*, c'est-à-dire en une approche qui viserait désormais l'individuation singulière et collective, et donnerait la primauté à l'organisation complexe des flux corporels, langagiers et sociaux sur l'ordre numérique linéaire ou sur les variations de tempo auxquels ces flux sont ramenés la plupart du temps.

Chemin faisant, nous nous sommes toutefois aperçus que ces approches négligeaient généralement deux entrées pourtant indispensables pour comprendre le monde d'aujourd'hui, comme du reste n'importe quel monde humain : le langage et l'art. De manière étonnante, beaucoup des études contemporaines font en effet comme si les individus dont elles essaient de décrire les rythmes de vie étaient muets et dénués de toute capacité d'interaction ; par ailleurs, pratiquement aucune d'entre elles ne prête attention à la littérature et plus largement aux pratiques artistiques. Or, il est bien difficile de comprendre les rythmes sociaux du monde d'aujourd'hui sans prendre en compte également les rythmes des discours qui le sillonnent sans relâche, ni les pratiques qui ne cessent de les interroger.

L'objectif de ce second volume est donc d'ouvrir la rythmanalyse sur ces deux sphères afin de lui permettre d'élargir son approche du monde contemporain et d'englober des réalités qu'elle ignorait jusque-là, mais aussi de surmonter définitivement sa propension à réintroduire des schémas métriques. La moindre pratique langagière ou artistique se déploie en effet selon des *rhuthmoi* qu'il est absolument impossible de réduire à de simples retours périodiques d'accents forts et faibles organisés arithmétiquement et appelle nécessairement une approche théorique entièrement renouvelée.

À ces deux enquêtes, j'ai ajouté une incursion dans le monde des neurosciences, non pour établir une quelconque pseudo-continuité entre le monde historique et le monde de la nature, mais pour essayer de comprendre comment ces sciences traitent des problèmes qui leur sont propres mais qui sont aussi étonnamment proches de ceux des sciences sociales d'aujourd'hui.

J'espère, avec ces deux ouvrages, qui ont été conçus ensemble et demandent à être lus de même, avoir un peu éclairé un champ d'études foisonnant, parfois jusqu'à la confusion, mais à l'évidence plein d'un avenir tout à fait prometteur.

1. Rythme et langage

Dans le premier volume, nous avons noté l'absence extrêmement fréquente, dans les rythmanalyses actuelles, de l'activité langagière. Cet aspect fondamental de la vie humaine et sociale est très souvent méconnu aussi bien du point de vue théorique que du point de vue analytique. La question ici est de comprendre les raisons et les conséquences d'une telle cécité mais aussi les gains qu'apporterait sa prise en compte.

Comme on sait, Benveniste a apporté dans les années 1950-1970 une contribution fondamentale qui a permis une résurgence du concept de *rhuthmos* mais aussi l'élaboration d'une remarquable conception *rhuthmique* du langage qui posait les bases d'une anthropologie radicalement historique. Ayant déjà discuté ailleurs ces travaux en détail, je me contenterai de rappeler ici quelques-uns de leurs apports principaux et me permets de renvoyer les lecteurs qui voudraient en savoir plus aux études déjà publiées à ce sujet.[1]

Dans cette partie, je voudrais me concentrer sur les travaux postérieurs à ceux de Benveniste, travaux qui sont souvent injustement méconnus. Je présenterai, tout d'abord, le contexte historique et théorique dans lequel la question des rythmes du langage a émergé au cours des années 1970, puis la contribution fondamentale d'Henri Meschonnic développée au cours des années 1970-1990. J'évoquerai ensuite une réflexion plus récente sur « les façons de lire et les manières d'être » qui, bien qu'elle ignore entièrement l'apport de Benveniste et de Meschonnic, s'est confrontée à la question des rythmes du langage et des rythmes de la vie qui leur sont liés. J'essaierai enfin d'esquisser quelques éléments d'une rythmanalyse poétique qui feront pendant avec les éléments de rythmanalyse sociologique et politique que viennent d'être présentés.

---

1. P. Michon, *Poétique d'une anti-anthropologie. L'herméneutique de Gadamer*, Paris, Vrin, 2000, chap. IX ; *Fragments d'inconnu. Pour une histoire du sujet*, Paris, Le Cerf, 2010, chap. VI ; *Elements of Rhythmology. A Rhythmic Constellation. The 1970s*, Paris, Rhuthmos, 2021, chap. 4 et 5.

1. La constellation rythmique des années 1970
face à la question du langage

On présente souvent l'évolution des sciences sociales et humaines au cours des années 1970 comme un basculement brusque et sans reste d'une ère dominée par le systémisme et le structuralisme à une nouvelle ère dominée par l'individualisme, le poststructuralisme et le postmodernisme. Or, comme on l'a déjà noté plus haut, ces années ont vu se dessiner dans le ciel des idées, pendant une durée assez courte mais densément occupée, ce que j'ai suggéré d'appeler une « constellation rythmique » indépendante des modèles déclinants comme de ceux qui allaient bientôt s'imposer. Cette constellation regroupait les travaux publiés par une pléiade d'auteurs comprenant Benveniste, Lefebvre, Foucault, Barthes, Serres, Morin, Deleuze, Guattari et Meschonnic, qui tous s'appuyaient de manière plus ou moins explicite sur le concept de rythme.[1]

Pendant la courte période de son existence, cette constellation a élaboré une série de points de vue rythmanalytiques entièrement originaux dont nous n'avons pas encore épuisé toute la fécondité. En même temps, elle souffrait de faiblesses non négligeables qui ont certainement aidé à sa

---

1. Pour faciliter la lecture, je rappelle ici, quelques informations déjà fournies dans le vol. 1. Les premiers feux de cette constellation ont commencé à s'allumer dès 1966, avec l'ouvrage de Benveniste *Problèmes de linguistique générale* qui, outre la théorie de l'activité langagière entièrement nouvelle qu'il proposait, contenait une réédition de l'article princeps sur la notion de rythme écrit en 1951. Mais elle ne s'est vraiment constituée qu'avec la publication quasi-simultanée d'une série impressionnante de chefs-d'œuvre : le deuxième volume des *Problèmes de linguistique générale* en 1974 ; *La Production de l'espace* de Lefebvre également en 1974 ; *Surveiller et Punir* de Foucault en 1975 ; le premier cours de Barthes au Collège de France consacré à l'idiorrythmie en 1977 ; *La Naissance de la physique* de Serres également en 1977 ; le premier volume de la *Méthode* de Morin toujours en 1977. Deux étoiles de très grande magnitude se sont encore ajoutées avec la publication en 1980 de *Mille plateaux* de Deleuze & Guattari, puis en 1982 de *Critique du Rythme* de Meschonnic. Pour une analyse détaillée de tous ces travaux, P. Michon, *Elements of Rhythmology. A Rhythmic Constellation. The 1970s – The 1980s*, 2 Vol., Paris, Rhuthmos, 2021.

disparition et dont une attire particulièrement l'attention car elle concerne le penseur qui, le premier, avait mis en lumière la différence entre *métron* et *rhuthmós*. Je veux parler du sort déplorable réservé à Benveniste et à la voie entièrement nouvelle qu'il ouvrait.

Je me propose donc dans ce chapitre de présenter rapidement les principales avancées réalisées à cette époque par la constellation rythmique mais aussi d'en montrer les limites, tout particulièrement en ce qui concerne la théorie du langage.

Critiques de la domination métrique et alternatives

En dépit de différences notables voire de contradictions internes qu'il ne faut pas sous-estimer, nous allons le voir, tous les auteurs cités ci-dessus partageaient, tout d'abord, une commune perspective antimétrique. La même hostilité envers le mètre motivait la critique historique de Benveniste et son refus de réduire le flux langagier à une succession syntaxiquement normée de signes discrets ; l'opposition de Lefebvre à l'invasion de la vie quotidienne par les « rythmes linéaires » ; la critique développée par Foucault de la domestication des individus par les métriques du pouvoir ; la mise en lumière par Barthes de la suppression des modes de vie idiorrythmiques antiques et modernes ainsi que du contrôle des corps et des âmes par les règles monastiques puis industrielles ; la dénonciation par Serres de la tradition scientifique dominante fondée sur la géométrie euclidienne et l'arithmétique rationnelle ; le rejet par Morin de la conception déterministe classique de la nature fondée sur l'ordre, la loi, la régularité et la réversibilité ; le refus de Deleuze & Guattari comme de Meschonnic de toutes les théories de la nature et de l'homme posant un primat de la mesure et de l'ordre numérique.

Il est vrai que les alternatives à ces différentes formes de domination métrique n'ont pas émergé immédiatement. La suggestion déjà ancienne faite par Lefebvre de leur opposer les « rythmes cycliques » qui auraient caractérisé les sociétés rurales traditionnelles restait fort peu convaincante car elle impliquait une naturalisation du rythme, tout en restant fondamentalement liée au principe d'une répétition régulière. De même, on ne trouve guère chez Foucault, au moins à l'époque, de propositions alternatives aux différentes formes de « métrise » de la société, de l'individu et du temps, très justement dénoncées par ailleurs.

Toutefois des points de vue théoriques et pratiques totalement inédits, appuyés sur la notion de *rhuthmos*, ont commencé à se constituer dans d'autres parties de la constellation. Chez Benveniste et chez Barthes, l'attention portée aux manières de fluer du langage, du sujet et du soi a permis d'envisager quelques solutions aux problèmes soulevés. Les études du sujet dans ses pratiques énonciatives et du soi dans ses pratiques idiorrythmiques débouchent l'une et l'autre sur une utopie éthique et politique. Mais cette force de renouvellement a concerné aussi les sciences de la nature avec la réévaluation par Serres d'une partie de la physique et des mathématiques antiques fondées sur les flux, les déviations, les tourbillons et le calcul infinitésimal, et la promotion la même année par Morin d'une nouvelle conception de la science incluant les notions de désordre, de boucle, de générativité et d'émergence. Elle s'est exprimée finalement dans toute sa puissance avec l'élaboration par Deleuze et Guattari d'une théorie du savoir, de la nature et de la société totalement intégrée et entièrement fondée sur les notions de flux de particules, d'énergie et d'intensité, puis avec le développement par Meschonnic d'une conception du langage, de la société et de l'homme appuyée, quant à elle, de part en part sur la notion de flux langagiers organisés.

Une nouvelle perspective rythmanalytique, assez cohérente en dépit de nombreuses oppositions internes, a ainsi commencé à se former, ne comprenant rien de moins qu'une ontologie *rhuthmique* (Serres, Morin, Deleuze & Guattari), des doctrines *rhuthmiques* du temps et du devenir (Foucault, Benveniste, Serres, Morin, Deleuze & Guattari), de théories *rhuthmiques* de la connaissance (Serres, Morin, Deleuze & Guattari), de conceptions *rhuthmiques* de la nature et de son évolution (Serres, Morin, Deleuze & Guattari), des théories *rhuthmiques* de l'individuation et du soi (Barthes, Serres, Morin, Deleuze & Guattari, Meschonnic), des théories *rhuthmiques* de la subjectivité humaine (Benveniste, Deleuze & Guattari, Meschonnic), des théories *rhuthmiques* de l'information et du langage (Benveniste, Morin, Meschonnic), des théories *rhuthmiques* de la littérature et de l'art (Deleuze et Guattari, Meschonnic) et enfin des éléments d'éthiques et de politiques *rhuthmiques* (Benveniste, Barthes, Morin, Deleuze & Guattari, Meschonnic).

Quand on rassemble et compare toutes ces contributions, on se rend compte que les années 1970 ont vu l'émergence d'une nouvelle approche scientifique et philosophique qui visait, en s'appuyant sur le concept de rythme, à dépasser les limites des paradigmes systémique et structuraliste, tout en conjurant par avance les principales faiblesses de ceux qui allaient émerger au cours de la décennie suivante. De plus, on voit que du point de vue rythmanalytique cette perspective rompait résolument avec le paradigme métrique platonicien, dont la diffusion à la fin du XIXe et au

début du XXe siècle avait été si impressionnante et renouait avec les paradigmes démocritéens et aristotéliciens qui avaient commencé à réémer-
ger en Occident depuis la deuxième moitié du XVIIIe siècle.[1]

Les faiblesses de la constellation rythmique

L'originalité de ces toutes premières critiques rythmanalytiques, la
force et la rapidité de leur expansion, et leur sophistication conceptuelle,
auraient dû se traduire par l'émergence d'un nouveau paradigme scientifique et philosophique. Mais nous savons que cela ne s'est malheureusement pas produit. Dès le début des années 1980, la constellation rythmique a disparu aussi vite qu'elle s'était formée. Un certain nombre d'autres
travaux utilisant le concept de rythme et même parfois l'élaborant plus
avant ont été publiés au cours des années 1980 et 1990 par Deleuze,
Meschonnic ou Lefebvre[2], mais ce concept n'est pas devenu un motif
porteur partagé par un grand nombre de scientifiques et de penseurs. La
conjonction des étoiles qui, pourtant, venait de se produire pour des raisons de fond, ne s'est pas transformée en un réseau intellectuel irriguant
les sciences humaines et sociales et la philosophie. Au lieu de cela, les
paradigmes de l'individu, de la déconstruction et de l'éclectisme postmoderne, opposés en apparence les uns aux autres mais en fait largement
interdépendants, ont vite occupé l'espace laissé libre.

Outre le dynamisme propre à ces paradigmes, un certain nombre de
faiblesses particulières à la constellation rythmique expliquent cet effacement, de la mort prématurée de certains de ses membres, comme celle de
Benveniste en 1976, de Barthes en 1980 et de Foucault en 1984, à des
conflits théoriques de fond, en passant par un certain nombre de divisions
toutes pratiques.

La plus évidente d'entre elles est l'absence de confrontation directe
ou de débat entre les différents membres de la constellation. En dépit du
fait qu'ils appartenaient au même milieu intellectuel, se connaissaient
parfois assez bien, partageaient souvent les mêmes points de vue politi-

---

1. P. Michon, *Elements of Rhythmology. From the Renaissance to the 19th Century*,
Paris, Rhuthmos, 2018, 2e partie.

2. Deleuze publie en 1983 *L'image-mouvement* et en 1985 *L'Image-temps*, Lefebvre *Éléments de rythmanalyse* en 1992 et Meschonnic *Politique du rythme, politique du sujet* en 1995.

ques, notamment sur le mouvement de 1968, et travaillaient parfois dans les mêmes institutions universitaires, le rythme n'est jamais devenu un sujet clairement thématisé et discuté pour lui-même.

Une autre faiblesse apparaît à travers la liste des contributions de la constellation rythmique évoquée précédemment. Si cette liste témoigne *a posteriori* d'une impressionnante série de réalisations, elle montre aussi que chacune d'entre elles s'est développée sans beaucoup de liens avec les autres, et parfois même dans l'ignorance complète des entreprises parallèles existantes. La rythmanalyse est restée à cette époque très fragmentée. D'une part, la spécialisation exigée par les normes universitaires a fortement gêné la communication entre les différentes disciplines impliquées dans la constellation rythmique. De l'autre, il existait – et il existe toujours – une sorte de rideau de fer qui séparait presque hermétiquement les sciences humaines et sociales, d'une part, et les sciences de la nature et les mathématiques, de l'autre. Même les énormes efforts accomplis par des théoriciens comme Serres, Morin ou Deleuze et Guattari, pour contourner le mur, traverser le *no man's land* entre les deux blocs, et se documenter en profondeur sur les sciences de l'époque ont eu très peu d'échos chez les spécialistes des sciences de la nature qui les ont ignorés pendant longtemps.

Toutefois, cette combinaison regrettable de disparitions, d'absence de débat, de spécialisation disciplinaire étroite et de guerre froide scientifique n'explique certainement pas tout car elle était largement partagée à l'époque dans d'autres milieux. Il faut donc faire entrer en ligne de compte un autre facteur de faiblesse propre à la constellation rythmique ellemême : le conflit théorique fondamental qui n'a cessé de la traverser et qui a certainement joué un très grand rôle dans sa disparition. Celle-ci en effet n'a jamais pu combler le fossé béant entre son aile naturaliste et démocritéenne illustrée par Serres, Morin, Deleuze & Guattari, et son aile anthropologique et aristotélicienne, représentée par Benveniste, Barthes et Meschonnic – Lefebvre et Foucault répartissant leurs luminaires à des distances variables entre ces deux orientations. Les partisans du naturalisme atomiste n'ont cessé de discréditer et de critiquer les partisans de l'anthropologie langagière, ce qui a abouti à marginaliser la plupart de ceux-ci puis à les effacer tout bonnement de la culture théorique commune et des débats des décennies suivantes. La constellation rythmique a alors perdu des ressources irremplaçables et la suite a montré que l'aile qui l'a emporté à cette époque a été bien incapable de faire face à elle seule aux succès des nouveaux paradigmes individualiste, déconstructionniste et postmoderne.

L'effacement de l'aile anthropologique

Le sort réservé à Benveniste au sein de la constellation rythmique résume à lui seul cette difficulté. Seuls Barthes et Meschonnic reconnaissent à l'époque pleinement l'importance de sa contribution. Lefebvre, Foucault et Morin l'ignorent tout simplement, pendant que Serres se moque de lui de manière assez condescendante[1] et que Deleuze & Guattari dénigrent sa pensée sur des bases plus que fragiles[2]. Je ne dirais pas, comme ces derniers, qu'il s'agit ici d'un cas où la « science nomade » a été « "barrée", inhibée ou interdite par les exigences et les conditions de la science d'État »[3] auxquelles Deleuze & Guattari prétendent s'opposer, mais la linguistique de Benveniste et la poétique de Meschonnic à sa suite ont clairement été les victimes d'une mise à l'écart rapide qui a conduit à leur absence dans les discussions rythmanalytiques passées et actuelles.

Malgré un bref et surprenant moment de gloire en 1968[4], Benveniste est demeuré jusqu'à nos jours un très célèbre inconnu. Du fait de son ancien statut de discipline reine des sciences humaines et sociales, la linguistique est en effet devenue au cours des années 1970 un objet de méfiance et a commencé à être vue comme « impérialiste ». Bien que sa linguistique ne reposât plus depuis longtemps sur le concept de structure, Benveniste, quant à lui, a commencé à faire l'objet de critiques virulentes pour sa prétendue association avec le structuralisme. De plus, en 1969, il a été victime d'un accident vasculaire cérébral qui l'a empêché de défendre et d'approfondir les deux recueils d'essais de linguistique générale qu'il a publiés en 1966 et 1974, et il est finalement décédé en 1976. De leur côté, les membres de la constellation rythmique qui connaissaient son œuvre et qui auraient pu contribuer à sa reconnaissance en ont été empêchés pour diverses raisons. Barthes est mort accidentellement en 1980 et sa première leçon au Collège de France n'a été publiée qu'en 2002. Meschonnic, quant à lui, était une sorte d'ermite, travaillant dans l'isolement, ayant de rares relations avec ses pairs et s'intéressant très peu

---

1. P. Michon, *Elements of Rhythmology. Antiquity.* Paris, Rhuthmos, 2018, p. 18 *sq.* ; *Elements of Rhythmology. A Rhythmic Constellation. The 1970s*, Paris, Rhuthmos, 2021, chap. 8.

2. P. Michon, *Elements of Rhythmology. A Rhythmic Constellation. The 1980s*, Paris, Rhuthmos, 2021, p. 188 *sq.* et p. 398

3. G. Deleuze & F. Guattari, *Mille plateaux, op. cit.*, p. 448.

4. Y. Malkiel « Lexis and Grammar – Necrological Essay on Émile Benveniste (1902-76) », *Romance Philology*, vol. 34, N° 2, 1980, pp. 160-194.

à une éventuelle transmission à la génération suivante. Suite à cette série de malentendus regrettables et d'événements malheureux, contrairement à Foucault, Barthes, Serres, Morin, Deleuze et Guattari, qui ont rapidement acquis une large notoriété internationale, Benveniste est ainsi resté confiné à la linguistique, même en France, et très peu de ses livres ont été traduits en langues étrangères.

Lorsqu'il a été lu en dehors de son domaine d'origine, ce qui n'a pas été si fréquent, le type d'anthropologie radicalement historique qu'il suggérait a été reçu soit comme une simple version linguistique d'une vision du monde culturaliste (il était alors assimilé à Lévi-Strauss), soit comme une forme linguistique de phénoménologie de la subjectivité (il était alors assimilé à Merleau-Ponty), ou, dans les pires interprétations, comme une nouvelle forme d'anthropologie essentialiste (il était alors assimilé au penseur personnaliste Emmanuel Mounier). Pourtant, si nous faisons l'effort de lire Benveniste de son propre point de vue, au lieu de projeter sur lui des interprétations extérieures, quelque chose de très différent et de très original émerge qui est certainement l'un des apports les plus significatifs à la rythmanalyse de cette période.

Benveniste – Premiers jalons d'une anthropologie historique *rhuthmique*

Dans les deux volumes des *Problèmes de linguistique générale*, Benveniste offre en effet bien plus qu'un simple point de vue technique sur le langage.[1] Il élabore une très large vision du monde et de l'homme qui repose, comme celles de beaucoup de ses contemporains, sur des prémisses *rhuthmiques*, mais qui présente sur celles-ci deux avantages : d'une part, cette vision est motivée par une connaissance de première main du concept de *rhuthmos* et, d'autre part, elle n'est limitée, nous allons le voir, ni par des présupposés naturalistes, ni symétriquement par des présupposés culturalistes, quelles que soient, du reste, les formes que ces derniers ont pu prendre au cours de la deuxième moitié du XXe siècle.

---

1. Je reprends ici quelques-unes de conclusions d'études détaillées présentées dans *Fragments d'inconnu. Pour une histoire du sujet*, Paris, Le Cerf, 2010, chap. 6 et 11 ; dans *Elements of Rhythmology. Antiquity*. Paris, Rhuthmos, 2018, p. 18 *sq.* et dans *Elements of Rhythmology. A Rhythmic Constellation. The 1970s*, Paris, Rhuthmos, 2021, chap. 8.

Benveniste est d'accord avec Lévi-Strauss pour considérer la culture et le symbolisme comme le milieu spécifique de l'humanité, qui lui permet de se distinguer aussi bien du milieu physique et biologique que du milieu social et historique dans lesquels elle évolue, et donc pour rejeter toute forme de perspective naturaliste ou hyperpragmatique. Mais il ne considère pas non plus la culture et le symbolisme comme totalement autonomes et insiste, à l'encontre cette fois de Lévi-Strauss et de nombreux autres adeptes postérieurs de ce point de vue, sur leur dépendance à l'égard du langage. En effet, même si l'on oublie souvent ce fait fort simple, l'activité langagière précède toujours la culture et le symbolisme. Il n'y a pas d'institution culturelle qui n'ait d'abord été parlée.

Toutefois, Benveniste ne voit pas non plus le langage, à l'instar de Gadamer, comme un simple vecteur de collections de significations soumettant les locuteurs à un ordre supérieur et anonyme (ce qu'il appelle « la Tradition »), ou, à l'instar de Derrida, comme une activité soumise à des structures sémiotiques différentielles leur imposant une polysémie et un changement constant du sens, qui détruiraient *de facto* toute possibilité de subjectivation (ce qu'il nomme « la différance »). Au contraire, pour Benveniste, l'activité langagière, qui soutient le pouvoir sémantique du langage, propulse l'invention constante de l'homme par lui-même à travers le développement des langues, des cultures, des religions, des sociétés, des individus, mais aussi à travers les subjectivités auxquelles elle permet d'émerger, de se développer et de circuler.

Ici, il faut éclaircir deux points qui sont souvent mal compris. Tout d'abord, ce primat du langage ne signifie pas que celui-ci serait soutenu par une *subjectivité substantielle*, qui serait en quelque sorte l'équivalent linguistique de *l'âme*, ni même par une subjectivité phénoménologique fondée sur *le corps* et son ressenti, qui existerait avant et indépendamment de lui. Là encore, pour Benveniste, l'activité langagière vient en premier et la subjectivité, qui dépend directement des *rhuthmoi* du langage, est de ce fait discontinue, mobile entre les interlocuteurs et disponible en permanence pour tout être humain.

Ensuite, cette possibilité de subjectivation ne garantit en rien un progrès plus ou moins automatique vers *plus de liberté et plus d'humanité*. L'anthropologie radicalement historique que dessine Benveniste est irréductible à aucune des formes dialectique, pragmatico-kantienne ou herméneutique de l'anthropologie historique prônées respectivement par Lefebvre, Habermas ou Ricœur dans les dernières décennies du XXe siècle. De ce point de vue, Benveniste est indemne de tout retour à l'historicisme, même sous les formes volontairement limitées prônées par ces trois penseurs. On sait qu'il résumait son point de vue d'une manière quelque peu énigmatique en affirmant que « la condition de l'homme dans le langage est unique. » Je suggérerais, pour ma part, de comprendre cette affirmation comme soutenant que « la condition de l'homme dans le langage est *rhuthmique*, c'est-à-dire radicalement historique ».

*

On comprend mieux maintenant les difficultés résultant des interprétations erronées développées dans les années 1970 et de l'effacement ultérieur de l'apport de Benveniste, mais aussi les ressources que l'on peut y trouver, si l'on parvient à lui redonner son élan théorique originel.

1. D'une part, Benveniste nous donne les moyens de nous débarrasser définitivement du paradigme métrique platonicien qui, pour l'instant, continue d'entraver fortement les efforts de la rythmanalyse. Sans sa redécouverte du concept de *rhuthmos*, il est très difficile de donner son plein sens à la révolution rythmanalytique qui a commencé dans les années 1970.

2. De l'autre, l'anthropologie radicalement historique qui prolonge sa théorie *rhuthmique* du langage nous permet de surmonter un certain nombre des limites propres au mélange de naturalisme et d'hyperpragmatisme défendu par de nombreux penseurs du versant démocritéen de la constellation, pour lesquels sujet et homme se dissolvent entièrement dans la nature et ses forces, mais aussi à celles afférentes aux multiples formes de culturalisme prônées par les penseurs poststructuralistes et postmodernes ultérieurs, pour lesquels sujet et homme se dispersent cette fois entièrement dans la culture et ses puissances particulières.

3. Certes, un certain nombre d'aspects importants de la vie de l'homme lui échappent encore. Mis à part dans quelques notes qu'il n'a jamais publiées[1], Benveniste n'a pas abordé les questions de l'art et de la poétique, qui, comme nous le verrons avec Meschonnic, sont des clés importantes pour définir une politique et une éthique *rhuthmiques*. Mais il nous donne déjà quelques outils qui nous permettent à la fois de comprendre la nature profonde des problèmes qui ont pesé sur la constellation rythmique des années 1970, et de poser les premiers jalons d'une *rhuthmanalyse* générale.

---

1. Ses notes sur Baudelaire ont été publiées récemment par Chloé Laplantine. Voir *Émile Benveniste, l'inconscient et le poème*, Limoges, Lambert-Lucas, 2011.

2. Meschonnic et ses successeurs

Avec les travaux d'Henri Meschonnic, nous arrivons à une deuxième source d'inspiration rythmanalytique capitale apparue dans les années 1970 et assez vite oubliée par la suite. Ces travaux se placent explicitement dans le sillage des contributions de Benveniste mais ils sont loin de s'y réduire. Tout en se situant clairement, comme son prédécesseur, dans l'aile anthropologico-historique de la constellation rythmique, Meschonnic y introduit une composante poétique aristotélicienne beaucoup plus marquée.

À partir de 1970, Meschonnic publie chez Gallimard une suite d'essais qui abordent déjà, de manière plus ou moins serrée, la question des rythmes langagiers. Mais c'est en 1982, après plusieurs années d'attente dues aux hésitations et au rejet final par Pierre Nora, que paraît finalement chez Verdier son chef-d'œuvre : *Critique du rythme. Anthropologie historique du langage.* Ce livre long de 753 pages fait la synthèse de dix années de recherches et réflexions sur le rythme dans le langage et la littérature.[1]

Une nouvelle étoile dans la constellation rythmique

Pour comprendre l'importance de cet ouvrage, il faut tout d'abord le replacer dans son époque. À l'instar de la plupart des autres membres de la « constellation rythmique » des années 1970, Meschonnic tente de dépasser les limites du structuralisme en réintroduisant les concepts de transformation, de devenir et de flux, en quelque sorte en prônant un héraclitéisme

---

1. H. Meschonnic, *Pour la poétique*, Paris, Gallimard, 1970 ; *Pour la poétique II. Épistémologie de l'écriture. Poétique de la traduction*, Paris, Gallimard, 1973; *Pour la poétique III, Une parole écriture*, Paris, Gallimard, 1973 ; *Le Signe et le Poème*, Paris, Gallimard, 1975 ; *Écrire Hugo, Pour la poétique IV* (2 vol.), Paris, Gallimard, 1977 ; *Poésie sans réponse. Pour la poétique V*, Paris, Gallimard, 1978 ; *Critique du rythme. Anthropologie historique du langage*, Lagrasse, Verdier, 1982.
Parmi les études consacrées à Meschonnic, on tirera le plus grand profit de L. Bourassa, *Henri Meschonnic. Pour une poétique du rythme* [1997], Paris, Rhuthmos, 2015.

fondamental. En même temps, Meschonnic se distingue assez nettement de ses contemporains de plusieurs manières.

Sa version de l'héraclitéisme n'implique pas de réactualiser une logique dialectique stricte comme dans le marxisme officiel de l'époque, ni d'adhérer au retour de l'individualisme méthodologique et son point de vue probabiliste, ni de s'engager dans la fuite en avant vers la pure différence comme dans la déconstruction derridienne ou le postmodernisme de Lyotard, qui exagèrent de leur côté l'importance de la dispersion et du chaos.

Par ailleurs, fidèle en cela à Benveniste, Meschonnic met l'accent sur le primat du langage, qu'il ne définit plus comme *langue*, à l'instar des théoriciens structuralistes ou poststructuralistes, mais comme *activité*, *énonciation* ou *discours*. Ce point de départ le sépare d'emblée de la plupart des membres de la constellation rythmique, qui prônent pour leur part soit une approche phénoménologique fondée sur les seules sensations du corps comme Lefebvre, soit un primat de la théorie de l'information comme Serres ou Morin, soit une ontologie nietzschéenne des forces mâtinée de pragmatisme comme Foucault ou Deleuze & Guattari.

De plus, il développe une poétique totalement originale qui, sur une base *rhuthmique* revendiquée, vient ajouter à la théorie du langage une théorie de la littérature et plus largement de l'art qui manquait chez Benveniste. Cette nouvelle poétique vise en premier lieu à échapper aux théories structuralo-sémiotiques dominantes à cette époque et aux schèmes dualistes que celles-ci appliquent indifféremment à tous les objets auxquels elle s'intéresse. Mais elle souligne en même temps les déficits et les impasses de beaucoup des théories qui se veulent critiques de cette domination et qui ne s'intéressent guère en fait à la littérature et à l'art, comme celles élaborées par Lefebvre ou Foucault (après une période pendant laquelle il en a été autrement), Serres ou Morin, ou qui en négligent les aspects signifiants et subjectifs, comme celle proposée par Deleuze & Guattari.

Enfin, comme Benveniste mais sur des bases très élargies grâce l'introduction de la dimension poétique, il défend la notion de sujet qui à l'époque est en butte à une série de critiques ambiguës. D'un côté, ces critiques remettent légitimement en question ses modèles substantialistes traditionnels fondés sur une laïcisation de la notion d'âme, comme du reste ses modèles phénoménologiques plus récents fondés sur un primat tout aussi unilatéral du corps. Mais d'un autre côté, elles obscurcissent grandement sa nature qu'elles ne peuvent entièrement récuser sans entrer dans une contradiction performative mais dont elles sont bien incapables de rendre compte. Or, sans sujet, il est bien difficile de développer une éthique et une politique acceptables.

Le rythme du point de vue du poète et du traducteur

Concernant le langage, Meschonnic hérite très directement des avancées réalisées par Benveniste, mais sa vision n'est pas simplement théorique car elle est étroitement liée à sa double pratique de poète et de traducteur.

En ce qui concerne la poésie, on peut déjà noter que Meschonnic a écrit durant toute sa vie des poèmes qui ont parfois connu quelques succès notables. Il a ainsi reçu le prix Max Jacob en 1972 et le prix Mallarmé en 1986. Mais il faut aussi remarquer l'importance qu'il donne, dans tous ses écrits théoriques, aux témoignages des écrivains concernant leur « expérience » ou leur « vécu », qu'il distingue en citant Rilke de leurs « sentiments ».

> Les poètes et les linguistes n'approchent pas du même côté une définition opératoire de la poésie. [...] Les définitions des poètes protestent contre le formalisme. Claudel écrit à l'abbé Bremont : « Un poème n'est pas une froide horlogerie ajustée du dehors. » Les poètes lient la poésie à l'état poétique [Note 1 : Ainsi Rilke dans les *Cahiers de Malte Laurids Brigge* : « Car les vers ne sont pas, comme certains croient, des sentiments [...] Ce sont des expériences. »], ils l'enracinent dans un vécu dont elle est une forme, forme profonde comme Baudelaire parle de la « rhétorique profonde ». (*Pour la poétique I*, pp. 53-54)

Dès ses premiers textes, Meschonnic élève ainsi une vive protestation contre le pouvoir disciplinaire et le désir d'encadrement de l'expérience littéraire, mais aussi contre certaines formes dévoyées d'expérience qui ne font que rejouer, sans prendre aucun risque, des partitions écrites ailleurs. Derrière le formalisme de la poétique de l'époque, il débusque une conception du monde et une politique, marquées par la volonté de maîtrise, l'autorité et la hiérarchie, mais en même temps il critique les pratiques d'écriture prédéterminées par des programmes techniques, comme chez certains héritiers de l'Oulipo, ou par une imitation très calculée des jeux de l'inconscient, comme chez les innombrables suiveurs du Surréalisme. Contre la domination théorique et technique, il en fait appel au « vivre-écrire » des écrivains, tout en rappelant, contre la préméditation d'écritures appliquant des théories, que toute œuvre a toujours comporté sa part de risque. Au couple formalisme-ludisme, il substitue les notions d' « aventure » et d' « historicité radicale ».

C'est en s'appuyant sur cette « expérience » qu'il questionne la redéfinition de la poétique qui s'est effectuée dans la deuxième moitié du XXe siècle dans le sillage des travaux du Cercle de Prague, en particulier dans un article célèbre de Roman Jakobson, paru en 1960, où celui-ci a introduit la notion de « fonction poétique »[1]. Karl Bühler, dans les années 1930, avait réduit l'activité langagière à trois fonctions principales : les fonctions « expressive », « appellative » et « référentielle ». Jakobson montre qu'il faut ajouter à ce schéma au moins trois autres fonctions très importantes et sans lesquelles il ne peut pas y avoir d'activité langagière : les fonctions « phatique » (établissement, entretien et coupure de la communication), « métalinguistique » (quand le discours se prend lui-même pour référent) et « poétique » (où l'accent est mis sur le message pour son propre compte).

Pour Meschonnic, cet article est à la fois un obstacle et une avancée. D'une part, en mettant l'accent sur la propriété autotélique des discours, en particulier sous la forme de la paronomase *(« I like Ike », « I scream for icecream »)*, Jakobson fait de la poésie une activité avant tout formelle. Même s'il lui voit une fonction productrice et critique de l'idéologie, la poésie constitue un divertissement où l'on joue avec le langage pour lui-même. Définition d'époque qui donnera la littérature combinatoire que l'on connaît, ainsi que les poétiques formalistes dont on a parlé plus haut.

Mais cet accent reste déterminant sur un autre plan. D'une part, il postule une continuité entre le discours quotidien et le discours poétique, qui ne fait que pousser à son maximum une propriété commune du langage. De l'autre, en s'intéressant plus particulièrement aux effets de sens de la paronomase, il ouvre la voie à une théorie de la « signifiance » généralisée. La paronomase est en effet la manifestation sur le plan des phonèmes du principe fondamental de la fonction poétique, qui consiste dans la projection du *« principe d'équivalence de l'axe de la sélection sur l'axe de la combinaison »* (*Essais de linguistique générale*, p. 220, italiques de Jakobson). C'est pourquoi « en poésie toute similarité apparente dans le son est évaluée en termes de similarité et/ou de dissimilarité dans le sens » (p. 240). Ainsi, comme le commente Gérard Dessons,

cette définition signifie que la fonction poétique a pour effet de remplacer le système de production du sens inhérent à la combinatoire syntaxique par un autre système, où les éléments de la chaîne linguistique entretiennent entre eux des relations d'équivalence, de similarité, et non plus de hiérarchie logique.[2]

---

1. R. Jakobson, « Linguistique et poétique », *Essais de linguistique générale*, Paris, Minuit, 1963.
2. G. Dessons, *Introduction à la poétique. Approches des théories de la littérature*, Paris, Dunod, 1995, p. 239.

En ce qui concerne maintenant la traduction, Meschonnic est déjà adulte lorsqu'il apprend l'hébreu et commence à lire la Bible dans sa langue originale.[1] Il découvre alors que le texte qu'il est en train de lire n'a quasiment rien à voir avec celui qu'il connaît par ailleurs en français. Ce texte raconte bien les mêmes histoires, il met en scène les mêmes personnages et il parle des mêmes choses, mais il a des *effets* très différents : les voix, la manière dont le corps s'y glisse, la relation entre ce qui est signifié et ce qui est entendu sont très profondément différentes. Il est évident qu'une perte importante s'est produite lors de la traduction.

Dans la Bible hébraïque, au moins dans la version massorétique qu'utilise Meschonnic, l'écriture apparaît comme saturée de marques d'oralité. En réalité, l'écriture n'y est pas séparée de la voix. Le sens ne s'oppose pas au son. Le texte s'appuie, comme tout discours, sur une syntaxe et un lexique, mais il fonctionne prioritairement autour d'un système d'accents, de contre-accents, d'échos consonantiques et vocaliques, et même d'indications corporelles, qui participent tous à la production du sens. Et c'est ce système global qu'il faut traduire.

Dans *Ovadia*, verset 16. Voici la traduction du Rabbinat : *Oui, comme vous avez bu sur ma montagne sainte, ainsi les nations boiront sans discontinuer ; elles boiront et en perdront la raison, elles seront comme si elles n'avaient jamais été.* C'est, à part une erreur sur un verbe (perdre la raison, *laah*, au lieu d'avaler *la'a*), la traduction du signifié. Le texte hébreu (les barres indiquant l'importance relative des accents disjonctifs) dit : *Ki | kaacher chtitem | 'al har qodchi || yichtou khol hagoyim | tamid ||| vechatouvela'ou || vehayou | kelohayou.* Je traduis, pour garder le jeu des signifiants : *Car   ainsi que vous avez bu   sur la montagne de ma sainteté   boiront toutes les nations   éternellement   Et boiront et avaleront   et seront   et comme rien seront.* (*Pour la poétique II*, pp. 263-264)[2]

1. Sa première traduction, *Les cinq rouleaux*, est publiée dès 1970. En 1973, son deuxième ouvrage est consacré à la théorie de la traduction : *Pour la poétique II. Épistémologie de l'écriture. Poétique de la traduction.* Dès lors et jusqu'à la fin de sa vie, il consacre beaucoup de temps et d'énergie à pratiquer et à théoriser la traduction. En 1981, il publie *Jona et le signifiant errant* ; en 1999, *Poétique du traduire*, puis dans les années 2000, les traductions d'un certain nombre de livres de la Bible : *Gloires, traduction des psaumes* ; *Au commencement, traduction de la Genèse* ; *Les Noms, traduction de l'Exode* ; *Et il a appelé, traduction du Lévitique* ; *Dans le désert, traduction du livre des Nombres.*

2. Cet exemple est analysé plus en détail dans *Pour la poétique V. Poésie sans réponse,* Paris, Gallimard, 1978, pp. 223 *sq.*

Meschonnic remet en question à la fois la théorie de la traduction traditionnelle, qui met l'accent, au prix d'une perte importante de signifiance, sur la clarté et l'élégance dans la langue d'arrivée, et les théories qui croient naïvement qu'en transférant littéralement les formes d'une langue à l'autre, on éviterait cette perte. Il prône pour sa part la nécessité de ne plus penser la traduction en termes de langue mais en termes de discours. Ce qu'il faut traduire et donc essayer de reproduire dans la langue d'arrivée, c'est le système signifiant d'un discours et ses valeurs.

Il s'agit de réagir contre cette conception aussi fallacieuse que répandue, qui oppose des *sourciers* et des *ciblistes* : les sourciers louchant vers la langue de départ, en tâchant de la calquer ; les ciblistes regardant droit devant eux, en réalistes, vers la langue d'arrivée, en ne pensant qu'à préserver l'essentiel, le *sens*. Les sourciers, eux, soucieux de la *forme*. Inessentielle. [...] Quelles que soient les langues, il n'y a qu'une *source*, c'est ce que fait un texte ; il n'y a qu'une *cible*, faire dans l'autre langue ce qu'il fait.[1]

Que ce soit dans les formes poétiques les plus récentes et les plus proches ou dans les plus anciennes et les plus éloignées, le sens ne se développe donc pas seulement comme « signifié », c'est-à-dire à travers un processus de référence des signes à la réalité ou à des éléments de pensée ; il constitue plutôt une activité sémantique de la totalité du discours produite par l'ensemble des marques langagières. Le sens résulte d'une production active de significations par « le jeu des signifiants » qui sont utilisées seulement marginalement pour référer et principalement pour suggérer désirs et émotions, pour agir et interagir. Il est le produit d'une activité langagière qui ne sépare pas le signifié et le signifiant, ce que Meschonnic appelle, en empruntant le mot à Benveniste, une « signifiance ».

En français, la notion de « signifiance », qui existait au Moyen Âge sous la forme « segnefiance » (1080), a disparu au profit de « signification ». Mais sa réactualisation par Benveniste, précisément sur le patron du mot « signifiant », a remotivé ce terme en en faisant une extension du participe présent. En le proposant, Benveniste voulait se dégager du concept de signification lié au rapport fixe entre le signe et son référent, et le remplacer par un concept désignant l'activité de signifier elle-même. Mais il restreignait aussi la signifiance à la propriété que possèdent les

---

1. H. Meschonnic, *Poétique du traduire*, Lagrasse, Verdier, 1999, pp. 22-23.

systèmes de signes de signifier. Meschonnic applique, pour sa part, le terme à la production signifiante de l'ensemble du discours.

> [Dans l'activité langagière,] une performativité morphologique relationnelle, neutralise l'opposition du signifiant et du signifié. [...] Cette neutralisation implique une fonction représentative du langage comme discours, à tous les niveaux linguistiques, dans l'intonation, la phonologie, la syntaxe (l'ordre des mots), l'organisation du discours [...], etc. Il n'y a plus alors un signifiant opposé à un signifié, mais un seul signifiant multiple, structurel, qui fait sens de partout, une signifiance (signification produite par le signifiant) constamment en train de se faire et de se défaire. (*Le Signe et le Poème*, p. 512)

Dès *Pour la poétique I*, Meschonnic propose ainsi de reprendre la notion de rythme afin de rendre compte de cette activité signifiante qui apparaît le plus clairement dans les textes littéraires, poétiques, mais qui existe également dans le langage ordinaire.[1] Bien entendu, un tel usage nécessite de donner au terme rythme un sens différent de sa définition usuelle. Nous l'avons vu dans le volume précédent, Benveniste a montré que ce que nous appelons aujourd'hui un rythme est, selon une définition qui remonte à Platon, une série de temps forts et de temps faibles, qui possède une forme d'organisation arithmétique. Même lorsqu'il paraît irrégulier et marqué par des décalages, des syncopes ou des rubatos, il inclut une mesure, un mètre *(métron)*. C'est un dispositif binaire et arithmétique monté pour saisir un ordre en numérisant le mouvement. Dans son sens traditionnel métrique, fait remarquer Meschonnic, le concept de rythme s'associe donc très naturellement avec le concept de « signe », qui est aussi de nature dualiste et discrète, et donc avec celui de « langue » quand celle-ci est considérée comme collection de signes.[2]

Contre la tradition métrique propre aux études littéraires mais aussi contre la tradition philosophique, l'une et l'autre largement dominées par le paradigme platonicien, Meschonnic propose de redéfinir le rythme en poésie et en littérature comme ce que Gerard Manley Hopkins appelait le « mouvement de la parole dans l'écriture » et pour lequel il cherchait une sorte de « notation ».

---

1. H. Meschonnic, *Pour la poétique*, Paris, Gallimard, 1970, p. 68 *sq.*
2. « C'est le rythme, ou le mètre : comme le poème, ou le signe. Il n'y a pas de symétrie. » H. Meschonnic, *Critique du rythme*, *op.cit.*, p. 143.

1. *Le rythme*

Il ne s'agit que de comprendre sans dévier, que la conscience poétique est, organique-ment, de l'alexandrin au poème en prose, conscience rythmique. C'est comme l'écrivait Gerard Manley Hopkins « le mouvement de la parole dans l'écriture ». [Note 1 : G. M. Hopkins, lettre du 6 nov. 1887 à R. Bridges : « Je n'ai moi-même pas le moindre doute qu'en cherchant à consigner le mouvement de la parole dans l'écriture on n'accomplirait un progrès considérable sur le plan de la notation [...] comme les Allemands, eux, le font d'une certaine manière avec leurs majuscules, et les Hébreux, plus nettement encore, avec leur accentuation. Et je suis convaincu que cela viendra.] (*Pour la poétique I*, p. 68).[1]

En 1982, « l'importance majeure » reconnue au rythme, défini à la fois comme « mouvement de la parole dans l'écriture » et comme sa « no-tation », fait de Hopkins un fondateur « non seulement pour la modernité poétique, mais pour la théorie du rythme ».

L'importance majeure que Gerard Manley Hopkins a reconnue au rythme lui assure sa valeur d'inauguration, non seulement pour la modernité poétique, mais pour la théorie du rythme. Ainsi, il cherchait à « consigner le mouvement de la parole dans l'écriture », « sur le plan de la notation », et se référait aux accents de la Bible. (*Critique du rythme*, p. 83.)

En 2007, dans une discussion concernant à nouveau la théorie de la traduction, Meschonnic souligne une fois encore ce qu'il considère comme l'apport inaugural de Hopkins. Le rythme, dont Meschonnic énumère alors tous les composants (pauses, groupes, positions, syntaxe, répétitions, proso-die, récitatif), est présenté, de manière clairement *rhuthmique*, comme « l'organisation du continu ».

Penser le rythme comme une organisation du mouvement de la parole – et Gerard Manley Hopkins le savait, qui parle dans une lettre du *« record of speech in writing »* – suppose une gestuelle du sens, donc une rythmique ou sémantique de position. Elle est couramment effacée. Si on ne la traduit pas, la traduction a perdu la parole.

C'est que le rythme n'est pas – ou n'est plus (n'a jamais été) – seulement une succes-sion d'accents d'intensité, s'il est l'organisation du mouvement de la parole dans l'écriture. Il est l'organisation du continu. Il inclut donc, ce qui en soi n'a rien de nouveau, tous les effets de syntaxe.

---

1. Sur Hopkins, P. Michon, *Elements of Rhythmology. From the Renaissance to the 19th Century, op. cit.*, chap. 8.

Mais le rythme comme continu dans l'organisation du mouvement de la parole dans l'écriture n'est pas seulement rythme pausal, rythme de groupe, rythme de position, rythme de syntaxe, rythme de répétition, c'est aussi le rythme prosodique, le récit du récitatif, pas seulement le récit du sens des mots.[1]

Le rythme vu de la poétique – Critique du dualisme sémiotique, du formalisme et de leurs déconstructions

Sans le dire explicitement, Meschonnic en revient donc à la signification préplatonicienne du mot mise en évidence par Benveniste, celle qui donne au concept de *rhuthmos* le sens de « manière de fluer » ou d'« organisation du mouvant »[2]. Ainsi ce qui se présentait, tout d'abord, comme un outil théorique forgé pour rendre compte des « expériences » de l'écriture et de la traduction fournit la base d'une critique généralisée de la sémiotique et de toutes les oppositions binaires à partir desquelles celle-ci se déploie, que ces oppositions concernent *le* discours, le flux du langage (signe *vs.* référent extérieur ou idéel ; signifiant *vs.* signifié) ou *les* discours, les formes textuelles (forme *vs.* fond; lettre *vs.* esprit ; écriture morte *vs.* voix vivante; son *vs.* sens ; poésie *vs.* prose).

Le modèle du paradigme linguistique du signe est le couple formé par le signifiant linguistique pris comme forme et le signifié, partie du signe prise en fait pour la totalité du signe linguistique, puisque ce que l'on retient du signe, c'est le sens. [...] De ce paradigme linguistique du signe découlent d'autres conceptions dualistes des activités liées à la pratique du langage : la rhétorique des figures, avec son opposition du fond et de la forme et sa stylistique de l'écart ; l'antagonisme classique entre vers-poésie d'un côté et prose de l'autre ; la façon la plus courante de traduire : traduire, c'est traduire le sens.[3]

La critique s'élargit encore car du paradigme dualiste du signe découlent cinq autres formes de dualisme qui touchent ou ont touché, à des degrés divers, l'anthropologie (logique *vs.* prélogique ; normal-civilisé-

---

1. H. Meschonnic, « L'enjeu du traduire est de transformer toute la théorie du langage », *Équivalences*, 2007, n° 34-1-2, p. 29.
2. Cette dernière définition apparaît toutefois dans H. Meschonnic, *Poétique du traduire*, Lagrasse, Verdier, 1999, p. 99.
3. H. Meschonnic & G. Dessons, *Traité du rythme, des vers et des proses*, Paris, Dunod, 1998, p. 34.

adulte-masculin-blanc *vs.* fou-sauvage-enfant-femme-poète) ; la philosophie (choses *vs.* mots ; langage ordinaire, instrumental, véhiculaire *vs.* langage non utilitaire ; langage conventionnel *vs.* langage originaire) ; la théologie (Ancien Testament *vs.* Nouveau Testament ; ancienne *vs.* nouvelle
Alliance) ; la sociologie (individu *vs.* social ; individualisme et hédonisme
postmoderne *vs.* communautarisme des sociétés primitives) ; et la théorie
politique (minorité *vs.* majorité identifiée au Souverain) (pp. 34-37).

> C'est l'ensemble de ces six paradigmes, et non le paradigme linguistique seul (bien
> qu'il soit le modèle des cinq autres) qui constitue le signe. Le signe et le rythme, quand ce
> dernier est assimilé au processus alternatif de la métrique, sont des modèles pour une
> conception discontinue du monde. Ils vont bien au-delà de la vue toute technique et linguis-
> tique dont on a l'habitude, et que le structuralisme, moment triomphaliste de la rationalité du
> signe – et du signe comme modèle absolu de la rationalité – a renforcée. (*Traité du rythme,
> des vers et des proses*, p. 37)

À la place de ce dualisme généralisé, Meschonnic propose de rétablir
le primat du « continu » en étendant les notions benvenistiennes de « signifiance » et de « sémantique » à partir de ses propres découvertes concernant
le rythme dans la poésie et dans la traduction.

Le rythme devient ainsi le signifiant unique et multiple à la fois, ou
l'organisation continue des marques signifiantes qui produisent la « signifiance » ou la « sémantique » d'un texte entier. Il est la manière de fluer, on
pourrait dire le *rhuthmos*, du « sens » ou des « valeurs », manière spécifique à
un texte et à un auteur.

> Je définis le rythme dans le langage comme l'organisation des marques par lesquelles
> les signifiants, linguistiques et extralinguistiques (dans le cas de la communication orale sur-
> tout) produisent une sémantique spécifique, distincte du sens lexical, et que j'appelle la *signi-
> fiance* : c'est-à-dire les valeurs propres à un discours et à un seul. Ces marques peuvent se
> situer à tous les « niveaux » du langage : accentuelles, prosodiques, lexicales, syntaxiques.
> (*Critique du rythme*, pp. 216-217)

D'un point de vue global, Meschonnic met ainsi en place les bases
d'une stratégie anti-dualiste très puissante, qui oppose la continuité et la
dynamique du rythme au dualisme et à l'anhistoricité du structuralisme,
de la sémiotique et de la métrique. Sa poétique établit un nouveau point
de vue héraclitéen général qui constitue une critique de l'hégémonie du
modèle du signe dans la pensée moderne et, au-delà, une critique de
l'hégémonie du platonisme dans la pensée occidentale.

Il ne peut y avoir de sémiotique du rythme. Le rythme fait une anti-sémiotique. Il montre que le poème n'est pas fait de signes. Le poème passe à travers les signes. C'est pourquoi la critique du rythme est une anti-sémiotique. (*Critique du rythme*, p. 72)

D'un point de vue plus local, l'enjeu est de sortir la poétique des conceptions du texte littéraire et plus largement de l'œuvre d'art qui les considèrent comme de simples combinatoires de moyens stylistiques ou structuraux intriqués les uns dans les autres. Ces conceptions développées par les théoriciens formalistes de la littérature comme Barthes, Greimas, Genette et Todorov, reprises par certains auteurs du groupe Tel Quel comme Philippe Sollers ou par les épigones oulipiens de Raymond Queneau, ne peuvent rendre compte de la spécificité ni de la qualité des textes littéraires dans la mesure où elles sont aussi bien applicables à n'importe quel texte non littéraire.

Le but de la poétique ne saurait être la description exhaustive et tautologique de l'œuvre, comme semblait le dire Todorov : « Le but de la recherche est la description du fonctionnement du système littéraire, l'analyse de ses éléments constitutifs et la mise à jour de ses lois, ou, dans un sens plus étroit, la description scientifique d'un texte littéraire et, à partir de là, l'établissement de rapports entre ses éléments ». Une telle description ne peut que manquer l'œuvre et provoquer l'ennui. (*Pour la poétique I*, p. 24)

Par ailleurs, en dépit de progrès liés au développement de la narratologie qui entremêle l'organisation du texte et son sens, elles présupposent encore bien souvent l'antique opposition rhétorique du fond et de la forme. La littérarité, l'artistique, devraient être trouvés dans le jeu des formes plutôt que dans ce qui est dit, ce qui laisse bien souvent la question entièrement dans le dualisme.

En même temps, on l'a dit, Meschonnic n'est guère satisfait par les critiques déconstructionnistes de l'hégémonie sémiotique et structurale qui prolifèrent à son époque dans les sillages de Derrida, Nancy et Lacoue-Labarthe. À ses yeux, la plupart de ces critiques jettent en effet le bébé de l'œuvre d'art – et, on le verra, en fait bien plus – avec l'eau du bain formaliste. Certes, ceux-ci remettent légitimement en question le dualisme et la métaphysique du signe qui manœuvrent en sous-main ces approches, mais ils ne sont guère plus efficients qu'elles quant à la saisie de ce qui fait l'unité particulière d'une œuvre, sa ou ses significations et sa qualité littéraire ou artistique.

Ce n'est pas le projet fondamental, la visée contre la métaphysique du signe, qui font difficulté dans l'œuvre de Derrida. Mais la situation de ses concepts, dans leur travail sur la science du langage et la théorie de l'écriture, leur propre pratique d'écriture, et leur effet, exemplaires en tous les sens, imposent une réflexion. (*Le Signe et le Poème*, p. 401)

Le concept de « différance », en partie hérité du structuralisme que Derrida prétend pourtant critiquer, ne permet pas de penser le texte comme unité sémantique et artistique. Il ne peut que dissoudre toute signification et toute valeur dans un jeu infini de renvois et d'esquives.

La différentialité est une esquive de la présence, leçon structuraliste : « Le jeu des différences suppose en effet des synthèses et des renvois qui interdisent qu'à aucun moment, en aucun sens, un élément simple soit *présent* en lui-même et ne renvoie qu'à lui-même » (J. Derrida, *Positions*, 1972, p. 37). Mais un élément n'est pas une unité. La différentialité reçoit comme nom : « ce tissu, c'est le *texte* » (p. 38), où le jeu étymologique renvoie en miroir les deux mots l'un à l'autre. La spécularité est une fin de la conceptualisation. Elle ne peut plus que se reproduire elle-même, en se morcelant – en se disséminant. [...] Le texte n'est pas posé comme unité. Ce que tente de faire Lotman. Il ne peut pas être une unité, car il est défini l'enchaînement de la différentialité, « qui ne se produit que dans la transformation d'un autre texte » (p. 38). (*Le Signe et le Poème*, p. 437)

Le rythme vu de la poétique – L'unicité paradoxale de l'œuvre d'art

Meschonnic pense, quant à lui, que la poétique peut rendre compte à la fois des significations, de l'unité et de la valeur d'une œuvre car elle tient ensemble ce que les frères ennemis formalistes et déconstructionnistes séparent indûment : le système et la différence, la forme et le mouvement, l'organisation et le flux.

Il note, tout d'abord, que tout poème, tout roman et plus généralement toute œuvre d'art est unique, non seulement parce que chacun d'eux forme un monde qui a ses caractéristiques et ses valeurs particulières, mais aussi en ce sens qu'une œuvre d'art est « irrépétable », qu'on ne peut la copier pour refaire une autre : « Aucune œuvre ne fait double emploi avec aucune autre. »[1] La simple expérience montre – et ici il ne s'agit pas de théorie mais bien d'observation – que l'art exclut toute préméditation, tout calcul à partir du déjà connu, et ne peut donc être qu'une

1. H. Meschonnic, *Critique du rythme, op. cit.*, p. 708.

façon non pas même de chercher mais de trouver de l'inconnu. L'art présuppose un risque, une aventure qui excluent toute répétition. En ce sens, les œuvres d'art sont de véritables individus, et cela dans tous les sens du mot : d'une part, elles ne peuvent être coupées en morceaux sans perdre leur sens et leur valeur ; de l'autre, elles sont uniques, seules à chaque fois de leur genre : « Un poème aussi est un individu. »[1]

En même temps, cette qualité propre aux œuvres ne fait pas de celles-ci des objets fermés sur eux-mêmes, sur le modèle des monades leibniziennes. La monade est sans portes ni fenêtres, elle est close et ne communique pas avec ses semblables, sinon par l'intermédiaire d'un ordre qui lui est extérieur. Elle participe d'un ordre divin, qui la dépasse et la place dans une interaction harmonieuse et préétablie – ce qu'on appelle aujourd'hui la main invisible du marché. Ce modèle est le modèle idéologique de l'individu individualiste qui s'est répandu en Occident au cours d'une histoire complexe, dont j'ai retracé ailleurs les contours[2]. Les œuvres d'art possèdent, pour leur part, une qualité qui les distingue radicalement des monades. Leur unicité ne les ferme pas sur l'extérieur. Au contraire, le monde spécifique qu'elles configurent n'a d'existence que s'il peut être partagé par d'autres : « Le poème donne, au sens de Max Jacob, la sensation du fermé, tout en étant une unité ouverte. »[3] Leur ouverture fait partie de leur nature propre et une œuvre se nierait elle-même si elle tentait de se soustraire à cette nécessité. L'œuvre, rappelle souvent Meschonnic, est « à l'origine d'une chaîne infinie de réénonciations »[4].

Là aussi, il faut le souligner, Meschonnic n'avance rien de spéculatif. Il note un fait d'observation. Sa remarque ne présuppose aucun parti pris théorique. Le caractère ouvert de l'individuation des œuvres d'art n'est pas une représentation idéologique. Elle est une donnée historique, une certitude sur laquelle nous pouvons nous appuyer.

Ce fait met en évidence une particularité des œuvres d'art : l'œuvre est absolument unique mais aussi totalement ouverte sur ses réactualisations. À la différence de la monade ou de l'individu individualiste, elle est donc un propre, un soi, qui est aussi toujours et de manière simultanée un autre, un toi. Ce phénomène a du reste été reconnu par les artistes

---

1. H. Meschonnic, *Politique du rythme, politique du sujet*, Lagrasse, Verdier, 1995, p. 208.

2. P. Michon, *Les Papiers du Collège International de Philosophie*, N° 30, Paris, 1996 et *Fragments d'inconnu. Pour une histoire du sujet*, Paris, Le Cerf, 2010, chap. 2.

3. H. Meschonnic, *Critique du rythme, op. cit.*, p. 709.

4. H. Meschonnic, *Critique du rythme, op. cit.*, pp. 72 et 87.

eux-mêmes depuis longtemps. Nerval disait « Je suis l'autre »[1]. Dans *Aurélia* (1853) il écrivait, dans les mots de son époque :

> Notre passé et notre avenir sont solidaires. Nous vivons dans notre race, et notre race vit en nous. Cette idée me devint aussitôt sensible, et, [...] il me semblait voir une chaîne non interrompue d'hommes et de femmes en qui j'étais et qui étaient moi-même ; les costumes de tous les peuples, les images de tous les pays apparaissaient distinctement à la fois.[2]

De même, Hugo, dans la préface des *Contemplations* (1856) :

> Est-ce donc la vie d'un homme ? Oui, et des autres hommes aussi... Hélas ! Quand je vous parle de moi je vous parle de vous. Comment ne le sentez-vous pas ? Ah ! Insensé, qui crois que je ne suis pas toi ![3]

De même encore Rimbaud en 1871 avec son célèbre « JE est un autre[4] » et Aragon en 1925 :

> Je ne me mets pas en scène. Mais la première personne du singulier exprime pour moi tout le concret de l'homme. Toute métaphysique est à la première personne du singulier. Toute poésie aussi. La seconde personne est encore la première.[5]

Il y a donc dans l'œuvre d'art une tension qui lui est consubstantielle entre sa particularité inimitable et son ouverture infinie, une tension qui lui donne précisément sa qualité d'œuvre. Dans cette sphère très particulière de la vie sociale que constitue l'art, l'individu est donc bien *distinct* des autres, mais il n'en est pas *séparé*, il communique avec eux.

Le rythme vu de la poétique – Le sens et la valeur littéraire

L'individuation paradoxale de l'œuvre d'art est à la fois une cause et une manifestation de sa valeur. Toute œuvre qui a cette qualité très parti-

---

1. Inscription de Nerval au bas de l'un de ses portraits (1854). Cité dans *CR*, *op.cit.* p. 86.
2. G. de Nerval, *Aurélia*, Paris, Garnier-Flammarion, 1972, p. 141.
3. Victor Hugo dans sa préface aux *Contemplations*, cité en partie dans *Politique du rythme, politique du sujet*, Lagrasse, Verdier, 1995, p. 145.
4. Lettre à Paul Demeny du 15 mai 1871.
5. L. Aragon, « Avis », *La Révolution surréaliste*, N° 5, 15 octobre 1925, p. 25. Cité dans *Critique du rythme, op. cit.*, p. 86.

culière possède en effet une certaine valeur artistique, en même temps toute œuvre qui possède une certaine valeur est nécessairement « fermée-ouverte ».

Afin de rendre compte de ce phénomène, Meschonnic reprend et transforme le concept linguistique de valeur défini par Saussure comme « différentielle interne dans un système »[1]. Ce concept servait à remplacer le concept de sens, compris comme « représentation » (*CLG*, p. 158). La conception classique faisait en effet du sens un rapport entre une représentation mentale, une idée générale et un objet de référence perçu par l'intermédiaire des sensations. Cette conception impliquait que le langage est un médium transparent composé de mots qui ne font que désigner ces représentations, ces idées et ces objets de référence. La nature du langage était alors identifiée à la désignation, ce que Saussure appelait la « nomenclature » (*CLG*, p. 97). Autrement dit, la langue était réduite au dictionnaire, c'est-à-dire à un ensemble de mots, qui sont autant de noms de choses, d'idées ou de représentations. Pour Saussure, cette conception avait, parmi beaucoup d'autres, le défaut de considérer que le signifié peut être séparé du signifiant, que le sens peut être distingué du son. Afin de récupérer la possibilité de penser ensemble le son et le sens, « comme le recto et le verso d'une feuille de papier » (*CLG*, p. 157), Saussure cassait la relation dualiste de représentation, et la remplaçait par une relation pluraliste qu'il appelait la « valeur ». Au lieu que le sens apparaisse immédiatement par la confrontation de sensations, d'une représentation mentale et d'une idée, il s'institue à travers la différenciation de l'élément de la langue considéré par rapport à tous les autres éléments de celle-ci (*CLG*, pp. 162, 168).

Contrairement à beaucoup de ses contemporains qui critiquent Saussure de manière plus qu'expéditive, Meschonnic reprend à son compte ce concept de valeur mais il le sort du système de la langue, où celui-ci l'avait maintenu, pour l'appliquer *au* discours et surtout *aux* discours. La valeur, qui était une valeur « sociale » partagée par tous les locuteurs d'une même langue, devient une valeur « spécifique », dans le sens où elle est produite dans un discours nécessairement tenu par un locuteur particulier. Elle est liée à ce que Benveniste appelle le « sémantique », c'est-à-dire à « l'appropriation à la circonstance » qui est imprévisible et non descriptible structuralement. Mais Meschonnic va aussi plus loin que ce dernier en prolongeant cette idée fondamentale de la linguistique *du* discours vers une poétique *des* discours et plus particulièrement

---

1. F. de Saussure, *Cours de linguistique générale* [1915], Paris, Payot, 1979, p. 162. Ici *CLG*.

de la littérature. Il faut non seulement passer du « sémiotique » au « sémantique », de la structure à l'activité, mais aussi élargir le « sémantique » lui-même et considérer les discours tenus comme des systèmes signifiants rythmiques. De ce point de vue, le discours n'est pas seulement une « mise en fonctionnement de la langue », il est avant tout « production de systèmes discursifs », que nous pouvons appeler des « discours » ou des « textes » et qui peuvent, le cas échéant, être aussi des « œuvres ». Il faut donc étendre la notion de valeur pour lui permettre de rendre compte, à la fois, des valeurs *sémantiques* d'un texte et de la valeur *artistique* d'une œuvre.

> [Il faut] constituer une théorie de la valeur, c'est-à-dire du continu entre la valeur, au sens de Saussure, différentielle interne dans un système, mais transportée dans le discours, et la valeur sociale, dite esthétique. (*Politique du rythme, politique du sujet*, p. 430, même idée p. 141)

Pour obtenir ce résultat, on peut considérer que la production de valeurs sémantiques dans un texte peut prendre une forme linguistique universelle et une forme poétique spécifique. Il est possible de faire une analyse des valeurs produites par le rythme dans n'importe quel texte – par exemple, dans un bulletin météo du *Monde* [1] – mais ces valeurs ne sont alors que des valeurs propres à un état de la langue et à la rhétorique d'une époque, valeurs qui sont communes au groupe des locuteurs de cette langue.

> Météorologie, ou Code civil, quel que serait l'exemple d'un discours écrit, il offrirait ce qu'on pourrait appeler un *rythme objectif* de la langue dans ses discours. (*Critique du rythme*, p. 511)

Mais le rythme peut aussi produire des valeurs totalement originales. C'est le cas, par exemple, dans la poésie, mais aussi bien dans la prose littéraire, qui englobent rythme linguistique et rythme poétique.

> Le rythme linguistique, qui est toujours rythme d'un discours, y devient un élément parmi d'autres valeurs de signifiance, de la grande unité à la petite. On passe du linguistique au rhétorique et au poétique, du discours en situation au discours-situation, au discours système de signifiance. (*Critique du rythme*, p. 515)

---

1. H. Meschonnic, *Critique du rythme, op. cit.*, pp. 508-511.

Le rythme « compris comme organisation du mouvement de la parole dans l'écriture, comme émetteur de signifiance » produit alors de manière unique « les valeurs d'un texte dans sa systématique, et selon la continuité prosodique de son discours »[1]. Le rythme crée « les valeurs propres à un discours et à un seul »[2]. C'est ce qu'on reconnaît en disant que la caractéristique principale d'une œuvre est de ne pouvoir être imitée, sauf à perdre ce qui la fait œuvre. Et c'est aussi, ce qui fait la valeur artistique d'une œuvre.

On doit donc reconnaître « trois catégories de rythme, mêlées dans le discours » : les rythmes linguistique et rhétorique, qui existent à toutes les époques et dans toutes les langues et toutes les cultures ; le rythme poétique, qui n'apparaît que dans les œuvres.

On peut reconnaître non trois rythmes, comme Tomachevski, mais trois catégories de rythme, mêlées dans le discours : le *rythme linguistique*, celui du parler dans chaque langue, rythme de mot ou de groupe, et de phrase ; le *rythme rhétorique*, variable selon les traditions culturelles, les époques stylistiques, les registres ; le *rythme poétique*, qui est l'organisation d'une écriture. Les deux premiers sont toujours là. Le troisième n'a lieu que dans une œuvre. Ils déterminent chacun une linguistique du rythme, une rhétorique du rythme, une poétique du rythme, la dernière présupposant les deux autres. (*Critique du rythme*, p. 223, même idée p. 459)

C'est la systématicité maximale et la présence de valeurs propres à un discours qui expliquent que ce discours puisse continuer à séduire, à toucher, à bouleverser indéfiniment. Sa valeur artistique, en dehors des vicissitudes de sa réception, tient à ce potentiel d'activité et s'explique par cette production de valeurs spécifiques. La valeur artistique est fonction de la puissance sémantique de l'œuvre. Dans le cas des œuvres les plus fortes, la signifiance peut ne jamais s'épuiser. Elles peuvent soutenir des réactualisations quasiment infinies. Exemples canoniques : la Bible, le Coran.

Le rythme vu de la poétique – Le sujet poétique

Tout se passe donc comme si, grâce à son rythme, une œuvre littéraire portait à un degré extrême l'expérience quotidienne et pourtant étrange, pour peu qu'on y pense, qui fait que le *je* du discours est à la fois ce qui est

---

1. H. Meschonnic, *Politique du rythme, politique du sujet, op. cit.*, p. 373.
2. H. Meschonnic, *Critique du rythme, op. cit.*, p. 217.

le plus intime et ce qui est le plus commun, puisque universel. De par son caractère à la fois totalement unique et totalement ouvert, le sujet poétique apparaît comme une extension – et en même temps une radicalisation qui lui fait changer de nature – du sujet du discours ordinaire.

Saussure, selon Meschonnic, a préparé une linguistique du discours, mais il ne l'a pas réalisée. C'est chez Benveniste que celle-ci se constitue. La « parole » décrite dans le *Cours de linguistique générale* comme « l'acte de l'individu réalisant sa faculté [de langage] au moyen de la convention sociale qu'est la langue »[1], cette « parole » n'est pas le « discours ». Elle n'est – et elle le restera dans le structuralisme – que l'utilisation de la langue par l'individu. Dans cette optique, le sujet parlant reste à l'extérieur de la langue, il semble lui préexister comme un individu et, d'une certaine manière, il l'instrumentalise.

Pour Benveniste, le discours est bien autre chose. Il vient en premier et la langue n'est en réalité qu'une construction induite des discours réellement tenus, une construction qu'on ne saurait réifier.

C'est dans le discours, actualisé en phrases, que la langue se forme et se configure. Là commence le langage. On pourrait dire calquant une formule classique : nihil est in *lingua* quod non prius fuerit in *oratione*.[2]

De ce fait, le sujet n'est plus considéré par Benveniste comme extérieur, mais bien comme une production du discours et de l'énonciation elle-même. Quand il est énoncé par un locuteur, le *je* ne renvoie, *en premier lieu*, ni à sa propre personne – comme on le croit naïvement –, ni à une idée générale de *je* dont cette occurrence serait une réalisation ponctuelle. Le *je* ne peut pas renvoyer immédiatement à la personne particulière qui parle, puisqu'il est disponible pour toutes les personnes. Il ne fonctionne pas comme un nom de la personne. Mais le *je* ne réfère pas non plus à une représentation abstraite du *je*, car il n'existe pas de représentation permanente du sujet susceptible de garder les mêmes traits chaque fois qu'on l'évoque. Cette représentation est bien au contraire un enjeu de la prise de parole, de l'énonciation.

---

1. F. de Saussure, *Cours de Linguistique Générale*, Paris, Payot, 1972, p. 419, n. 63.
2. É. Benveniste, « Les niveaux de l'analyse linguistique » (1962), *Problèmes de linguistique générale*, Paris, Gallimard, 1966, p. 131.

Chaque instance d'emploi d'un nom se réfère à une notion constante et « objective », apte à rester virtuelle ou à s'actualiser dans un objet singulier, et qui demeure toujours identique dans la représentation qu'elle éveille. Mais les instances d'emploi de *je* ne constituent pas une classe de référence, puisqu'il n'y a pas d' « objet » définissable comme *je* auquel puissent renvoyer identiquement ces instances.[1]

À quoi réfère donc le *je* ? Benveniste apporte à cette question une réponse surprenante et révolutionnaire : il réfère à lui-même, il est « sui-référentiel ».

Chaque *je* a sa référence propre, et correspond chaque fois à [un] être unique, posé comme tel. Quelle est donc la « réalité » à laquelle se réfère *je* ou *tu* ? Uniquement une « réalité de discours », qui est chose très singulière.[2]

Le *je* ne fonctionne donc pas comme un signe. Il ne reçoit « sa réalité et sa substance » que de son *énonciation*. C'est une *instanciation*, à chaque fois différente, un pur *effet de la pratique* de l'appareil du langage. Du coup, le *je* n'a pas de « signification » particulière mais participe bien, en revanche, des processus de la « signifiance » discursive. De même, cela implique que le sujet est une réalité composée d'instanciations discrètes ; il y a une discontinuité temporelle fondamentale du sujet linguistique qui, sauf pathologie, reste toutefois toujours et universellement réactualisable.

Hors du discours effectif, le pronom n'est qu'une forme vide, qui ne peut être attachée ni à un objet ni à un concept. Il reçoit sa réalité et sa substance du discours seul.[3]

La théorie de Benveniste est donc déterminante ici, comme modèle antimétaphysique, et comme support pour penser l'historicité radicale du sujet, pourtant il est clair qu'elle est encore insuffisante pour décrire des phénomènes qui se produisent à des niveaux supérieurs à la phrase. C'est

1. É. Benveniste, « La nature des pronoms » (1956), *Problèmes de linguistique générale, op. cit.*, p. 252.

2. É. Benveniste, « La nature des pronoms » (1956), *Problèmes de linguistique générale, op. cit.*, p. 252. Je rajoute l'article [un] qui semble faire défaut ici.

3. É. Benveniste, « Le langage et l'expérience humaine » (1965), *Problèmes de linguistique générale II*, Paris, Gallimard, 1974, p. 68.

pourquoi, il faut, selon Meschonnic, généraliser les découvertes de Benveniste et passer d'une *linguistique* du discours à une *poétique* du discours.

> Le paradoxe est que Benveniste n'a pas développé ce travail [sur le rythme], tout en étant le premier et le seul à l'avoir rendu possible. C'est qu'il faisait une linguistique du discours, et que, peut-être, il y fallait une poétique du discours ; qui analyse le poème comme révélateur du fonctionnement du rythme dans le discours. (*Critique du rythme*, p. 70)

Comme le *je* du discours, une œuvre ne réfère, pour parler comme Benveniste, ni à une idée toujours identique dans la représentation qu'elle éveille et à laquelle pourraient renvoyer identiquement toutes ses réactualisations (comme le serait la « vraie signification » de l'œuvre dont chercheraient à s'approcher ses différentes lectures), ni à un individu concret dont elle serait l'expression (comme le serait la personne de l'auteur, qu'il ne faut d'ailleurs pas confondre avec l'auteur lui-même). De ce point de vue, l'œuvre ne porte pas le nom de son auteur, mais c'est bien plutôt son auteur qui a le nom de son œuvre. *Écrire Hugo* est un livre qui met en pratique l'idée de « lecture-écriture » définie dans *Pour la poétique I*, mais c'est aussi une description de la manière dont l'œuvre « rassemble du sémantique » et *écrit* le nom d'Hugo.

> Dans l'écriture, dans l'art, un sujet est devenu son œuvre. Ce qu'indique la désignation commune : un nom d'auteur fait autre chose qu'un nom de personne qui n'est pas un nom d'auteur. Il signifie, en même temps qu'il désigne. Il rassemble du sémantique. (*Critique du rythme*, p. 85)

Comme le *je* du discours, un poème, un roman ou une danse instaure donc l'unicité et la spécificité d'un monde, tout en restant réénonçable ou réactualisable *ad infinitum*. Elle constitue une sorte d'opérateur de glissement, de *shifter* poétique.

Pour expliquer ce phénomène, Meschonnic propose de considérer que le texte se constitue en une espèce de grand *je* dès qu'il se transforme en un « système de valeurs » spécifique. Quand le texte se fait œuvre littéraire, « *le discours tout entier est porté à l'état de subjectivité. C'est-à-dire au statut de système de valeurs* » (p. 86). Et ce phénomène est lui-même fondé sur le rythme : « Le rythme porte à la puissance de système d'un discours le *je* linguistique. » (p. 678)

Or, en constituant, à travers le rythme, un système de valeurs spécifique, l'œuvre acquiert, à l'image du *je* de l'énonciation, un statut « sui-référentiel ». L'œuvre est « un système sui-référentiel, sui-constitutif » qui « produit sa référence en même temps qu'il la désigne »[1]. Pour le dire autrement, la systématicité du rythme porte l'ensemble du discours à l'état de *performatif.*

Benveniste avait remarqué que le sujet de l'énonciation est sui-référentiel et performatif. Comme la phrase « je baptise ce vaisseau Liberté », l'énonciation de *je* « se réfère à une réalité qu'il constitue lui-même[2] » : « Est "ego" qui *dit* "ego" » (p. 259). Les phrases performatives produisent des actes sociaux où le sujet est convoqué (rien ne se passerait sans lui) mais où il est tout de même au second plan (il s'agit de baptiser, de nommer, de juger, d'ouvrir une séance, etc.). L'énonciation du *je* est, pour sa part, un acte pur d'instauration du sujet. Meschonnic propose d'étendre cette capacité performative d'instauration du sujet à tout le discours. Sera « ego » qui dit, lit, écrit ou traduit une œuvre, c'est-à-dire énonce l' « ego » qui est dispersé dans son rythme.

Du coup, la performativité du rythme donne à la signifiance la mobilité et la force pragmatique inépuisable qu'on lui connaît dans les grandes œuvres de la littérature. Le *je* du poème est, comme le *je* de l'énonciation, une place à la fois extérieure à tout locuteur et totalement disponible pour chacun : « Le poème est un moment transitoire d'un *je-ici-maintenant.* » (CR, p. 709)

En se faisant sa propre référence, l'œuvre échappe à toute approche historiciste ou herméneutique qui la saisirait par ses liens à la *situation de production ou bien de réception.* Elle est en quelque sorte à elle-même sa propre situation.

Si un sujet peut être unité de rythme, si un discours peut être unité de rythme, ce n'est possible que quand un sujet s'inscrit au maximum dans son discours, inscrit au maximum sa situation dans un discours, qui en devient le système – contrainte maximale. Au lieu que la plupart des discours sont inscrits dans une situation, ne se comprennent qu'avec elle. L'unité alors se compose d'eux et de leur situation. Quand la situation passe, ils passent avec elle. (*Critique du rythme,* p. 43)

Toute œuvre – et c'est ce qui la différencie d'un discours ordinaire – possède donc une propriété très particulière : celle de constituer ses propres critères d'évaluation, d'être un « discours-situation ». Mais, cet

---

1. H. Meschonnic, *Pour la poétique II, op. cit.,* p. 178.
2. É. Benveniste, *Problèmes de linguistique générale, op. cit.,* p. 274.

aspect, dans la mesure même où il lui vient de son statut de performatif ou de sui-référentiel, n'implique pas qu'elle fixerait définitivement ces critères. Comme tout *je*, ou tout performatif, le sujet du poème, diffus dans le rythme, est sinon une place vide (il y a là une limite à la comparaison car une œuvre possède une individualité que n'a pas le *je*), du moins une place disponible pour n'importe quel locuteur, que celui-ci peut toujours et immédiatement faire sienne. C'est pourquoi la signifiance qui est produite par le rythme est « une organisation, une diffusion d'effets à l'état indéfiniment naissant »[1]. C'est l'infini d'une œuvre toujours réactualisable à partir de nouveaux présents.

Si, comme le répète souvent Meschonnic, le « paradoxe fondateur » de la littérature est qu'une œuvre, pour être à tous, doit avoir quelque chose qui est unique[2] ; on peut ajouter à cela que pour être unique toute œuvre doit pouvoir être à tous. Elle doit avoir la faculté de signifier en dehors de son contexte historique et biographique d'origine. L'individuation paradoxale de l'œuvre présuppose donc une subjectivité qui est aussi une « transsubjectivité » ou une « hypersubjectivité », ce que Meschonnic appellera bientôt un « transsujet ».

Si une écriture produit une reprise peut-être indéfinie de la lecture, sa subjectivité est une intersubjectivité, une trans-subjectivité. Non une intra-subjectivité, qu'on feint de confondre avec le subjectivisme, l'individualisme. Cette écriture est une énonciation qui n'aboutit pas seulement à un énoncé, mais à une chaîne de ré-énonciations. C'est une énonciation trans-historique, trans-idéologique. Une *hyper-subjectivité*. (*Critique du rythme*, p. 87)

La littérature n'advient que s'il y a hyper-subjectivité, pour qu'il y ait trans-subjectivité. Pour que le sujet de l'énonciation soit sujet de ré-énonciation, de trans-énonciation, il faut qu'il soit un trans-sujet, qu'il y ait, selon l'expression d'André Green, un « trans-narcissisme ». Il porte à la puissance de système d'un discours le *je* linguistique. Il réalise l'anonymat du *je*, pronom trans-personnel qui porte que tout sujet vaut un autre sujet. (*Critique du rythme*, p. 678)

Grâce à son rythme, au sens d'organisation signifiante complexe, chaque œuvre offre aux êtres humains une large forme subjective, qui à la fois transmet des pouvoirs sémantiques spécifiques, condense des expériences,

1. H. Meschonnic, *La Rime et la Vie*, Lagrasse, Verdier, 1990, p. 49.
2. H. Meschonnic, *Critique du rythme*, *op. cit.*, p. 85.

des mémoires et des désirs, et offre des places qu'ils peuvent occuper à chaque fois qu'ils les lisent, les voient représentées ou les entendent.

Cette capacité transsubjective qui caractérise l'œuvre a pour conséquence que, tout en inscrivant toujours en elle « les déterminations d'un sujet », elle est simultanément « un savoir du futur ». Elle constitue « un langage qui en sait plus long sur nous que nous-mêmes » (p. 87). Pour son auteur, à vrai dire, c'est « un savoir qu'[il] ne connaît pas, qu'[il] ne peut pas consulter » (p. 87). Ce qui invalide toute conception intentionnelle de l'écriture ou de l'art comme un vouloir dire : « On n'écrit pas ce qu'on veut, encore moins ce qu'on souhaite » (p. 87). Mais le savoir de l'œuvre constitue un savoir pour les autres : « Le poème est ce discours qui peut reconnaître le passé des autres. » (p. 87) L'œuvre installe ainsi un temps qui ne relève pas de la temporalité linéaire et irréversible à travers laquelle la science nous a habitués à penser le monde. Elle met en place un *présent transtemporel*.

> Glissement du *je*, le rythme est un présent du passé, du présent, du futur. Il est et n'est pas dans le présent. Il est toujours un retour. (*Critique du rythme*, p. 87)

Il ne faudrait pas croire toutefois que ce retour est un « éternel retour du même », car, comme l'avait déjà compris Artaud, l'œuvre est certes éternelle mais elle est à chaque fois réinventée par son lecteur. « L'art », disait celui-ci dans une formule magnifique qui fait écho à la formule de Meschonnic précédente, « c'est l'aujourd'hui encore aujourd'hui demain », c'est-à-dire un présent qui restera présent dans le futur.

> La grandeur c'est l'éternel, les grandes dates de la vie d'un homme transposées en gestes dans l'art, le fugace c'est l'anecdotique, eût-il un air de vrai mais qui passe, avec l'illusion du vrai, le vrai en surface, le vrai d'un jour qui n'est plus vrai le lendemain, et l'art c'est l'aujourd'hui encore aujourd'hui demain.[1]

L'idée fondamentale qu'introduit ici Meschonnic est donc que la littérature, et peut-être l'art en général, porte à la systématicité une fonction naturelle du langage, la fonction subjective, tout en en changeant radicalement l'expression. La différence entre le sujet linguistique identifié

---

1. A. Artaud, « À propos de la littérature et des arts plastiques », *Œuvres complètes*, To. II, Paris, Gallimard, 1956, p. 181.

par Benveniste et le sujet poétique tel que le voit Meschonnic est que le premier est une « forme vide » sans qualités spécifiques, une forme sui-référentielle c'est-à-dire qui ne réfère qu'à un *je-ici-maintenant* éphémère, institué à chaque fois qu'il est prononcé, alors que le second propose un « système de valeurs », également sui-référentiel mais durable et infus dans le rythme, un *je-ici-maintenant* qui glisse dans le temps. S'installer dans la forme vide du *je* linguistique ne change pas la manière dont nous sentons, pensons, nous comportons ou agissons. Cela peut nous aider à atteindre le statut d'agent, mais cela peut aussi aggraver notre aliénation et nous faire croire que nous sommes agents alors que nous ne le sommes pas. La psychanalyse s'occupe principalement de ce genre d'illusion : « Je suis moi... ». Au contraire, la lecture ou l'écoute d'un texte littéraire peut changer en profondeur nos manières de ressentir, de nous comporter et d'agir. La réénonciation de ce second genre de *je* fait participer un individu à une forme spécifique de sujet, à un *transsujet*. Les textes littéraires – mais on peut penser que les œuvres picturales, les chorégraphies, d'une manière générale les œuvres d'art fonctionnent, suivant des médiations qui restent à définir, sur les mêmes bases – transmettent des rythmes, c'est-à-dire des formes subjectives toujours particulières et dynamiques.

En pratique, c'est-à-dire d'un point de vue linguistique et poétique, ce à quoi nous avons affaire est donc un assemblage de formes qui sont *à la fois* anthropologiques et radicalement historiques.

Benveniste a montré que chaque locuteur ou corps parlant peut, dans la mesure où il fait des phrases, où il tient un discours, accéder au sujet de l'énonciation (sur une base à chaque fois renouvelée). Ces deux instances, le corps parlant et le sujet de l'énonciation, sont des universels aussi bien du point de vue du temps historique que de celui de la diversité des sociétés humaines aujourd'hui existantes. Sauf pathologies et troubles du langage, tout être humain y a accès dans une plénitude immédiate. On est un sujet de ce type ou pas, même si, nous l'avons vu, le sujet de l'énonciation est en pratique non-substantiel et discontinu.

Toutefois, ajoute Meschonnic, les êtres humains ne se contentent pas de faire des phrases, de produire des flux discursifs. Ils génèrent en fait en permanence des discours, des textes dans lesquels les phrases sont intégrées et associées les unes aux autres au sein de systèmes rythmiques. Or, ces systèmes impliquent, on l'a vu, trois types de rythme, de fonctionnement et de valeur anthropologique assez différents : un rythme linguistique, un rythme rhétorique, qui sont universellement présents, et un rythme poétique qui « n'a lieu que dans une œuvre » (p. 223 – même idée p. 459). Il faut donc distinguer un sujet de l' « énonciation », un sujet du « parler » qui est commun à tous les discours et qui prolonge le précédent sur le plan du « *rythme objectif* de la langue dans ses discours » (p. 511), et un sujet du « discours poétique » qui est nettement séparé des deux autres et qui fait passer du « parlé », c'est-à-dire de la sphère purement phonique, à l'« oral », c'est-à-dire à une organisation systémique des marques signifiantes.

> Le parlé est le phonique, qui s'oppose à l'écrit. L'oral, libéré de cette confusion, peut désigner le primat du rythme et de la prosodie comme mode de signifier, autant dans le parlé que dans l'écrit. En fait, la seule et plénière réalisation de l'oralité est l'écriture, quand elle est une forme-sujet. (*Politique du rythme, politique du sujet*, p. 380)

En résumé, l'activité langagière de l'homme implique, selon Meschonnic, un « corps-parlant » ; un sujet de l'« énonciation », qui se constitue dans chaque acte de parole et qui se prolonge dans le sujet du « parler » organisé par les rythmes linguistiques et rhétoriques ; et un sujet du « discours poétique », de l' « écriture », du « poème » qui, lui seul, participe pleinement de « l'oralité » systémique du rythme signifiant et peut donc ainsi se constituer en « transsujet ». Seul ce dernier type de sujet est en effet corrélatif d'une production de valeurs telle qu'elle va permettre à la fois l'individuation parfaite et le partage infini de l'œuvre. À la différence du corps-parlant, du sujet de l'énonciation et de son extension dans le sujet du parler, qui sont tous trois des universels, le « sujet poétique » ou le « sujet de l'écriture », lui, n'est pas strictement universel, puisqu'il n'apparaît que dans les œuvres d'art et comporte de ce fait une certaine spécificité. Toutefois, il ne faut pas oublier que cette spécificité implique en elle-même une ouverture infinie qui fait de ce sujet un universel d'un autre genre, un *transsujet*.

> Le sujet est un universel linguistique anhistorique : il y a toujours eu sujet, partout où il y a eu langage [...]. Mais il n'y a de sujet de l'écriture que quand il y a transformation du sujet de l'écriture en sujet de réénonciation. (*Critique du rythme*, p. 72)

Le sujet poétique s'instaure dans l'énonciation ou la réénonciation de l'œuvre (par l'auteur, le lecteur ou l'auditeur) et par elle uniquement. Il n'a donc pas la stabilité d'une substance qui se serait séparée, une bonne fois pour toutes, de son environnement et doit être au contraire conçu, à l'instar du sujet linguistique, comme discontinu dans ses réactualisations successives et à chaque fois différent.

Le rythme, la poétique, la philosophie et la psychanalyse

Cette position rend Meschonnic très particulier parmi les penseurs critiques de l'époque. À la différence de la plupart d'entre eux, il n'abandonne pas le concept de sujet. Il le transforme de manière à le débarrasser de sa définition substantialiste traditionnelle, sans recourir à ses reformulations phénoménologiques, mais sans non plus le faire disparaître entièrement dans un flux linguistique dispersif ou dans un dynamisme généralisé.

Du point de vue de la poétique du rythme, le langage dote les êtres humains de différentes formes de sujet mais aucune d'entre elles ne relève de sa définition classique comme fondement ou support de la foi, de la volonté et de la connaissance, comme *hupokeimenon*. Les sujets de l'énonciation et du parler, comme le sujet du poème, ne rentrent pas dans le paradigme luthéro-grotiuso-cartésien. D'une part, ils ne se constituent pas en s'opposant à l'Église, à l'État ou au Monde, ou pour le dire autrement, ils ne résultent pas d'un processus de division d'un tout, que celui-ci soit religieux, juridique ou scientifique. De l'autre, ils ne sont pas de l'ordre de la substance croyante, « voulante » ou pensante, ou pour le dire autrement, ils ne sont pas réductibles à l'âme, à l'individu ou à l'*ego*.[1]

Ces formes de sujet ne relèvent pas non plus d'un sentiment intime de l'« existence », comme chez le premier Heidegger ou chez Sartre, ou de l'ensemble de la pratique et des sensations du « corps », comme chez Merleau-Ponty, qui ne sont en fait que seconds par rapport à l'activité du langage. Meschonnic reste sur ce plan entièrement fidèle à Benveniste.

C'est dans et par le langage que l'homme se constitue comme *sujet* ; parce que le langage seul fonde en réalité, dans *sa* réalité qui est celle de l'être, le concept d' « ego ». La « subjectivité » dont nous traitons ici est la capacité du locuteur à se poser comme « sujet ». Elle se définit, non par le sentiment que chacun éprouve d'être lui-même (ce sentiment, dans la mesure où l'on peut en faire état, n'est qu'un reflet), mais comme l'unité psychique qui transcende la totalité des expériences vécues qu'elle assemble, et qui assure la permanence de la conscience. Or nous tenons que cette « subjectivité », qu'on la pose en phénoménologie ou en psychologie, comme on voudra, n'est que l'émergence dans l'être d'une propriété

---

1. Sur la construction de ce paradigme substantialiste voir P. Michon, *Éléments d'une histoire du sujet*, Paris, Kimé, 1999. Je prends naturellement *ego* ici au sens cartésien et non à celui de Benveniste.

fondamentale du langage. Est « ego » qui *dit* « ego ». Nous trouvons là le fondement de la « subjectivité », qui se détermine par le statut linguistique de la « personne ».[1]

En même temps, le sujet n'est jamais complètement dissous par la « procession », la « tradition », la « différance » ou la « différence », c'est-à-dire par l'émergence de nouveaux modes de l'être, comme le dit le second Heidegger, par la puissance des énoncés venus du passé, comme l'affirment Gadamer et ses successeurs[2], par une référence constante des signes aux autres signes, comme le soutiennent Derrida et bien d'autres avec lui, ou par un constant passage à travers lui des forces de la nature et de la société, comme l'affirment de leur côté Deleuze & Guattari et leurs disciples[3]. Il n'est pas défini par l'émergence de nouvelles guises de l'être originaire, ni par la transmission de corpus culturels accumulés, ni par le fonctionnement de structures appelées la langue ou le symbolique, ni par le jeu des forces du cosmos naturel et social, parce que de tels modes, de tels corpus, de telles structures et de telles forces ne sont en réalité que de simples artefacts théoriques produits au prix de la forclusion de l'activité langagière.

Le sujet est institué par et pendant l'énonciation ou la réénonciation d'un discours et seulement à travers elle. Ainsi, il n'a certainement pas la cohésion d'une substance métaphysique, juridique ou psychique qui se serait séparée, une fois pour toutes, de son environnement, ni même la cohésion relative d'un moi fondé dans le sentiment de l'existence ou dans la sensation directe du corps, et il doit, au contraire, être compris comme lié à ses réactualisations successives, qui le rendent discontinu et pluriel. Le sujet de la poétique est entièrement mobile et passe de locuteur en locuteur. Il est fondamentalement un *transsujet*.

Toutefois, cela ne signifie pas qu'il n'existe pas ; en dépit de sa forme évanouissante, il est toujours complètement et universellement disponible et apporte une sorte de puissance. Quand nous parlons, nous partageons, nous allons le voir plus bas un peu plus en détail, des

---

1. É. Benveniste, « De la subjectivité dans le langage » (1958), *Problèmes de linguistique générale, op. cit.*, p. 260.

2. Sur Gadamer, P. Michon, *Poétique d'une anti-anthropologie. L'herméneutique de Gadamer*, Paris, Vrin, 2000 et *Fragments d'inconnu. Pour une histoire du sujet*, Paris, Le Cerf, 2010, chap. VII.

3. Sur Deleuze & Guattari, P. Michon, *Elements of Rhythmology. The Rhythmic Constellation. The 1980s*, Paris, Rhuthmos, 2021.

puissances linguistiques et poétiques circulantes, qui nous permettent de devenir des sujets.

Au premier abord, cette défense et illustration de la notion de sujet pourrait sembler proche de celle suggérée par Ricœur au début des années 1990, à partir d'une réinterprétation de l'herméneutique opposée à celle de Gadamer.[1] Alors que celui-ci, s'inspirant de Heidegger, approche le langage du point de vue de la question de l'être, Ricœur appuie sa réflexion sur les sciences humaines et la psychanalyse. C'est pourquoi, quand Gadamer tire de l'herméneutique une critique radicale du sujet, Ricœur en tire pour sa part une défense, au moins partielle, de cette même notion.

L'identité, pour Ricœur, se compose de deux pôles qui sont en interaction permanente : le pôle de la *mêmeté*, le caractère, ce qui nous distingue socialement ; et le pôle de l'*ipséité*, le for intérieur moral, ce qui nous permet de répondre de nos promesses. Tout en reconnaissant la validité des critiques développées par les « maîtres du soupçon », Nietzsche, Marx, Freud, et leurs multiples successeurs, Ricœur fait ainsi remarquer qu'il reste, malgré tout, au bout de toute opération de réduction du mythe du sujet, un résidu inexpugnable, qu'il appelle l'*ipse*, et qui désigne ce grâce à quoi nous pouvons à la fois nous porter une certaine estime à nous-mêmes et rester fidèles aux engagements que nous avons pris envers les autres. L'*ipse* est donc ce principe toujours problématique, instable mais aussi étonnamment persistant, par lequel l'autre s'articule au soi-même, et lui permet d'émerger en « soi-même comme un autre ». Au-delà, ou plutôt, en deçà de toute réduction de l'identité *idem*, il reste un principe moral universel, qu'il n'est pas possible de supprimer.

Or, ce qui permet, selon Ricœur, d'articuler ces deux pôles, c'est l'expérience principale que nous faisons dans le langage : l'expérience narrative. Grâce à la narration nous pouvons, en effet, construire et reconstruire un récit de vie sur lequel nous appuyons le sentiment que nous avons de la permanence de notre identité dans le temps. La narration, en particulier la mise en intrigue, nous permet, en intégrant l'hétérogénéité et l'instabilité de notre vie dans un ensemble consistant, de nous assurer de la continuité des « dispositions à quoi on nous reconnaît comme personne », c'est-à-dire de notre « caractère », ou encore de notre identité « *idem* ». Mais c'est aussi dans ce type d'expérience que nous testons les valeurs et les jugements qui vont guider nos vies. La littérature, en tant

---

1. P. Ricœur, *Soi-même comme un autre*, Paris, Le Seuil, 1990.

qu'expérimentation narrative et surtout pratique identificatoire avec des personnages, constitue « un vaste laboratoire où sont essayés des estimations, des évaluations, des jugements d'approbation et de condamnation par quoi la narrativité sert de propédeutique à l'éthique » (p. 139, même idée pp. 167, 176 et 188). De ce point de vue, la narration nous aide à acquérir un « maintien de soi », une « fidélité à soi dans la parole donnée », bref, une identité « *ipse* ».

La narration permet ainsi d'articuler les deux aspects de l'identité l'un à l'autre. Le caractère, l'*idem*, est dynamisé par sa perpétuelle mise en fiction, pendant que le fort moral, l'*ipse*, trouve des appuis dans les identifications que permettent les personnages.

L'identité narrative se tient dans l'entre-deux ; en narrativisant le caractère, le récit lui rend son mouvement, aboli dans les dispositions acquises, dans les identifications-avec sédimentées. En narrativisant la visée de la vraie vie, il lui donne les traits reconnaissables de personnages aimés ou respectés. L'identité narrative fait tenir ensemble les deux bouts de la chaîne : la permanence dans le temps du caractère et celle du maintien de soi.[1]

Pour parler trivialement, c'est parce que nous avons la capacité de nous raconter des histoires que nous pouvons donner un sens personnel à l'hétérogénéité de notre vie, tout en évitant de nous durcir dans un rôle psycho-social, mais c'est aussi grâce à cette capacité que nous incorporons les rudiments d'une conscience morale.

Or, du point de vue poétique, on voit rapidement les limites de cette théorie du sujet dans le langage qui ignore non seulement tous les aspects du langage non narratifs, en particulier toutes les marques lexicales, syntaxiques, prosodiques qui participent à la production de la signifiance, mais aussi la question même de la valeur du discours, des possibilités de réénonciation qu'il porte avec lui. Il ne suffit pas, grâce au truchement de la narration, d'acquérir pour soi-même des moyens de faire des choix raisonnables, ni de s'identifier à des modèles éthiquement corrects, il faut encore que ces moyens et ces processus d'identification eux-mêmes soient bons, c'est-à-dire partageables par d'autres. Autrement dit, la dimension éthique du langage ne se limite pas au « *laboratoire du jugement moral* » constitué par le récit[2], elle ne dépend pas majoritairement

---

1. P. Ricœur, *Soi-même comme un autre, op. cit.*, p. 196.
2. P. Ricœur, *Soi-même comme un autre, op. cit.*, p. 167.

de processus de délibération conscients et d'identifications plus ou moins indéterminées à des personnages, elle doit être au contraire comprise comme une contrainte forte, la plupart du temps inconsciente et inscrite dans toute l'épaisseur signifiante de l'activité langagière, qui fait du *sujet* nécessairement un *sujet pour un autre*.

On voit donc ce qui pèche dans l'analyse de Ricœur. Au-delà du niveau proprement linguistique, décrit par les théories de l'énonciation, s'étendrait un autre niveau signifiant, qui relèverait d'analyses narratologiques, inspirées essentiellement des travaux de Propp, de Bremond et de Greimas. C'est dans cette dimension fictionnelle du langage que s'effectuerait le lien entre les deux faces de l'identité. Or, cet attelage théorique est incohérent et met en péril toute la construction proposée dans *Soi-même comme un autre*. En effet, on ne voit pas du tout comment le niveau linguistique, correctement identifié à travers une approche pragmatique, s'y articule au niveau poétique, qui reste, quant à lui, appréhendé à travers des catégories narratologiques et structurales. Le sujet, conçu avec raison comme pris et porté, au niveau linguistique, par la relation pragmatique *je-tu*, devient au niveau poétique un *soi* essayant d'intégrer les soubresauts de sa vie et de stabiliser les hésitations de sa conscience morale à travers les méandres de l'intrigue et des actions des personnages. Du fait de son impasse sur la question de la *valeur* des œuvres, la poétique structurale qui est convoquée par Ricœur est en réalité totalement incompatible avec l'objectif éthique qu'il se donne et l'amène à réintroduire en contrebande, sous les traits de l'*ipse*, un principe monadique auquel il dit avoir renoncé par ailleurs en adoptant une linguistique pragmatique.[1]

Parmi toutes les conceptions du sujet contemporaines, celles dont Meschonnic reste en fait le plus proche sont certainement celles de l'anthropologie et de la psychanalyse.

Dans *Critique du rythme*, l'anthropologie, au moins celle qui s'est ouverte au langage, qui a renoncé au dualisme à la Lévy-Bruhl et n'est pas tombée dans le mirage structuraliste, est omniprésente. Bien sûr, Meschonnic note que cette anthropologie a souvent dû travailler avec des conceptions du langage et donc du sujet obsolètes, qu'elle empruntait à la philologie ou à la phonétique. Mais elle a fait une série de découvertes fondamen-

---

1. Sur Ricœur, P. Michon, *Fragments d'inconnu. Pour une histoire du sujet*, Paris, Le Cerf, 2010, chap. VIII.

tales qui vont de la fonction phatique à l'aspect corporel et pragmatique du langage en passant par le lien complexe entre langue et vision du monde.

> [Malinowski] inaugure une anthropologie du langage, en incluant dans ce qui est dit « l'expression du visage, les gestes, les activités du corps, le groupe qui assiste à l'échange d'énoncés et ses entours immédiats » (*Les Jardins de corail* [1935], Paris, Maspero, p. 279). (*Critique du rythme*, p. 49)

De Malinowski, Mauss et Jousse, à Leroi-Gourhan et Malcolm Crick, en passant par Boas, Sapir et Whorf, l'anthropologie est ainsi créditée d'avoir mis en place les conditions pour penser à la fois « l'individuation » que Meschonnic prend ici au sens d'empreinte sociale et la « spécificité » qui désigne ce qui échappe à cette empreinte.

> Contre l'anthropologie comme histoire naturelle, contre les entreprises déductives chercheuses de lois générales (à partir de la biologie, de la géographie, de l'économie), contre l'analogie entre société et organisme, contre le thème raciste qui travaillait l'anthropologie culturelle, Boas reste présent par le lien qu'il fait entre spécificité et individuation : l'anthropologie comme étude de « la vie de l'individu telle qu'elle est régie *(controlled)* par la culture et l'effet de l'individu sur la culture » (*Race, Language and Culture*, 1936, p. 305). (*Critique du rythme*, p. 48)

En ce qui concerne la psychanalyse, *Pour la poétique I* affirmait une proximité de la recherche sur le rythme et de l'écoute freudienne des discours. L'analyse du rythme, de la sémantique qui se dégage du jeu des accents et de la prosodie, en tension avec la syntaxe et le lexique, était présentée comme une analyse de « l'inconscient » du poème, d'un « sens sous le sens »[1]. Bien des années plus tard, Meschonnic soutenait encore que « seule la psychanalyse, par sa constitution même, semble échapper au dualisme du signe »[2].

Il est vrai que cette proximité a aussi fait l'objet de multiples réévaluations dans *Le Signe et le Poème (1975)*, dans *Critique du rythme* (1982) et dans *Politique du rythme. Politique du sujet* (1995). D'une manière générale, la position de Meschonnic est que la psychanalyse reconnaît des phénomènes importants mais qui sont d'un ordre différent de celui de la

---

1. H. Meschonnic, *Pour la poétique I*, op. cit., p. 90 et p. 86.
2. H. Meschonnic, *Politique du rythme, politique du sujet*, op. cit., p. 18.

poésie. D'où le caractère discutable des travaux, comme ceux autrefois de Charles Mauron et plus récemment d'Hélène Cixous et de Julia Kristeva, qui plaquent la psychanalyse sur l'analyse littéraire et artistique.

> Reconnaître que la psychanalyse, qui joue dans notre culture le rôle de science du sujet, et d'herméneutique littéraire, n'a rien à nous apprendre sur le sujet dont parlent Baudelaire et Proust, le sujet de la poétique. Elle nous a bien sûr appris beaucoup de choses, sur les rêves, les mythes, sur nous-mêmes. Mais tout cela n'est pas le sujet de la poétique. (*Politique du rythme, politique du sujet*, p. 145)

Ces analyses confondent l'inconscient freudien dont tout être humain est doté, et l'inconscient poétique qui ne relève que des œuvres. Ce qui montre le caractère dommageable de cette confusion, c'est qu'elles sont incapables d'expliquer ce qui fait la valeur artistique d'une œuvre, ni même d'en juger, comme le montre, par exemple, l'admiration de Kristeva pour Céline. Dans la mesure même où, pour une bonne part d'entre eux, ils visent à la destruction du et des sujets, les textes de Céline ne peuvent en effet enclencher une chaîne de réénonciation très longue. Ils sont définitivement situés et plombés par leur antisémitisme.

Meschonnic pense qu'en dépit de son empirisme et de son scientisme, Freud nous en apprend plus sur le langage que la plupart de ses disciples. Freud s'inventait artisanalement une théorie du langage. Ses disciples ont perdu ce sens de l'écoute. Meschonnic critique, par exemple, Lacan pour sa solidarité avec le structuralisme et la phénoménologie heideggérienne. Il lui reproche de voir les « structures du langage » comme des structures de la langue, à travers Lévi-Strauss et Jakobson, qui rejetaient l'arbitraire du signe et l'identifiaient à un simple conventionnalisme.

> Lacan, à observer le statut chez lui du langage, est solidaire autant du structuralisme que de la phénoménologie, de Heidegger particulièrement. Les « structures du langage » sont vues à travers Lévi-Strauss. Ce sont les notions de la langue. Tout cet aspect du tribut à la linguistique structurale, à Jakobson, attache Lacan à une époque de plus en plus révolue. Paradoxalement, Freud en est libre. Parce qu'à côté des termes d'époque chez lui sur le langage, il s'inventait, artisanalement, sa propre conception du langage. (*Politique du rythme, politique du sujet*, pp. 263-264)

Le paradoxe lacanien est de développer une théorie de l'inconscient et du signifiant, dans le dualisme le plus formalisé du signe et sans s'appuyer sur la théorie du discours (Benveniste). En ce qui concerne Heidegger, les rapprochements sont tout aussi problématiques.

« Qu'est-ce que veut dire le sens ? Le sens, c'est que l'être humain n'est pas le maître de ce langage primordial et primitif. Il y a été jeté, engagé, il est pris dans son engrenage. » (J. Lacan, *Séminaire II*, Seuil, Paris, 2002, p. 353) (*Politique du rythme, politique du sujet*, p. 270)

L'allusion à la *Geworfenheit* heideggérienne est ici transparente. Si le signifiant est l'Autre absolu, il est comparable à l'être heideggérien. Il est un lieu du savoir inconscient, extérieur au sujet, de la Loi qui lui enjoint son destin désirant. La Parole, de même, n'est pas celle de Saussure et elle est beaucoup plus proche de son sens phénoménologique. Lacan oppose ainsi la « parole pleine » et la « parole vide », de la même manière que la phénoménologie oppose la « parole authentique » et la « parole inauthentique ».

Dès lors, il convient, selon Meschonnic, de souligner les complicités déniées et pourtant objectives du structuralisme et de la phénoménologie au cours des années 1950-1970, ainsi que les effets de brouillage qu'elles ont entraînés sur le projet psychanalytique. L'un et l'autre aboutissent à une même fascination pour la langue où nous serions « jetés ». Toute la question est de savoir si la psychanalyse peut sortir indemne de ces emprunts et de ces connivences, alors qu'à l'inverse de Heidegger, son objectif reste de proposer une théorie du sujet.

*

1. Du point de vue rythmanalytique, Meschonnic partage l'opposition au modèle *métrique* qui caractérise tous les membres de la « constellation rythmique » des années 1970 et 1980. Il est, sur ce plan, de plain-pied avec la plupart de ses contemporains.

2. Toutefois, à l'encontre de ceux-ci qui, à l'exception de Barthes, ignorent ou rejettent Benveniste, Meschonnic reprend à son compte à la fois son analyse philologique de l'histoire de la notion de rythme et la théorie de l'énonciation qu'il a construite dans son sillage. De Benveniste, il tire la conviction qu'il faut nous débarrasser de la définition platonicienne traditionnelle du rythme et la remplacer par une vision préplatonicienne, c'est-à-dire, même s'il ne le dit pas en ces termes, revenir au *rhuthmos* dans son sens originel. Une telle conversion est le seul moyen en effet de surmonter l'influence cachée de l'idéalisme, du platonisme et du dualisme dans les

sciences humaines et sociales, et d'y réintroduire sur une base adéquate les préoccupations matérialistes monistes d'Héraclite, de Démocrite, d'Épicure et de Lucrèce[1], que voudraient précisément illustrer Serres, Morin, Deleuze & Guattari, tout en se privant paradoxalement de certains des outils qui pourraient les aider dans cette entreprise.

3. Mais – et c'est un point crucial – cette conversion au *rhuthmos* doit aussi permettre de retrouver, simultanément, les préoccupations anthropologiques, malheureusement souvent négligées voire rejetées par le courant matérialiste, qui ont été esquissées elles aussi sur des bases *rhuthmiques* par le second Aristote. Comme Werner Jaeger l'a montré il y a déjà longtemps, celui-ci a commencé sa carrière philosophique en démarquant Platon. Mais, avec la maturité, il a changé et s'est fortement éloigné de son prédécesseur. Sa première conception du rythme est ainsi encore très proche de celle de son maître et c'est cette conception qui va passer chez nombre de ses successeurs comme Aristoxène de Tarente et Hérophile de Chalcédoine et, de là, dans la théorie de la poésie, de la musique, de la danse, mais aussi très vite en médecine puis en architecture[2]. Dans la *Politique*, la *Rhétorique* et la *Poétique*, il esquisse en revanche une nouvelle conception du rythme qui ne repose plus sur la seule métrique et qui, dans la mesure où elle prend en compte des niveaux de l'activité langagière débordant largement les seuls énoncés, définit également les contours d'une nouvelle conception de l'homme dans le langage.[3] Cette conception a par la suite été reprise par Cicéron et Quintilien[4], sur un mode atténué mais encore sensible, puis a entièrement disparu jusqu'à sa réémergence au XVIIIe siècle.

4. Cette seconde lignée *rhuthmique*, Meschonnic la retrouve dans les années 1970, tout d'abord, grâce à sa double expérience de traducteur et de poète.

4.1 Du côté de la traduction, on l'a vu, Meschonnic remet en question à la fois la pratique et la théorie traditionnelles, qui mettent l'accent sur le naturel et la transparence dans la langue cible, et les pratiques et théories plus récentes qui insistent de leur côté, au prix d'obscurités et d'incongruités importantes, pour transférer littéralement les formes de la

---

1. P. Michon, *Elements of Rhythmology. Antiquity*, *op. cit.*, chap. 1 et 5.
2. P. Michon, *Elements of Rhythmology. Antiquity*, *op. cit.*, chap. 3 et 4.
3. P. Michon, *Elements of Rhythmology. Antiquity*, *op. cit.*, chap. 3.
4. P. Michon, *Elements of Rhythmology. Antiquity*, *op. cit.*, chap. 6.

langue source. Ce qu'il faut traduire, et donc essayer de reproduire dans la langue d'arrivée, ne relève pas de la langue mais du système signifiant d'un discours et ses valeurs. Autrement dit, il s'agit de produire dans la langue cible un *rhuthmos* langagier qui possède la même *puissance* que celui écrit dans la langue source.

4.2 Du côté de l'écriture, Meschonnic s'oppose simultanément au désir d'encadrement théorique formaliste de l'expérience littéraire et à toutes les pratiques d'écriture, à la mode à son époque, qui se limitent à appliquer des programmes techniques ou à imiter les jeux de l'inconscient. Comme pour la traduction, la théorie de l'écriture doit éviter ces deux écueils symétriques en soulignant son aspect *rhuthmique*. Écrire ne relève pas de la langue avec laquelle on jouerait de manière purement ludique ou faussement psychanalytique, mais d'une aventure subjective d'un individu dans le discours, une aventure où est en jeu sa puissance d'agir et d'exister, mais aussi nécessairement celle des autres.

5. Cette seconde lignée *rhuthmique*, Meschonnic la retrouve, aussi bien entendu, à travers sa formation de linguiste et de poéticien.

5.1 Du côté de la linguistique, Meschonnic hérite directement de Benveniste, on l'a vu, une théorie du discours fondée sur le primat de l'activité langagière qui donne à la production sémantique une forme fluante, et au sujet qui s'y joue une figure discontinue et jamais stable. On sait qu'hormis quelques notes sur Baudelaire qu'il n'a jamais publiées, Benveniste n'a jamais pu étendre cette théorie à la littérature, mais une bonne partie des bases nécessaires à cette extension sont déjà présentes dans sa théorie du langage.

5.2 Du côté de la poétique maintenant, Meschonnic en appelle au renouvellement radical qui s'est produit à partir du milieu du XVIIIe siècle par l'entremise de toute une série d'écrivains et de théoriciens de la littérature. Jusque-là, depuis la Renaissance, la poétique s'était développée dans un espace limité, d'un côté par la description des formes propres aux différents genres (tragédie, comédie, poésie, etc.) et, de l'autre, par une philosophie des arts et du beau. Mais à l'instar de Diderot qui a lancé ce mouvement de rénovation[1], le mouvement romantique a remis en question cette limitation à des indications normatives ou à des considérations esthétiques

---

1. P. Michon, *Rythmologie baroque. Spinoza, Leibniz, Diderot*, Paris, Rhuthmos, 2015.

généralisantes.[1] En autonomisant la notion de littérature, Diderot, Goethe et les romantiques ont donné à la poétique une signification nouvelle, indépendante des autres branches du savoir. Celle-ci, sans même avoir encore d'existence institutionnelle, a pu alors se pratiquer – et d'abord chez les auteurs eux-mêmes – comme une théorie du faire et de la valeur littéraires, pour le dire en termes plus récents de l' « écriture » et de la « littérarité ». Or, dans les deux cas, la perspective adoptée mettait en lumière des réalités à la fois globales et fluantes : les pratiques de fabrication des œuvres et leurs organisations temporelles. Diderot, Goethe, Schlegel, Hölderlin, Baudelaire, Hugo, Flaubert, Hopkins, Mallarmé, Apollinaire, Proust, Joyce, Woolf, Claudel, Valéry, Guillevic, pour ne citer qu'eux, ont ainsi apporté des contributions déterminantes à la poétique moderne.[2]

5.3 Le XXe siècle, qui est souvent présenté comme une période de complet renouveau, n'a fait, en réalité, qu'institutionnaliser et d'une certaine façon figer le mouvement en cours, notamment par la création d'enseignements universitaires. En 1937, Paul Valéry a ainsi été élu professeur au Collège de France, pour la première fois sur une chaire de Poétique spécialement créée à son intention. Or, en même temps qu'elle se stabilisait dans le champ social, qu'elle devenait l'objet d'une reconnaissance collective et bientôt la justification de carrières individuelles, la poétique s'est formalisée, scientificisée, technicisée, notamment en s'intégrant après la Seconde Guerre mondiale aux mouvements structuraliste et sémiotique.

6. À ces conditions pratiques mais aussi théoriques de la restauration par Meschonnic de la lignée *rhuthmique* héritée du second Aristote, on peut certainement ajouter une troisième condition liée à son intérêt personnel pour la psychanalyse et l'anthropologie. L'une et l'autre, en effet, ont inauguré au XXe siècle, avec difficulté et certainement beaucoup de détours et d'impasses, des théories du sujet qui ne le définissent plus de manière substantielle mais bien à travers la pratique, l'expérience, l'activité et les interactions des corps-parlants ou des individus.

7. Pour Meschonnic, notre activité langagière et les flux discursifs que nous produisons nous permettent d'accéder à plusieurs formes de sujet.

---

1. P. Michon, *Elements of Rhythmology. From the Renaissance to the 19th Century*, *op. cit.*, chap. 3 et 4.

2. P. Michon, *Elements of Rhythmology. From the Renaissance to the 19th Century*, *op. cit.*, chap. 3, 4, 7 et 8.

7.1 La première, identifiée par Benveniste, est universelle : le sujet « de l'énonciation » ou « du discours » existe dans tous les langages humains. Mais c'est un vase vide qui doit être rempli à chaque fois que nous l'utilisons en fonction de l'appareil d'énonciation disponible localement. Cette forme se prolonge dans ce que Meschonnic appelle le « sujet du parler » qui dépend des appareils linguistiques et rhétoriques disponibles dans le milieu et la société de celui qui parle.

7.2 La seconde apparaît lorsque nous changeons d'angle d'observation et passons *du* discours *aux* discours, du langage ordinaire à la littérature, et nous pouvons certainement ajouter de l'optique à la peinture, des mouvements quotidiens à la danse, etc. Elle apparaît toujours grâce à des réalisations spécifiques et strictement individuées qui restent, toutefois, ouvertes à des réactualisations et sont, pour cette raison, capables de circuler, de nous bouleverser, de nous mettre sens-dessus-dessous, de changer nos perceptions, nos sentiments, de nous aider à changer et à agir. Pour le dire en peu de mots, alors que le sujet de l'énonciation offre partout la même forme vide, que le sujet du parler s'insère dans des formes socialement reconnues, les sujets poétiques ou artistiques apparaissent comme des systèmes rythmiques, dynamiques et proliférants. Les sujets poétiques sont des *transsujets* fondés sur les rythmes spécifiques donnés à l'activité ordinaire du langage ou du corps.

7.3 Contrairement aux sujets linguistique et rhétorique, ce sujet implique un travail sur et dans ses conditions historiques, travail orienté vers l'infini du sens. Ce sujet peut ainsi contribuer à ce que l'individu devienne un sujet, cette fois au sens de puissance active capable de transformer le donné et de construire son avenir.

> C'est peut-être la tension fondatrice entre une passivité qui le rend absent à lui-même, pur lieu de ce qui lui arrive, et la personne, l'acteur, la fable qui est en lui-même pour lui-même, qui fait du sujet le travail qui le constitue en perpétuelle sortie de lui-même. (*Politique du rythme, politique du sujet*, p. 202)

8. Ces conclusions anthropologiques rendent la contribution rythmanalytique de Meschonnic très précieuse encore aujourd'hui.

8.1 Depuis les années 1980, le sujet a en effet été soit l'objet d'un culte fervent lié à son identification à l'individu, soit au contraire la cible de critiques radicales renouvelées de la part de certains secteurs des sciences humaines et sociales et de la philosophie.

8.2 En théorisant, à partir du rythme, le sujet poétique, Meschonnic ouvre une voie qui se distingue de l'une comme de l'autre de ces attitudes.

Il s'oppose tout aussi bien aux positions qui mythifient le sujet (humanisme abstrait, individualisme méthodologique, libéralisme économique), qu'à celles qui le réduisent à un simple reflet de l'existence ou des sensations du corps (existentialisme, phénoménologie), ou à celles qui le plaquent sur ses conditions socio-historiques (marxisme, sociologie holiste, naturalisme littéraire), celles qui le font disparaître au profit de son essence onto-techno-linguistique (heideggérianismes, déconstruction, postmodernisme, médiologie), ou encore celles qui le dissolvent dans ses conditions cosmo-biologiques (pensées néonietzschéennes, néobergsonisme, aujourd'hui cognitivisme). En effet, le sujet ne doit pas être vu comme un moi, comme un individu, comme un *ego*, qui se serait construit en se séparant du milieu religieux, social ou naturel où il était plongé, ou en creusant en lui-même une intériorité, ni, à l'inverse, comme un pur effet de surface du corps, de la société, de la langue, de la technique ou de la nature. Le sujet n'est ni une substance (qui croit, qui veut, qui perçoit et qui pense), ni une forme (une unité formelle de l'existence ou du sentiment corporel), ni un produit (des conditions sociales), ni une illusion (chargée de cacher la réalité du passage du temps), ni une trace (de la relation entre les signifiants), ni un nœud de forces (forces désirantes, forces sociales, forces du *bios*, etc.).

8.3 Contre ces différents réductionnismes, Meschonnic fait valoir que l'expérience poétique et plus généralement artistique montre que le sujet émerge, fonctionne et éventuellement disparaît dans le langage. Toutes les autres formes anthropologiques pointées par les théoriciens cités ci-dessus, même en réalité celles qui semblent lui dénier toute existence, dépendent de cette émergence primordiale.

9. L'existence de sujets poétiques qui sont aussi des transsujets ouvre ainsi une nouvelle perspective axiologique.

9.1 En effet, pour peu qu'on y prête attention, on verra que le seul endroit de la vie sociale où nous puissions observer l'individuation maximale qui sert de norme dans les sociétés modernes est le discours littéraire et plus généralement l'art. L'art est le seul lieu où l'individuation peut se réaliser à la fois complètement, sans représenter un simple effet de surface de l'idéologie ou du marché, et sans risquer non plus de verser dans l'autisme ou la schizophrénie. L'individuation en art représente donc la seule norme réelle sur laquelle puisse s'appuyer une théorie du politique. En même temps, cette norme est bien différente de la norme morale qui s'est imposée historiquement dans les sociétés modernes ou hypermodernes car loin de s'appuyer sur une autarcie et une indépendance absolues, elle suppose une ouverture subjective maximale de l'individu, non seulement vers les autres mais aussi vers ce qu'il sera lui-même sans le savoir encore. En art, le véritable *individu* ne peut que porter en lui un *transsujet*.

9.2. Cette conception très particulière de l'individuation et de la subjectivation explique pourquoi Meschonnic, à l'instar du reste de tous les autres membres de la constellation rythmique, rejette la notion de « postmodernité » et revendique au contraire celle de « modernité ». Contrairement à Lyotard et à ses innombrables disciples, et d'une manière qui n'est pas sans analogies avec l'idée de Foucault que la modernité n'est pas tant une « période » qu'une « attitude » éthique et politique[1], Meschonnic affirme qu'elle est « un combat inachevable », un « état indéfiniment naissant du sujet », et qu'il y a donc un infini des modernités qui correspond à l'infini du sujet en nous et hors de nous.

La modernité est un combat. Sans cesse recommençant. Parce qu'elle est un état naissant, indéfiniment naissant, du sujet, de son histoire, de son sens. Elle ne cesse de laisser derrière elle les Assis de la pensée, ceux dont les idées sont arrêtées, se sont arrêtées, et qui confondent leur ancienne jeunesse avec le vieillissement du monde. La modernité côtoie ce cimetière de concepts fossiles dont nous sommes encombrés. Et qui rendent sourds. Sourds à ce qui vient. Voulant savoir ce qu'est la modernité, je me suis aperçu qu'elle était le sujet en nous.[2]

1. « Je sais qu'on parle souvent de la modernité comme d'une époque ou en tout cas comme d'un ensemble de traits caractéristiques d'une époque ; on la situe sur un calendrier où elle serait précédée d'une prémodernité, plus ou moins naïve ou archaïque et suivie d'une énigmatique et inquiétante "postmodernité" [...] En me référant au texte de Kant, je me demande si on ne peut pas envisager la modernité plutôt comme une attitude que comme une période de l'histoire. Par attitude, je veux dire un mode de relation à l'égard de l'actualité ; un choix volontaire qui est fait par certains ; enfin, une manière de penser et de sentir, une manière aussi d'agir et de se conduire qui, tout à la fois, marque par une appartenance et se présente comme une tâche. Un peu, sans doute, comme ce que les Grecs appelaient un *éthos*. Par conséquent, plutôt que de vouloir distinguer la "période moderne" des époques "pré-" et "postmoderne", je crois qu'il vaudrait mieux chercher comment l'attitude de modernité, depuis qu'elle s'est formée, s'est trouvée en lutte avec des attitudes de "contre-modernité". » M. Foucault, « Qu'est-ce que les Lumières ? » [1984], *Dits et Écrits*, vol. IV, Paris, Gallimard, 1994, p. 568.

2. H. Meschonnic, *Modernité Modernité*, Lagrasse, Verdier, 1988, p. 9.

3. Sur la manière – Marielle Macé (2011)

Dans ce chapitre, je voudrais essayer de montrer les apports mais aussi les limites d'une des rares études littéraires récentes à s'être intéressée à la notion de rythme d'une manière non métrique.

Un éloge de la lecture *en expérience*

Alors qu'il surveillait du coin de l'œil son fils en train de jouer sur un ordinateur, un jeune ami chercheur, étoile montante au firmament du CNRS, me dit un jour : « Moi, je ne lis pas de livre, je ne lis que des articles… J'ai déjà bien du mal à suivre ce qui se produit dans mon secteur… Alors tu comprends… Tous ces gros machins qui auraient pu être résumés en quelques pages… »

D'une certaine manière, comme le suggère ce petit *coming out* intellectuel, l'essai de Marielle Macé[1] vient peut-être déjà trop tard. Défense et illustration de l'expérience que l'on fait quand on lit un livre, de ce qui nous arrive quand on lit un livre, en particulier quand il s'agit de littérature, les changements presque imperceptibles comme les bouleversements profonds, il semble appartenir à un passé qui s'enfuit et dont il n'est peut-être déjà qu'une remémoration nostalgique.

On peut aussi se dire, il est vrai, que ce travail montre au contraire que tout n'est pas perdu, que la revendication décomplexée de l'inculture et l'idéologie de l'information rencontrent malgré tout des résistances – et cela, à l'intérieur même de nos institutions de recherche et d'enseignement. Ou que, quel que soit l'état des cerveaux de nos chercheurs et de trop de nos enfants, l'expérience de la littérature reste l'un des biens les plus précieux de l'existence pour les dizaines ou les centaines de millions de personnes qui, tous les jours, ouvrent un roman ou un recueil de poésie.

---

1. M. Macé, *Façons de lire, manières d'être*, Paris, Gallimard, 2011.

Entre ces deux visions, l'avenir tranchera. Il est sûr en tout cas que l'essai de Marielle Macé constitue à la fois le symptôme d'un problème socioculturel profond et une prise de position courageuse contre les tenants des *datas*, des données et autres bits d'information – un éloge de la lecture *en expérience*.

Le témoignage des écrivains

Marielle Macé consacre une place importante aux témoignages de ces praticiens très particuliers de la lecture que sont les écrivains. On sait que certains philosophes, comme Gadamer, ont pu se croire en droit d'écrire des ouvrages entiers consacrés à l'art et à la littérature en refusant ces témoignages et en développant une analyse conceptuelle fondée sur une discussion purement interne à la tradition philosophique. Dans *Vérité et Méthode*, qui constitue pour certains un modèle insurpassable pour la pensée de l'art et, au-delà, du langage et même de l'être, non seulement Gadamer ne donne jamais aucun exemple concret, mais il rejette ostensiblement tous les témoignages venant des artistes eux-mêmes, au motif qu'ils seraient entachés de subjectivisme. Marielle Macé fait, avec justesse, le pari inverse. Ce sont les auteurs, les écrivains, les artistes, lorsqu'ils parlent de leur pratique, qui nous en apprennent le plus sur l'art et la littérature – et non pas les philosophes. Et son livre est, de ce point de vue, une mine d'informations concernant les multiples manières de lire expérimentées par des personnages qui ont également été les inventeurs de nouvelles manières d'écrire, et donc de dire, et donc de vivre.

Une grande partie de l'essai est ainsi composée d'analyses d'expériences de lecture menées par quelques écrivains célèbres du XXe siècle. Proust, Sartre, Michaux, Barthes, Gracq, Paulhan sont tour à tour convoqués, leurs souvenirs et leurs commentaires analysés, afin de montrer ce que chacun d'eux a retiré de sa fréquentation des auteurs qui l'ont précédé, ou plutôt, ce qui de ces lectures a continué à insister parfois tout au long d'une vie, transformant ici le regard et les modes de perception, là les rythmes que l'on donne à sa vie, fixant parfois des formes d'action, parfois des lignes de conduite, transfigurant toujours la prison du passé en une ressource vers une nouvelle forme d'individuation. Pour Marielle Macé, la lecture, tout particulièrement lorsqu'il s'agit de littérature, est en effet d'abord un engagement. Le lecteur s'engage, mieux, il est engagé, embarqué par ce qu'il lit et il n'en sortira pas indemne. De nos lectures dérivent ainsi des manières de percevoir et d'être mais aussi des manières d'agir, des conduites.

> Par la lecture, en elle, les individus se donnent ainsi les formes de leur pratique, et l'expérience littéraire devient une ressource de stylisation de soi. (*Façons de lire, manières d'être*, p. 23)

Ce qui montre, en dépit de ce que croient naïvement les sectateurs de la communication et de l'information, que toute pratique de lecture, surtout si elle est littéraire, a des enjeux éthiques et politiques primordiaux.

> Le style est notre « faire », notre puissance pratique, notre morale, la manière est notre être. (*Façons de lire, manières d'être*, p. 21)

Linéaments d'une théorie de l'individuation et de la subjectivation par la lecture

D'exemple en exemple, Marielle Macé esquisse les linéaments d'une théorie de ce qui nous arrive quand nous lisons, de ce que la lecture *nous fait*, mais aussi des possibilités qui s'ouvrent à nous de *nous faire nous-mêmes* quand nous lisons. C'est-à-dire d'une théorie de *l'individuation* par la lecture, prise très justement comme devenir-singulier plus que comme devenir-indépendant, mais aussi d'une théorie de *la subjectivation* qui ne serait plus confondue, quant à elle, avec le devenir-individu, dans la mesure où elle ouvrirait précisément celui-ci sur les autres et sur le collectif.

Pour rendre compte du développement organisé dont témoigne l'individuation, Marielle Macé propose, en l'empruntant à Montaigne, le concept de « forme-maîtresse », sorte de matrice à la fois formante et formée qui animerait et organiserait les individus-lecteurs en devenir.

> Montaigne appelait cela la « forme-maîtresse » : un patron au-dedans, une démarche qui ne nous « exprime » pas forcément, nous attachant à nous-mêmes, qui ne nous « distingue » pas non plus, nous séparant des autres, mais qui nous anime et nous expose en toutes choses. (*Façons de lire, manières d'être*, p. 21)

Cette forme, comme le suggère Proust, constitue pour chaque grand auteur un système à la fois cohérent et singulier, et donc parfois difficile d'accès, mais ce système reste toujours compréhensible, au moins après un temps d'adaptation.

> Celui qui avait remplacé pour moi Bergotte me lassait non par l'incohérence mais par la nouveauté, parfaitement cohérente, de rapports que je n'avais pas l'habitude de suivre. (Proust, cité dans *Façons de lire, manières d'être*, p. 89)

En ce qui concerne la subjectivation, Marielle Macé tire également de Proust l'idée que l'individuation produit certes des formes langagières, qui sont comme « l'expression au dehors d'un style d'être, […] le développement verbal d'un mode de présence du moi au monde », mais que la force expressive propre à ces formes, loin de se réduire à l'individu, appelle toujours à des réactualisations toujours nouvelles. Chacune d'entre elles constitue

> la formule littéraire généralisable d'une conduite perceptive […] typifiée, c'est-à-dire reconnaissable et généralisable, elle est aussi disponible, elle s'offre à la réappropriation par autrui, au reparcours de ce parcours. (*Façons de lire, manières d'être*, p. 86)

Chacune de ces formes possède donc une force d'expansion à la fois infinie et indéfinie qui fait d'elle une véritable *forme-sujet* : « proposition attentionnelle, "équipement" pour une différenciation, devenir et puissance, médiation qui s'offre à une généralisation » (p. 86).

Vers la théorie de la manière et du rythme

Marielle Macé en arrive ainsi à identifier le cycle de la production et de la réception littéraire à une circulation de puissances sémantiques à la fois proliférantes et vagabondes.

> Le style ici est toujours au carré, pris dans une chaîne de forces, jamais isolé ou inerte. Et la dynamique d'individuation des formes littéraires devient un appel à la nôtre. Qu'y a-t-il au fond de cette expérience ? Décidément pas, de part et d'autre d'une frontière étanche, des sujets et des objets (des personnes et des livres), mais des formes et des manières qui circulent des uns aux autres, les traversent. (*Façons de lire, manières d'être*, p. 92)

Comme on le voit dans cette dernière citation, ces puissances sémantiques sont identifiées, selon une idée qui semble empruntée à

Proust, comme « des formes et des manières », des « dispositions généri-ques devant les choses » dont « l'auteur est le nom propre ».

> Le lecteur identifie un artiste à un profil perceptif et sensible qui exercera désormais sur lui une influence d'ordre rythmique, comme fit l'écriture de Bergotte pour Marcel en une sorte d'accompagnement intime : « Je chantais intérieurement sa prose ». L'auteur est le nom propre de cette disposition générique devant les choses, ce que Proust appelle une « manière », qui suscite chez le lecteur la joie d'une conduite de recherche et, pour ainsi dire, de *capture* : « Ce qui m'intéressait, c'était non ce qu'ils voulaient dire, mais la manière dont ils le disaient, en tant qu'elle était révélatrice de leur caractère ou de leurs ridicules. » (*Façons de lire, manières d'être*, p. 85)

Et ces « manières » sont à leur tour souvent décrites comme des « formes », des « rythmes » et des « styles ».

> Peut-être [la dialectique de la vie elle-même] justifie-t-elle entièrement la longueur de la *Recherche* : elle explique l'invitation récurrente faite au héros d'essayer de nouvelles formes, de nouveaux rythmes, de nouveaux styles, pour rouvrir l'expérience et solliciter cet « être centrifuge » « qu'on est par les beaux jours » (II, 641). (*Façons de lire, manières d'être*, p. 94)

Ces analyses constituent à mon avis la pointe la plus avancée de la réflexion exposée dans *Façons de lire, manières d'être*. C'est là que Marielle Macé rejoint, mais apparemment sans le savoir, le courant de la rythmanalyse poétique illustré dans la deuxième moitié du XXe siècle par Jakobson et Meschonnic, qui a depuis longtemps souligné le caractère déterminant du témoignage des écrivains, établi une ferme distinction entre l'individu et le sujet, mis en lumière l'importance pour la littérature des phénomènes de subjectivation et de transsubjectivation, et *last but not least* théorisé le rôle dans ces phénomènes de la manière et du rythme.

Le bougé des concepts

Tout cela fait du livre de Marielle Macé un essai salutaire, bienvenu et innovant dans son champ. Il y reste toutefois un certain nombre de points qui soulèvent quelques questions.

Un premier problème tient au flou des concepts utilisés pour déve-lopper cette théorie de la lecture : individu/sujet ; manière/façon ; rythme/tempo. Marielle Macé les confond le plus souvent sans se poser de ques-tion, glisse de l'un à l'autre comme s'ils étaient équivalents. D'où un certain bougé théorique qui accompagne un texte joliment écrit mais qui cache parfois, sous le vernis brillant du style et de la rhétorique, quelqu'imprécision de la pensée.

On a vu que les bases d'une différenciation de l'individuation et de la subjectivation sont présentes et solidement posées sur des exemples tirés des témoignages d'écrivains. Toutefois, dans le discours que l'auteur tient en son nom propre, le « sujet » est souvent confondu avec l' « individu » et *vice versa*. C'est le cas au début du livre.

La lecture est d'abord une « occasion » d'individuation : devant les livres nous sommes conduits en permanence à nous reconnaître, à nous « refigurer », c'est-à-dire à nous constituer en sujets. (*Façons de lire, manières d'être*, p. 18)

La lecture est une « allégorie » de l'individuation [….] car une situation d'art est une véritable mise en cause des sujets, à la fois uniques et égaux, communs, répétés. (*Façons de lire, manières d'être*, p. 18)

Ce l'est encore au milieu.

Merleau-Ponty et Leroi-Gourhan aident par exemple à fonder l'individuation sur la question du rythme, sur la rythmicité fondamentale des pratiques individuelles [...] La rythmicité est un aspect essentiel de l'institution des sujets. (*Façons de lire, manières d'être*, p. 159)

Ce l'est toujours à la fin de l'ouvrage.

Un sujet n'est peut-être pas l'absolu d'une puissance, c'est à la fois un corps capable et un corps affecté, une force qui se conduit et qui est conduite. Dans la lecture, l'opération du style noue précisément cette activité et cette passivité [...]. Elle suppose que les individus répliquent à la force qu'une force littéraire exerce sur eux. (*Façons de lire, manières d'être*, p. 244)

Baudelaire lui a appris [à Barthes] que la majoration d'un « geste » n'altère pas l'individu mais le développe, le révèle à lui-même ; il l'a autorisé à comprendre la subjectivité comme un « artificiel dans sa splendeur. (*Façons de lire, manières d'être*, p. 259)

Tout est peut-être là : en régime esthétique, le phrasé original où un sujet semble risquer au-dehors l'essentiel de sa singularité. (*Façons de lire, manières d'être*, p. 263)

La « manière », quant à elle, nous l'avons vu, est habilement repérée chez Proust mais son concept, lui, semble emprunté à Agamben et à son « maniérisme originel de l'être », transposé en « maniérisme de l'existence » (p. 20). Au risque d'un tête-à-queue bien dangereux, la valeur poétique et anthropologico-historique de ce terme est ainsi renvoyée à une définition philosophique et ontologique qui vient miner les efforts consentis par ailleurs pour construire une éthique et une politique fondées sur l'activité du langage. Ce qui explique pourquoi, dès le titre de l'essai *Façons de lire, manières d'être* et dans toute la suite du texte, « manière » est considéré, dans le droit fil de la pensée ontologique sur laquelle Marielle Macé s'appuie, comme totalement équivalent à « façon » ou à « modalité ».

> Chacun expose et explore dans ce qu'il fait non seulement l'être qu'il est, mais toute une *manière* d'être, libérant un possible humain : une image du vivant et de son insertion dans les choses, une *façon* de s'avancer au-dehors et d'en soutenir l'effort, des *modalités* expressives et des façons de se conduire qui sont par définition partageables et généralisables. (*Façons de lire, manières d'être*, p. 21, c'est moi qui souligne)

Disparaît alors tout l'apport de la réflexion des artistes et écrivains depuis le XVIe siècle sur la notion de manière, au profit d'une notion de style que l'on sait par ailleurs intenable.[1]

Le même flou touche les usages du terme « rythme », qui fait pourtant l'objet d'une partie entière de l'essai : « Trouver son rythme ». Encore une fois Proust mais aussi Michaux et Ponge fournissent tout un ensemble d'observations capitales concernant le rythme d'un point de vue poétique – au sens de *la poétique*. Il s'agit alors de phrasé, d'effets d'ensemble, de configurations temporelles. Mais parfois le rythme signifie simplement l'ordre plus ou moins répétitif qui est donné à une succession de phénomènes, une alternance binaire de temps forts et faibles.

> Sa manière d'être au piano régulait un rapport au temps et aux formes de la périodicité que Sartre ne trouvait pas dans le roman. (*Façons de lire, manières d'être*, p. 154)

La plupart du temps, et l'on sent ici l'influence de Deleuze & Guattari, « rythme » signifie variations de vitesse, transformations plus ou moins réglées du « tempo ».

---

1. Sur le concept de manière, G. Dessons, *L'Art et la Manière. Art, littérature, langage*, Paris, Champion, 2004 ; P. Michon, *Les Rythmes du politique. Démocratie et capitalisme mondialisé* [2007], Paris, Rhuthmos, 2015 et *Fragments d'inconnu. Pour une histoire du sujet*, Paris, Le Cerf, 2010.

Comme tout le monde, mais à sa manière, Sartre suivait donc en lui-même plusieurs tempos. (*Façons de lire, manières d'être*, p. 154)

Dans un aller-retour permanent de discordances et de rééquilibrages rythmiques, la poésie éprouve notre tempo intérieur. (*Façons de lire, manières d'être*, p. 159)

La lecture engage des régimes de temporalisation très divers, faits de vitesses, de bifurcations et d'arrêts hétérogènes. (*Façons de lire, manières d'être*, p. 180 – conclusion du chapitre sur le rythme)

À la fois curiosité théorique et symptôme, on trouve enfin un emploi du mot « rythme » alliant acceptions métrique et guattaro-deleuzienne.

Suivre un auteur dans sa phrase, c'est donc s'approprier son mode de figuration, lui emboîter le pas et faire sienne sa démarche, en modulant ce pas dans son propre *tempo*. (*Façons de lire, manières d'être*, p. 87)

On est alors passé, sans avoir complètement rejeté le modèle traditionnel qui réapparaît, on le voit, à l'occasion, de la découverte d'une nouvelle réalité à une théorie philosophique qui offre bien peu de moyens pour penser les rythmes poétiques. [1]

Des contradictions d'une stylistique pragmatique

Un second problème concerne le type d'approche choisi par Marielle Macé. Cette approche est fortement grevée par une contradiction interne qui ne cesse de freiner son développement. D'un côté, elle place la stylistique au centre de son essai : sur le plan de l'analyse littéraire, elle cherche à identifier et comprendre des « styles de lecture » informés par des « styles d'écriture » ; de même, sur le plan éthique et politique, elle vise, à l'instar de Foucault, une « stylistique de l'existence ». Or, de l'autre, elle rejette simultanément les deux présupposés fondamentaux qui fondent ce paradigme : la définition du style comme un ensemble d'écarts par rapport aux normes de la langue et de la société ; les présupposés éthiques et politiques individualistes qui accom-

---

1. Sur Deleuze & Guattari, P. Michon, *Elements of Rhythmology. The Rhythmic Constellation. The 1980s*, Paris, Rhuthmos, 2021.

pagnent celle-ci comme son ombre. Du coup, on ne voit pas bien pourquoi, dans ce cas, elle s'embarrasse encore d'un concept et d'un ensemble théorique qui, quoi qu'elle en ait et quoi qu'elle fasse pour lutter contre, pèsent de tout le poids de leur histoire plusieurs fois centenaire sur le moindre de ses énoncés. Il sera toujours difficile de parler d'« esthétique », de « stylistique » et de « dandysme », tout en expliquant qu'on ne conçoit pas ces notions dans les termes para-normatifs et individualistes traditionnels. On a aussi peu de chance d'arriver à se faire entendre que Foucault lorsqu'il s'est engagé au début des années 1980 dans la même voie sans issue – et toutes les chances, au contraire, d'être rattrapé et avalé par ce qu'on rejetait en première instance.

Marielle Macé croit, il est vrai, pouvoir renouveler le vieux paradigme stylistique de l'intérieur en lui injectant une bonne dose de pragmatique et de théorie de l'individuation[1]. Mais, au lieu de desserrer l'étau dualiste et individualiste du style, cette opération a plutôt tendance à amoindrir, selon un processus inverse, le tranchant de ces deux approches théoriques.

La pragmatique est en effet tirée en permanence vers une conception pragmatiste, d'origine peircienne, qui donne le primat à l'action, c'est-à-dire au seul jeu des forces considérées en dehors du langage. Ce fonds théorique explique que l'on puisse glisser sans trop de difficultés au cours du livre du souci de Ricœur pour les effets phénoménologiques de l'expérience des œuvres langagières à la vision prônée, au moins pendant un certain nombre d'années, par Foucault et Deleuze & Guattari d'un cosmos d'énergies et de désirs, dans lequel le langage n'est que le simple champ d'expression des forces et des pratiques qu'elles suscitent. À chaque fois, on se focalise sur les actions et leurs effets en oubliant que ces actions et ces effets ne sont pas séparables du milieu langagier sans lequel ils ne pourraient avoir lieu. Une métaphysique pragmatiste diffuse permet ainsi d'effectuer la synthèse des inconciliables.

La notion esthétique de conduite permet justement de tenir ensemble une phénoménologie de l'expérience des œuvres et une pragmatique du rapport à soi. (*Façons de lire, manières d'être*, p. 15)

Plus loin dans l'essai, au moment de la bascule d'un monde théorique dans l'autre.

---

1. Elle n'est du reste pas la seule à s'engager aujourd'hui dans cette stratégie risquée. Le même problème se pose avec la plupart des travaux rassemblés dans L. Jenny (dir.), *Le style en acte. Vers une pragmatique du style*, Genève, MētisPresses, 2011.

Acquiescer en lisant à une conduite fait en revanche passer du registre de l'expérience à celui de la performance, d'une culture (phénoménologique) de la sensation à une culture (pragmatique ou constructiviste) de la simulation ; ce qu'on lit ne mène plus à affûter des perceptions ou des rythmes, mais à retourner la pratique de la modélisation de la littérature vers soi-même. (*Façons de lire, manières d'être*, pp. 183-84)

L'approche de l'individuation, quant à elle, démarre comme le demandait Simondon, et Deleuze après lui, « par le milieu » ; elle remet tout d'abord en question les dualismes de l'individu et du social, du langage et de la vie ; puis elle oblique et revient sur ses pas. L'individuation se confond alors, et de plus en plus vers la fin de l'essai, avec un travail de l'individu sur lui-même, une recherche de conduite *réfléchie*, aux deux sens du terme : consciente de ce qu'elle fait et repliée vers un soi, dont on ne sait plus alors, en l'absence d'une théorie solide de la trans-subjectivité qui est juste suggérée, s'il n'a pas été tout simplement toujours déjà là, comme chez Ricœur. Ce « soi » est d'abord l'objet d'une simple « invitation à essayer de nouvelles dispositions ».

L'expérience littéraire en tant que telle – la conduite dans les œuvres – se prolonge et se ressaisit ainsi en pragmatique du rapport à soi et au monde sensible : en invitation à essayer de nouvelles dispositions cognitives, un autre corps, un autre rythme, un autre « soi ». (*Façons de lire, manières d'être*, p. 101)

Mais les choses se précisent rapidement, car il est aussi le sujet d'« une institution esthétique de soi » (p. 102), d'« un désir de se donner une forme temporelle » (p. 108). Plus loin, c'est lui qui « module son attitude dans le temps, se façonne *dans* et *par* les manières dont il se conduit dans la durée propre de sa lecture » (p. 160). Tout dépend finale-ment de sa « décision », « décision herméneutique du lecteur » (p. 229) mais aussi décision « autopoiétique » comme le montre cette déclaration concernant Sartre : « La manière de se tenir dans cette successivité ou de refuser de le faire est une décision forte et première sur l'être. » (p. 178) Je reviendrai plus bas sur ce point à propos de Foucault.

Heurs et malheurs de la théorie de la refiguration

Cette contradiction interne et l'affaiblissement de la critique qu'elle entraîne expliquent que les critiques les plus justes se retournent à un certain moment de leur développement en leur contraire.

Marielle Macé fait, par exemple, dans la première partie de son ouvrage, avec justesse, le procès des conceptions sémiotiques et narratologiques de la lecture (p. 30). Les unes, dit-elle, outre qu'elles séparent la lecture de la vie, font abusivement du lecteur un être entièrement assujetti au réseau composé par les renvois des signes les uns aux autres, pendant que les autres en font un personnage irréel qui rassemblerait toujours les éléments épars de sa vie suivant un modèle narratif impliquant nécessairement une directionnalité et une clôture finale. Ce qu'elle résume drôlement par une formule qui fait mouche.

Les narratologies ou les sémiotiques veulent figurer la lecture comme un cheminement clos sur lui-même, selon une sorte d'imaginaire ferroviaire. (*Façons de lire, manières d'être*, p. 137)

Quant à Ricœur, il a certes tenté de surmonter cet unilatéralisme en s'appuyant sur les ressources à la fois de la métaphore et du récit, mais dans la mesure où il privilégie encore la rétrospection, la totalisation et la suture au sein d'un récit de type traditionnel, il ne peut rendre compte ni du caractère immédiat et toujours en cours de l'appropriation du sens dans la lecture (pp. 138-39), ni de l'ouverture, ni des discontinuités, des tensions mais aussi des échecs, qui sont essentiels à l'avancée de la vie (p. 159).

C'est pourquoi Marielle Macé propose de remettre au cœur de toute lecture le processus de refiguration que Ricœur place plutôt au terme du processus mimétique.

Ricœur aurait pu affirmer, à côté des formes d'une identité narrative, les voies de ce que j'appellerai bientôt une « identité stylistique », par exemple d'une pensée des rythmes et des formations figurales du moi. Mais ce n'est que dans le cadre du récit qu'il a envisagé le retentissement de la lecture sur l'individu, sur les formes de cet individu. […] Seul le plan du récit emporte avec lui la question du soi et mène à l'identité ; comme si la narrativisation couvrait à elle seule toutes les modalités de la subjectivation. (*Façons de lire, manières d'être*, p. 156)

Elle ouvre alors au maximum la focale qu'elle utilise et fait du rythme et de la manière les concepts qui devraient permettre de surmonter l'aspect normatif la pensée ricœurienne. La refiguration de l'expérience doit être pensée non plus sur le modèle linéaire et totalisant du récit mais sur celui, multiple, proliférant et tendu du rythme.

> Certains héritages philosophiques encouragent d'ailleurs cet élargissement des *manières* de la refiguration ; Merleau-Ponty ou Leroi-Gourhan aident par exemple à fonder l'individuation sur la question du *rythme*, sur la rythmicité fondamentale des pratiques individuelles, sur la qualification et la modulation rythmique de tous nos gestes. La rythmicité est un aspect essentiel de l'institution des sujets ; elle tourne le regard vers ce qui fait des formes éprouvées des forces de subjectivation mais aussi, et c'est tout un, de désubjectivation. (*Façons de lire, manières d'être*, p. 159)

Marielle Macé, on le voit, s'approche ici très près des notions de « degré de rythmicité » et d'effet de « subjectivation » ou de « désubjectivation » dus aux rythmes. Mais, dans la mesure où elle se confie entièrement à une stylistique et à une esthétique pragmatiste, dont le principe n'est pas le langage comme activité discursive poétique et signifiante mais l'action en elle-même, tous les exemples qu'elle donne de ces processus de refiguration laissent en fait le rythme de côté et s'en remettent *in fine* au sens et à la figure, définie ici traditionnellement par un écart à une norme, que celle-ci soit la langue ou la morale sociale.

Chez Bourdieu, par exemple, dans sa lecture du poème « Automne malade » extrait d'*Alcools* d'Apollinaire, c'est le sens qui s'impose au lecteur – sens dont une paraphrase est censée expliquer les effets supposés.

> Et que j'aime Ô saison que j'aime tes rumeurs / Les fruits tombant sans qu'on les cueille / Le vent et la forêt qui pleurent / Toutes leurs larmes en automne feuille à feuille / Les feuilles / Qu'on foule / Un train / Qui roule / La vie / S'écoule. Écoulement de vie, décidément, au long d'une voie qui rappelle celle sur laquelle se tenait Sartre : hémorragie et transfusion, affaiblissement d'un rythme vital jusqu'à la mort de l'automne et du poème, injection froide et destinale faite au lecteur. (*Façons de lire, manières d'être*, p. 170)

Le poème disparaît alors en tant que poème au profit d'une maxime d'action et d'une morale sociale.

> Bourdieu réévalue, grâce à Apollinaire et en l'éprouvant autrement en lui-même (en l'éprouvant « en beauté », dans une forme augmentée de valeurs), toute sa théorie de l'*amor fati*, cette capacité désespérante des sujets sociaux à ajuster leurs espérances aux limites objectives de leur situation. (*Façons de lire, manières d'être*, p. 171)

Chez Michaux, c'est l'écart à la grammaire qui trace les chemins de la lecture.

> Tout le mouvement de la figuration du moi est ici [un poème de *La Vie dans les plis*]
> fait de désorientations et de réorientations dans le travail des qualifications grammaticales,
> dans le jeu des seuils catégoriels. (*Façons de lire, manières d'être*, p. 165)

Le rejet justifié des signes et des schémas narratifs, la belle idée d'une refiguration constante et généralisée « au-delà de la narrativité », l'invention d'une alternative rythmique, rebroussent ainsi finalement vers des positions tout à fait traditionnelles – ce que Marielle Macé appelle quelques pages plus loin « une conception de l'identité comme jeu systémique de différences, force d'écart » (p. 208). On s'attendait à une étude du phrasé, des effets d'ensemble et de configurations temporelles de la signifiance, mais ce que l'on voit arriver à leur place, c'est une simple stylistique comme on en connaît depuis longtemps.

Heurs et malheurs de la théorie de la préfiguration

Une autre mésaventure du même genre concerne les analyses consacrées dans la dernière partie de l'ouvrage à l'influence de la lecture sur la conduite de soi. Marielle Macé commence par une remise en question tout à fait bienvenue de toutes les conceptions unilatérales et déterministes de la *mimesis* : celles qui, à l'instar de René Girard, de Baudrillard et du premier Bourdieu, ne voient dans les processus d'imitation que des processus d'aliénation, comme celles inverses, typiques de l'idéologie néolibérale contemporaine, qui ne veulent en retenir que l'exercice d'une capacité indéfectible à se produire soi-même par son propre génie.

> Sans doute est-ce aujourd'hui une tâche importante que de comprendre les ambivalences
> de l'imitation, pour la part de l'activité (la performativité du soi) et de l'aliénation (la facticité
> des identités) dans notre acquiescement à des modèles : chacun dispose en effet du pouvoir
> d'accepter ou de refuser ce qui s'empare de son désir, et éprouve fortement ce pouvoir ou cette
> impuissance à agir sur soi-même au cœur d'un assujettissement esthétique. (*Façons de lire,
> manières d'être*, p. 185)

Elle montre, en s'appuyant sur Barthes et sur Jacques Rancière, que les contraintes sémiotiques, symboliques et même poétiques, dans lesquelles nous nous débattons, sont également des ressources. La subjectivation s'entrelace avec l'assujettissement dans une torsade dont il n'est pas possible d'arracher un fil sans la détruire entièrement. Il y aurait donc quelque chose comme un « bovarysme des formes » qui expliquerait que nous soyons tout le temps dans un double rapport au donné et à ce qui nous arrive.

> Éclairé [...] par la tendance affective de toute lecture et les formes ordinaires de l'identification, le bovarysme pourrait redevenir la figure incontournable d'une psychologie de la littérature. Et pourquoi pas, d'une politique de la lecture [...] C'est une capacité que Rancière veut révéler chez des lecteurs qu'on suppose trop vite, comme Emma, captifs et incapables de maîtriser la multiplicité des formes que l'âge esthétique disperse autour d'eux. (*Façons de lire, manières d'être*, pp. 188-89)

De cela découle une profession de foi anti-dualiste et interactionniste (au sens épistémologique) aujourd'hui partagée par de plus en plus de monde.

> [Il nous faut] cesser de renvoyer dos à dos l'empathie et l'interprétation, le pâtir et l'agir, l'expérience affective et la distance herméneutique ; et sur cette base, [...] prendre acte, dans les rencontres individuelles avec les formes ou les destins d'autrui, d'un travail permanent entre plusieurs rapports à soi-même, entre plusieurs façons de rapporter les modèles à sa propre subjectivité. (*Façons de lire, manières d'être*, p. 190)

Plus loin, à propos de Foucault.

> Le pouvoir et la liberté, ici, ne sont pas dressés face à face, mais pris dans une interdépendance dont la situation de lecture pourrait bien être l'allégorie. (*Façons de lire, manières d'être*, p. 204)

C'est cet anti-dualisme interactionniste qu'elle appelle, de manière peu rigoureuse mais courante de nos jours, « la dialectique de donné et de ressaisie qui est le moteur de toute individuation » (p. 217).

Marielle Macé remarque alors, avec beaucoup de justesse, que cette question, posée du point de vue des images et de l'imaginaire par Lacan, se pose encore plus « dans notre rapport à nos propres mots » (p. 185). Il s'agit, dit-elle,

> de comprendre ce que c'est que « vivre » dans une phrase ou dans un poème, et en quoi il y a effectivement pour chacun de nous, dans la réappropriation décidée d'un rapport au langage, de grandes ressources de subjectivation. (*Façons de lire, manières d'être*, p. 185).

Ce bovarysme, on le voit, est un bovarysme des formes de langage, non des destinées ou des personnalités. C'est la forme du dire qui conquiert massivement et conduit le désir. (*Façons de lire, manières d'être*, p. 194)

L'expérience littéraire devient « créatrice de formes de vie » (p. 194). Il nous faut donc comprendre comment fonctionne

ce que Barthes nous a aidés à reconnaître comme un « plein », un trop-plein, une puissance qui affecte et *saisit* le lecteur, une force contraignante, coûteuse et déphasante, une altérité dont il faut parvenir à faire son « propre ». (*Façons de lire, manières d'être*, p. 242)

Pour décrire ces phénomènes croisés d'influence et d'appropriation qui vont déterminer les pratiques de *soi* du lecteur, elle introduit le concept de *préfiguration*, qui constitue, dans cette dernière partie du livre, le pendant de celui de *refiguration* que, l'on a déjà rencontré dans l'analyse phénoménologique des transformations du *moi*. En s'appuyant aussi bien sur Proust que sur Auerbach et Michel Deguy, Marielle Macé montre qu'un grand nombre des formes d'appropriation et d'usage des textes relève d'une logique non pas de la *figure* et de l'écart, comme précédemment, mais de la *figura* au sens de l'herméneutique biblique chrétienne. La transposition par le lecteur d'un texte dans sa vie revient souvent pour lui à donner à certaines de ses « propositions » le sens d'allégories anticipatrices ou d'auto-prophéties.

On passe son temps, dans la lecture, à regarder les œuvres comme des propositions allégoriques qui étendent leurs possibles et leur actualité future sur le monde, et à s'y glisser soi-même en biais pour vivre autrement et devenir à son tour figurable, dans un trope généralisé. (*Façons de lire, manières d'être*, p. 224)

De ce point de vue, lire un texte littéraire – et on ne peut que lui donner raison –, c'est participer à « la circulation d'un talent figural commun aux livres et aux individus, une capacité à imaginer autrement et à s'imaginer autre » (p. 224). Le texte littéraire se présente comme la préfiguration ou la prophétie d'une vie : « Un sens était *à vivre.* » (p. 222)

Or, comme précédemment, les exemples qui viennent appuyer ces déclarations ne sont pas tout à fait à la hauteur de nos attentes. Certes, elle épingle au passage, avec autant de délicatesse que de pertinence, le formalisme syntaxique de Vincent Descombes.

Les phrases littéraires sont héritées, admirées, prises dans le temps et dans un rapport insistant de désirs et de forces, qui coloreraient un peu autrement les belles réflexions grammaticales de Vincent Descombes et de son *Complément de sujet* sur les enjeux de la syntaxe du « soi » et la grammaire du rapport réflexif à soi-même. (*Façons de lire, manières d'être*, p. 203)[1]

Mais ce qu'elle propose pour sa part n'est pas moins formel et limitatif. Tout d'abord, on note que, contrairement à ce qui a été au moins tenté dans la première partie avec la refiguration, la logique de la préfiguration, qui croise pourtant bien des intuitions de Meschonnic, n'est pas ici, comme on aurait pu l'espérer, reliée au rythme. Ne serait-ce que par souci de symétrie, on aurait pu imaginer que Marielle Macé avance dans cette direction. Les raisons qui expliquent pourquoi elle ne l'a pas fait sont multiples. J'en citerai trois qui me semblent les plus vraisemblables.

La première est, de toute évidence, son identification du rythme à une question phénoménologique. Bien que le rythme soit très présent chez Foucault, au moins dans *Surveiller et Punir*, il ne peut pas y être reconnu d'un point de vue phénoménologique, même mâtiné de deleuzisme. D'où l'impossibilité de relier les deux pôles de la refiguration du moi et de la préfiguration du soi sous son égide.

Une autre raison tient à ce que la *parole* est considérée comme indépendante de la question de la *voix*. D'un côté, on lit des énoncés de ce genre :

Le devenir-autre (se-voir-autre, devenir-plus) se joue ici dans la logique commune de la parole. C'est la dynamique ordinaire du sens qui nous fait nous projeter dans une phrase et nous ré-instaurer en elle. (*Façons de lire, manières d'être*, p. 215)

De même, chez Jacques Rancière, il s'agit de comprendre « l'événement individuel d'une parole » (p. 237). Mais, de l'autre, on trouve d'autres types d'énoncés qui limitent cette parole à la simple énonciation d'un sens, séparée de son support signifiant :

1. Sur Vincent Descombes et son livre *Le complément de sujet. Enquête sur le fait d'agir de soi-même*, Paris, Gallimard, 2004, voir P. Michon, *Fragments d'inconnu. Pour une histoire du sujet*, Paris, Le Cerf, 2010, chap. 8.

En vérité, ce rephrasage de Baudelaire n'est pas essentiellement une réénonciation ; il touche moins à la question de la voix qu'au dégagement complexe d'une idée de forme, c'est-à-dire à la compréhension efficace de quelque chose de généralisable. (*Façons de lire, manières d'être*, p. 241)

La dernière raison tient aux références théoriques mobilisées dans cette théorie de la préfiguration. Pour passer au-dessous de la syntaxe et de la grammaire elles-mêmes et faire mentir Descombes, plutôt que d'emprunter la voie de la poétique du rythme, Marielle Macé préfère la voie des nietzschéismes des années 1970, qui, après avoir « émietté le tout » – citation du *Gai savoir* très en vogue à l'époque –, pense ainsi pouvoir retrouver « l'émotion », « la vie », « la germination » (Barthes III, 834, cité p. 200).

On ne peut accuser Marielle Macé de tomber complètement dans les illusions courantes à cette époque, qui croyait se débarrasser du signe et du structuralisme, parce qu'elle brûlait avec l'enthousiasme des convertis récents ce qu'elle avait adoré et avait recours à une métaphysique vitaliste souvent simpliste. Pour Barthes, la citation était en fin de compte toujours un « fragment de code » : « Ici règne la *citation*, la pincée d'écriture, le fragment de code. » (Barthes, II, 490, cité p. 217) Ou encore un morceau de « langue » : « Les citations, donc, sont les données de cette langue d'emprunt que parle notre intériorité. » (p. 218) Où l'on voit que le nietzschéisme ne libérait pas de toute référence au structuralisme.

De ce nietzschéisme diffus Marielle Macé retient malgré tout, pour construire sa théorie de la lecture, une conception du discours comme succession de phrases ou d'énoncés isolables les uns des autres. Alors que la refiguration englobait tout le texte – ce qui permettait de passer du discours au sens de la linguistique aux discours au sens de la poétique –, la préfiguration le découpe en morceaux dépareillés, pour lesquels la question rythmique n'est évidemment plus pertinente.

Ce bovarysme des formes a trouvé chez Barthes son foyer précis […] ; ce foyer, c'est la *Phrase*, qu'il conçoit en bloc, après Flaubert et Mallarmé, comme une « unité de forme » et une « unité de vie ». (*Façons de lire, manières d'être*, p. 194)

La phrase serait, selon elle,

le lieu où ce lecteur trouve son plaisir, l'échelle sensible à laquelle il se situe (ce qu'il [Barthes] retient de ses lectures, ce sont des « idées-phrases » ou des « phrases-chants »). (*Façons de lire, manières d'être*, p. 195)

Marielle Macé retrouve un peu plus loin le même présupposé chez Jacques Rancière.

> La pensée littéraire de Rancière en particulier vise directement une pratique d'émancipation des individus, et c'est précisément l'échelle de la phrase (« la phrase égalitaire ») qui autorise chez lui cet enjeu. (*Façons de lire, manières d'être*, p. 236)

La conséquence immédiate de cette conception est particulièrement significative. Alors qu'elle était jusque-là liée sinon identifiée au rythme, la manière n'est plus qu'un « air syntaxique » et une « "allure" grammaticale » (p. 198). Où un modèle pourtant rejeté en première instance fait retour. Mais la conséquence à long terme ne l'est pas moins. Selon cette conception phrastique du discours, l'expérience qui se produit au cours de la lecture pourrait se ramener à une série d'effets citationnels.

> Aux yeux de Barthes la phrase prouve, particulièrement lorsqu'elle est brève, qu'elle frappe une idée en maxime et qu'elle fonctionne, par conséquent, comme « un inducteur de vérité », une forme qui conduit le sujet vers son propre avenir. (*Façons de lire, manières d'être*, p. 215)

> Les phrases sont en effet moins des objets que des directions et des appels, les promesses d'une pratique à venir ; elles sont *à citer*. La citation est la réponse la plus active, la plus simple à cette vocation de formes ; c'est l'évidence pratique d'une « vie en forme de phrase ». (*Façons de lire, manières d'être*, p. 216)

Or, cette réduction du texte lu à un ensemble de citations éventuelles entraîne au moins deux conséquences très dommageables.

La première concerne *le primat* qui est alors donné *au discontinu et à la dispersion*. Comme la citation implique *de facto* une extraction qui l'arrache à son contexte, cette redéfinition brise l'organisation dynamique signifiante du texte. Le lecteur Barthes, nous rappelle Marielle Macé, se surprend

> « à transporter spontanément dans les circonstances de la vie des bribes de phrases, des formulations issues spontanément du texte balzacien […] j'écris la vie (il est vrai dans ma tête) à travers ces formules héritées d'une écriture antérieure. » (Barthes, II, 1269, cité dans *Façons de lire, manières d'être*, p. 218).

Le sujet poétique apparaît ainsi « dispersé » dans les phrases ou dans des morceaux de phrase.

Vivre avec l'écrivain conduit à prélever des détails, des phrases dont seule la discontinuité (celle qu'imprime l'acte de lecture) autorise la projectibilité. S'il y a un sujet à suivre dans une œuvre, il faut qu'il soit dispersé, pour que je puisse, par morceaux, m'individuer dans une coexistence (dans un enfermement prolongé) avec lui. (*Façons de lire, manières d'être*, p. 234)

Marielle Macé cite également ici Jacques Rancière selon lequel la littérature moderne reposerait précisément

sur cette structure de disponibilité fragmentaire : parole à la fois « bavarde » et « muette » (parole sans leçon déterminée, orpheline, sans père vivant pour en fixer le sens et la défendre), proposition de phrases sans destinataires privilégiés, fragments de langage errants que des corps sans propriété, sans destination eux aussi, s'affairent à accueillir et à détourner, se laissant activement dévier des circuits déterminés, se laissant conduire là où sera leur liberté, là où leur liberté se prouvera. (*Façons de lire, manières d'être*, p. 236)

Outre le caractère très contestable en soi de la notion de « fragment de langage errant » (ce que l'on considère comme un « fragment langagier » n'est-il pas, toujours et nécessairement, lié à la totalité du langage ?), il faut ici souligner la dérive subie par la pensée critique depuis la fin des années 1960. Les analyses de Marielle Macé montrent très bien, même si c'est involontaire, comment ce mouvement de déconstruction anti-structuraliste – qui avait encore sa nécessité intellectuelle, éthique et politique, en 1969 dans *L'Archéologie du savoir* et aussi chez Barthes – s'est finalement figé dans les années 1990, à travers sa diffusion dans le corps des enseignants d'université et des chercheurs rémunérés, au moment même où les derniers vestiges du monde systémique, administré et disciplinaire étaient en train de s'effondrer. Alors qu'il était animé à l'origine par une véritable force critique, ce mouvement s'est transformé en une doctrine considérée comme de portée universelle, indépendamment du contexte scientifique, social et politique dans lequel elle est projetée. Les usagers de cette doctrine, qui restent encore nombreux aujourd'hui, ne semblent pas s'être aperçus que le monde à la fois fluide et fracturé dans lequel nous vivons depuis la mondialisation n'a plus rien à voir avec le monde systémique et relativement ordonné des Trente Glorieuses et qu'il faudrait peut-être qu'ils y adaptent leurs outils.

À ce primat du discontinu s'ajoute, deuxième difficulté, un *primat de l'énoncé*. Les effets citationnels dépendent du seul signifié et mettent ainsi hors jeu l'énonciation et la signifiance. Les citations sont, comme dit Barthes, des « fragments d'intelligible », des « formules ».

Vivre avec eux [les écrivains] ne veut pas dire suivre le programme qu'ils ont tracé et opérer le tout qu'ils ont représentés ; cela signifie, plus silencieusement : « faire passer dans notre quotidienneté des fragments d'intelligible (des "formules") issues du texte admiré. » (Barthes, II, 1044, cité dans *Façons de lire, manières d'être*, p. 234)

L'appropriation consisterait donc simplement à remonter des phrases dépareillées, comme pour Jacques Rancière chez qui

elle est une opération de réénonciation et foncièrement un *montage* de phrases : des discours sont extraits, projetés dans un nouveau contexte, conjugués au présent du sujet, attelés à d'autres phrases pour composer une vocalisation individuelle qui est la trame même du processus de subjectivation. (*Façons de lire, manières d'être*, p. 237)

Alors qu'elles étaient présentées comme des processus, certes d'intensités variables mais continus, l'individuation et la subjectivation sont désormais vues comme des agglutinations de traits rencontrés et empruntés au hasard.

Que veut dire « vie », ici ? Non pas la forme globale progressivement prise par une aventure individuelle, mais l'énergie perpétuelle d'une expression, d'un désir. (*Façons de lire, manières d'être*, p. 203)

Plus loin, à propos de Tarde :

L'individu est singulièrement vécu comme une sorte de *montage* ; sa particularité n'est pas première, elle se construit au fur et à mesure de la capture des influences : il imite des modèles hétérogènes (Deleuze s'en souviendra), et il est le seul à combiner *tel* ensemble d'imitations. (*Façons de lire, manières d'être*, p. 206)

Ainsi la pensée connaît-elle ici aussi une sorte de rebroussement. La critique justifiée des conceptions unilatérales et déterministes, la stratégie anti-dualiste interactionniste, la volonté de comprendre comment une forme littéraire peut être créatrice de forme de vie, l'idée très juste de la préfiguration allégorique, tout cela s'épuise au profit de positions qui ne sont pas si lointaines de celles que Marielle Macé condamnait au départ. Du côté du texte, on s'attendait à une étude des effets prophétiques et allégoriques de la signifiance, prise à tous les niveaux langagiers, de la plus petite (le signifiant) à la plus grande unité (le texte), une étude qui montre le rôle déterminant de l'organisation de l'énonciation, bref du rythme, mais c'est à une stylistique de la phrase et de l'énoncé coupée de toute dimension pragmatique que s'en remet finalement Marielle Macé.

Du côté du lecteur ou de la lectrice, on espérait une théorie de l'individuation qui, comme dans la première partie avec les notions de « forme-maîtresse » et de « manière », rejetant d'un même geste les visions purement continuistes et les visions purement discontinuistes, fasse place aux organisations du mouvant, aux manières spécifiques de fluer. Mais la théorie choisie – et avec elle l'éthique et la politique visées – reviennent à donner un primat au bricolage, au hasard et à l'hétérogène.

Ouvertures

Marielle Macé semble, quand même, avoir eu peur des conséquences de son propre nietzschéisme. C'est pourquoi on trouve aussi vers la fin du livre quelques propositions alternatives dont il est important de bien mesurer les potentialités critiques.

Du côté de l'écrivain et du texte, quelques pages après avoir repris à son compte l'héritage néonietzschéen de Barthes et de Jacques Rancière, elle remet en question le primat de la dispersion des énoncés au nom d'une « puissance » d'individuation et de subjectivation de nature proprement poétique.

[Les pensées des années 1970 ont] justement thématisé le « devenir », le « désir » et la « puissance » contre les « positions d'être ». On peut insister avec elle sur la souveraineté de ce désir, et compter sur l'évidence émancipatrice des pratiques esthétiques. Mais on peut aussi, se tournant plutôt vers ce qui l'aimante, prendre acte de la puissance de ces objets qui appellent le désir, reconnaître leur capacité déterminante de guidage. (*Façons de lire, manières d'être*, p. 243)

De Proust – d'où provient, on le voit, beaucoup de ce qui est le plus productif dans cet essai –, elle reprend alors l'idée du caractère déterminant pour la réception à la fois du « phrasé » et des « effets d'ensemble » propres à une « œuvre ».

Marcel sentait obscurément ce que telle ou telle phrase « voulait » de lui : faire l'expérience d'une œuvre, c'était accompagner la formation d'un phrasé qui pourtant le contestait. (*Façons de lire, manières d'être*, p. 245)

« Phrasé » dont, au passage, on voit ici clairement le lien avec « la nouveauté, parfaitement cohérente, de rapports que je n'avais pas l'habitude de suivre. » (Proust, cité p. 89)

Certes, Marielle Macé ne semble pas se rendre compte que l'un et l'autre remettent en question le primat attribué par ailleurs à la phrase, à l'énoncé et au signifié, et elle ne reconnaît pas non plus ici la puissance du rythme signifiant. Le rythme n'est à ses yeux qu'une organisation de la durée intime, une variation de ses vitesses. C'est un principe phénoménologique avant d'être un principe poétique.

> Toute phrase se tient d'une manière particulière dans le temps, elle occupe un certain volume, impose une certaine vitesse, et organise pour nous une configuration inédite de la durée, en nous invitant à adopter son rythme et sa manière d'être dans le temps. (*Façons de lire, manières d'être*, p. 87)

Mais on ne saurait sous-estimer l'importance de ce qui est ici introduit *sotto voce* : une prise en compte, fondée sur l'expérience littéraire, de la dynamique organisée de la signifiance.

La meilleure preuve de la fécondité de ces remarques est qu'elles entraînent alors l'introduction, du côté du lecteur cette fois, d'une autre conception de l'individuation, que Marielle Macé repère, là encore, chez Proust. Loin d'être un bricolage ou un montage de phrases, d'énoncés et de signifiés, l'individuation apparaît ici comme une manière d'avancer dans le langage, d'organiser le discours et l'énonciation, de faire sonner et résonner les signifiants.

> De la parole à la comédie sociale, on voit bien des personnages se faire une *manière* à partir de leurs lectures. Mme de Cambremer forge par exemple son propre jeu, celui des adjectifs, dont elle use d'une façon bien à elle, mais en partie imitée. [...] « C'était l'époque où les gens bien élevés observaient la règle d'être aimables et celle dite des trois adjectifs. Mme de Cambremer les combinait toutes les deux. Un adjectif louangeur ne lui suffisait pas, elle le faisait suivre (après un petit tiret) d'un second, puis (après un deuxième tiret) d'un troisième. Mais ce qui lui était particulier, c'est que, contrairement au but social et littéraire qu'elle se proposait, la succession des trois épithètes revêtait, dans les billets de Mme de Cambremer, l'aspect non d'une progression, mais d'un diminuendo. » (Proust cité dans *Façons de lire, manières d'être*, p. 248)

Il est vrai, qu'une fois encore, le cadre théorique choisi empêche d'aller plus loin, ici en direction d'une théorie rythmique de l'individuation – et au-delà de la subjectivation – qui embrasse l'activité non seulement des corps, mais aussi du langage et du social. Pour rendre compte des phénomènes décrits par Proust, Marielle Macé convoque de manière assez judicieuse la notion d'« éthopoïèse » élaborée par le dernier Foucault.

> La dimension éthopoïétique du sujet est définie par la trame des actes accomplis et des postures corporelles (et non par des contenus ou des événements identifiants qu'une confession, par exemple, révélerait.) […] En travaillant à ce rapport qui le lie à lui-même, en travaillant à sa propre « manière », l'individu se produit, se transforme, et se restitue à lui-même son « actualité ». (*Façons de lire, manières d'être*, p. 246)

Mais dans la mesure où le rôle très limité qui est donné à cette époque au langage par Foucault n'est pas mis en évidence, où le point de vue stylistique adopté ne permet en aucune façon de questionner le rôle joué chez lui précisément par la stylistique, et où, enfin, ces travaux des années 1980 sur l'éthopoïèse sont, comme chez la quasi-totalité des foucaldiens aujourd'hui, dissociés de ses recherches sur les rythmes corporels et sociaux du milieu des années 1970, la question de l'invention d'une « manière propre », c'est-à-dire d'un « rythme propre » ou d'un « idiorrythme » – cette question qui était celle de Barthes dans les mêmes années –, est réduite à une simple mise en forme de l'activité corporelle et éventuellement sociale.

> La connaissance de soi n'y est qu'un aspect d'un plus vaste « souci de soi » fait d'attitudes, de conduites et d'applications concrètes, qui déplace (comme Baudelaire) l'identité vers le *geste*, vers une certaine manière de se tenir dans le monde. (*Façons de lire, manières d'être*, p. 246)

Pire encore, cette mise en forme est vue comme une « stylisation ». Par quoi il faut entendre au mieux faire de sa vie « une espèce d'œuvre » (p. 247), devenir le « poète de soi-même » (p. 254), mais aussi, et c'est bien différent, adopter « le "dandysme moral" présent chez Baudelaire et chez Nietzsche » (p. 251). On glisse alors d'une éthique impliquant l'ouverture et le risque de la pratique artistique à une éthique de distinction sociale, fondée qui plus est sur un travail intentionnel et conscient.

Ce que l'on soupçonnait déjà depuis quelque temps trouve alors sa confirmation. Cette « stylistique du soi », pourtant explicitement développée selon une stratégie anti-dualiste, une volonté de penser « à partir du milieu » et des références puisées chez Simondon, Deleuze ou Foucault, se conclut par un éloge de la singularité dont le collectif est totalement absent. Ce qui apparaissait déjà au cours de l'essai, dont les descriptions se centraient sur les parcours de lecture des singuliers sans les relier jamais à un contexte social, se cristallise dans la figure du dandy. Cette ultime victoire du dualisme montre, s'il le fallait encore, la nécessité d'abandonner la stylistique et de passer à une poétique.

Cette incapacité à distinguer ce qui, chez Foucault, reste productif et ce qui ne l'est déjà plus, explique, à mon avis, la nécessité ressentie par Marielle Macé de réinscrire finalement celui-ci dans un cadre stoïcien (pp. 204 *sq.*, 247 et 251), que l'intéressé rejetait pourtant explicitement comme on le voit dans son débat avec Pierre Hadot. Elle sent bien que le point de vue prônant la dispersion des énoncés et la construction esthétique de soi n'est pas tenable, mais, en l'absence d'une théorie lui permettant de penser à la fois l'ouverture et l'organisation de l'expérience, l'universalité et l'historicité radicale de l'individuation et de la subjectivation, elle ne peut que le réinscrire dans un ordre rationnel cosmique, dont Foucault disait précisément à Hadot qu'il ne pouvait plus être utilisé aujourd'hui comme critère moral ou scientifique.

*

Pour conclure cette discussion, je voudrais dire quelques mots sur les blancs théoriques qui trouent l'argumentation de cet essai et l'empêchent de développer les nombreuses intuitions qu'il tire de la lecture des écrivains. On ne trouvera rien dans *Façons de lire, manières d'être* concernant les apports, pourtant anciens et conséquents on vient de le voir, de la linguistique et de la poétique aux questions qui y sont traitées.

1. Ces blancs dans la réflexion vont, à mon avis, bien au-delà d'un problème de formation et de documentation des chercheurs. Ils reflètent l'extrême difficulté si ce n'est l'impossibilité, quand on adopte un point de vue stylistique et pragmatiste, à donner à ces deux disciplines les places qui leur reviennent. En 1960, Jakobson voulait croire que ce problème était voué à disparaître rapidement.

Chacun de nous ici, cependant, se rend compte vraiment qu'un linguiste sourd à la fonction poétique du langage et un spécialiste de littérature indifférent aux problèmes linguistiques et non versé dans les méthodes linguistiques sont de manière égale de flagrants anachronismes.[1]

Soixante ans après, on s'aperçoit que ces espoirs étaient prématurés et que ce qui semblait évident aux défricheurs des années 1960 ne l'est toujours pas à ceux des années 2010. La stylistique, même cette stylistique contestée de l'intérieur que défend Marielle Macé, continue à constituer un obstacle épistémologique qui bloque la pensée du rythme.

2. Ces blancs reflètent aussi le rôle disproportionné et finalement assez confus qui est du coup donné à la philosophie. Dans la mesure où l'on veut conserver le cadre et le vocabulaire de la stylistique traditionnelle, tout en en contestant certaines prémisses, il n'est plus possible de se réclamer de Bally, de Spitzer ou de leurs successeurs – qui sont eux aussi, on peut le remarquer, totalement absents de l'essai. Mais comme on ignore les apports de la linguistique et de la poétique, ce sont donc des philosophes qui fourniront les références théoriques manquantes, et cela selon un parcours dans le livre qui est loin d'être neutre – je laisse de côté les références naturalistes cognitivistes qui viennent de-ci de-là ajouter encore à la confusion mais ne semblent pas déterminantes. Après avoir esquissé un cadre ontologique et phénoménologique en s'appuyant sur Heidegger, Agamben, Merleau-Ponty et Ricœur, Marielle Macé dessine dans l'espace ainsi délimité quelques dispositifs inspirés de Simondon et Leroi-Gourhan, puis recouvre le tout, tableau et cadre compris, d'une épaisse couche de pensée de la dispersion et du désir puisée chez Barthes, Jacques Rancière, Deleuze et Foucault. Or, non seulement on peut douter, dans le premier cas, de la compatibilité des pensées phénoménologiques de l'*ego* et des pensées ontologiques, violemment opposées à tout point de vue fondé sur le primat du sujet, mais il semble bien difficile de mettre en continuité et les unes et les autres, avec des philosophies de l'individuation et de la subjectivation qui, pour leur part, ont toujours refusé de considérer l'historicité radicale des êtres humains d'un point de vue onto- ou phénoménologique – et la modernité comme une décadence. Ces appuis successifs sur des philosophies incompatibles aboutissent finalement à une conception éclectique et passablement contradictoire.

3. Ces blancs me semblent, enfin, refléter un positionnement intellectuel problématique. Certes, personne n'ignore l'histoire mouvementée

---

1. R. Jakobson, « Concluding statement. Linguistics and poetics », T. A. Sebeok (dir.), *Style in Language*, Cambridge, MIT Press, 1960, p. 377.

du champ des études littéraires depuis les années 1960, les luttes et les incompréhensions, le mépris et les rancœurs aussi, les dominations institutionnelles et les dérives sectaires. Il est quand même étonnant de constater qu'une spécialiste formée par l'une de nos meilleures écoles, membre d'un centre de recherche de réputation internationale, jeune qui plus est, reproduise si fidèlement et si sagement une grande partie des divisions et des exclusions qui ont empoisonné le champ de ces études depuis plusieurs décennies. Voici quelqu'un dont les travaux portent sur les notions de manière et de rythme, sur la pragmatique de l'écriture et de la lecture, sur la subjectivation et l'individuation par les pratiques du langage, sur l'éthique et la politique qui leur sont liées, mais qui semble ignorer la plus grande partie de ceux qui, depuis longtemps, ont affronté ces questions. Benveniste est cité rapidement pour son article sur la notion de rythme en Grèce ancienne.[1] Meschonnic reste dans ses Enfers. Rien, pas une ligne, pas une notule, pour en signaler ne serait-ce que l'existence. Sa contribution n'est certes pas sans limites, nous le verrons bientôt, mais on ne peut pas faire comme si elle n'avait rien changé. Quant aux recherches plus récentes concernant ces notions et ces problèmes, elles sont tout simplement ignorées.

4. Du point de vue du champ stylistique où elle se place, Marielle Macé apporte quelques propositions nouvelles. Elle est loin d'une simple application des modèles traditionnels et elle y introduit une perspective pragmatiste qui n'y avait pas encore cours. Elle apporte surtout une somme d'exemples et d'analyses d'expériences de lecture tout à fait remarquable. Mais on aurait aimé qu'elle aille un peu plus loin et se frotte aussi aux réflexions qui ont déjà accompli ce mouvement *hors de la stylistique* et *hors de la philosophie*. Qu'elle s'affronte à des pensées vraiment autres, comme elle aime à le faire avec les textes littéraires, au lieu de simplement contester les représentations établies au sein de son *alma mater* intellectuelle en utilisant des pensées autrefois critiques et aujourd'hui en voie de domestication académique.

---

1. Grâce à Chloé Laplantine, on sait maintenant que Benveniste a beaucoup travaillé vers la fin de sa vie sur une poétique de Baudelaire, dont tout laisse penser qu'elle était destinée à prolonger sa linguistique du discours par une théorie du langage de troisième génération fondée sur l'étude de la littérature. À ce sujet, É. Benveniste, *Baudelaire*, édition, présentation et transcription par Chloé Laplantine, Limoges, Lambert-Lucas, 2011, 770 p. et C. Laplantine, *Émile Benveniste. L'Inconscient et le Poème*, Limoges, Lambert Lucas, 2011, 300 p.

4. Éléments de rythmanalyse poétique

On a vu plus haut l'importance de l'apport de Meschonnic à la rythmanalyse du langage et de la littérature. Grâce à lui, c'est un paradigme très ancien et déjà richement élaboré qui est revenu au jour. Son apport à la rythmanalyse sociale et politique est en revanche, on va le constater, beaucoup moins convaincant. Dès 1982, Meschonnic a proposé d'appliquer à la société une approche inspirée par les nouveaux développements qu'il avait introduits en poétique, en particulier son idée d'une production du sujet à travers les rythmes du langage. La « critique du rythme » et l'« anthropologie du langage » qui la soutenait allaient permettre de construire bientôt une « poétique de la société »[1]. Et de fait, Meschonnic est souvent intervenu, au cours des décennies suivantes, dans les débats concernant le social, l'éthique et le politique.

Malheureusement, ses interventions se sont concentrées principalement sur les essais de théorie ou de philosophie du social qui sont parus à l'époque et ont laissé de côté toutes les contributions analytiques et descriptives récentes des sciences sociales, où il aurait pu trouver de nouvelles sources d'information et d'inspiration théorique. Tout s'est passé comme si la documentation factuelle et les phénomènes nouveaux qu'elle mettait au jour n'avaient aucun rôle à jouer dans la définition d'une nouvelle approche rythmanalytique du monde dans lequel nous sommes entrés à cette époque.

Par ailleurs, ses interventions sont restées la plupart du temps purement critiques : Meschonnic n'a jamais vraiment cherché à construire ni une méthodologie ni un idéal rythmanalytiques partageables. Il s'est limité à mettre en lumière chez ses contemporains des faiblesses ou des erreurs sans jamais élaborer des perspectives alternatives. Il n'a ainsi cessé de dénoncer, le plus souvent à juste titre il faut le reconnaître, leur indifférence à l'égard du langage (Boudon, Ferry et Renaut), leur verbalisme (Kristeva et Derrida), leur utilisation naïve et syncrétique des théories linguistiques (Habermas et Bourdieu), ou bien leurs hyperbolisations

---

1. H. Meschonnic, *Critique du rythme, op. cit.*, p. 715.

ludiques (Lyotard) ou mystiques (Gadamer) du rôle de la poésie et de l'art. Mais il ne s'est jamais risqué à proposer une approche articulée des sociétés modernes et très rarement à envisager des normes qui pourraient guider notre jugement. Tout en s'en défendant, Meschonnic a pratiqué à grande échelle une forme de déconstructionnisme qui restait assez proche de celles qu'il dénonçait par ailleurs.[1]

L'un et l'autre de ces problèmes mériteraient chacun une attention et un travail considérables. Ayant déjà abordé certains des travaux concernant la transformation du capitalisme systémique moderne en un capitalisme flexréticulaire, les mutations sociales et anthropologiques qui ont accompagné cette transformation, l'émergence de nouvelles formes de vie totalement inconnues jusque-là, je me permets concernant le premier point, de renvoyer pour le moment à mon livre paru pour la première fois en 2007 *Les Rythmes du politique. Démocratie et capitalisme mondialisé.*

Je voudrais tenter ici de poser quelques jalons concernant le programme méthodologique et axiologique d'une rythmanalyse poétique de la société, en m'appuyant sur des réflexions engagées au cours de ces vingt dernières années.

Rythmes et individuation singulière et collective vus de la poétique

Concernant la question méthodologique, Meschonnic évoque souvent le rôle déterminant des rythmes du corps et du social dans l'individuation singulière et collective, ou pour le dire autrement dans la constitution d'individus singuliers et de groupes sociaux, mais il n'offre aucune médiation théorique qui permettrait de les articuler les uns aux autres. Par ailleurs, il ignore systématiquement les études analytiques existantes les concernant.

Du côté du langage, la situation est évidemment meilleure, même s'il a tendance à subordonner l'individuation à la subjectivation voire à les confondre l'une avec l'autre et à privilégier les aspects individuels des phénomènes aux dépens des aspects collectifs. On a vu au chapitre 2 les

---

1. H. Meschonnic, *Critique de la théorie critique. Langage et Histoire*, Saint-Denis, Presses Univ. de Vincennes, 1985 ; *Modernité Modernité*, Lagrasse, Verdier, 1988 ; *Politique du rythme Politique du sujet*, Lagrasse, Verdier, 1995 ; *La modernité après le post-moderne*, Maisonneuve & Larose, 2002 ; *Pour sortir du postmoderne*, Paris, Klincksieck, 2009.

principaux points que l'on peut retenir de ses analyses et de celles de Benveniste : l'activité langagière de l'homme s'enracine dans un « corps-parlant » ; elle permet universellement à ce corps-parlant, grâce à l'appareil formel de l'énonciation qui existe dans toutes les langues, d'accéder au sujet dans chacun de ses actes de parole ; ce sujet se déploie dans le « parler » tel qu'il est organisé par les rythmes linguistiques et rhétoriques des discours effectivement tenus ; ce sujet énonciatif et parlant peut, à certaines conditions, laisser la place à un sujet « poétique », de l' « écriture » ou du « poème » qui, parce qu'il participe de l'ensemble du système signifiant rythmique d'un discours, peut devenir à la fois unique et infiniment ré-énonçable, c'est-à-dire se constituer en « transsujet ».

On a aussi remarqué que le corps-parlant, le sujet de l'énonciation et le sujet plus large du parler sont tous trois des universels, mais que le sujet poétique, qui pourrait sembler plus limité, possède aussi une certaine universalité puisqu'il implique toujours à la fois une unicité et une ouverture infinie. En même temps, on a vu que, dans la mesure même où il dépend de l'énonciation d'un discours, ce sujet n'a pas la cohésion d'une substance, ni même la cohésion plus faible d'un moi fondé sur le sentiment de l'existence ou sur la sensation du corps, et qu'il doit, au contraire, être compris comme discontinu, pluriel et mobile, mais que cela n'enlève rien à son importance anthropologique et historique dans la mesure où ce sujet apporte une certaine « force » ou une certaine « puissance ».

Il nous faut donc maintenant tenter de définir la nature et le fonctionnement exacts de cette sorte de « force » ou de « puissance » qui circule dans les discours. Fondée sur des marques signifiantes dispersées le long de la chaîne parlée mais qui restent à travers le temps, notamment par les échos prosodiques, en interaction les unes avec les autres, la subjectivation poétique déborde et engage les locuteurs d'une manière dont ils n'ont pas conscience. La subjectivation induite par le rythme signifiant d'un discours, tout particulièrement lorsque celui-ci constitue une œuvre d'art, consiste essentiellement à modifier le corps-langage des locuteurs et à les faire participer à des formes d'expérience corporelles-langagières qui les dépassent. Cette particularité centrifuge de la subjectivation poétique pourrait faire penser *a priori* que celle-ci s'oppose *de facto* à l'individuation singulière. Mais on se tromperait car, s'ils ne fournissent pas de principe de centration ou de délimitation, les rythmes signifiants donnent à l'individu identifié par l'appareil formel de l'énonciation un contenu expérientiel et existentiel fort. Ils *transforment* les locuteurs-auditeurs non pas en agissant directement sur leurs représentations, leurs opinions ou leurs valeurs, ni même sur leur caractère ou leur mentalité, mais en modifiant leur *manière d'agir et d'exister*.

Ce faisant, les rythmes agissent simultanément sur les processus d'individuation collective. Les discours constituent des totalités signifiantes qui transmettent aux locuteurs qui les réactualisent des manières de parler, de se comporter, d'interagir produites dans des contextes historiques très variés et qui, là encore, pourraient faire croire que ces flux subjectifs ne peuvent qu'entraver l'individuation collective. Mais de nouveau c'est l'inverse qui est vrai : par l'intermédiaire de leurs rythmes, les discours font circuler des formes de subjectivation qui peuvent, à certaines conditions sur lesquelles il nous faudra revenir, finalement être partagées par de très nombreux locuteurs. Ils participent ainsi à la construction de ce que l'on pourrait appeler une « manière d'agir et d'exister collective », dont on voit qu'elle n'est pas le résultat de l'agglomération d'attitudes individuelles calculées sur la base d'une rationalité instrumentale, ni même sur celle d'une rationalité communicationnelle, mais bien le produit d'un chevauchement des manières d'agir et d'exister transmises et retravaillées dans le discours. À travers le partage des rythmes discursifs se construit une réalité collective complexe et potentiellement chargée, qui est indissociablement linguistico-psycho-somatique.

Du point de vue poétique, contrairement à ce que présupposent la plupart des auteurs libéraux, qu'ils défendent une vision strictement individualiste comme Boudon, Ferry et Renaut, ou une vision plus complexe fondée sur l'interaction du monde de la vie et des structures dites universelles de l'interlocution comme Habermas, les effets d'individuation singulière et collective des discours ne proviennent donc pas principalement de leurs significations explicites ou de leurs effets pragmatico-juridiques, mais bien plutôt de l'énergie ou de la puissance de subjectivation ou de désubjectivation que contiennent leurs modes de signifiance, leurs rythmes. Simultanément aux significations et aux engagements, qui se forment dans la couche syntaxique superficielle des discours, passe toute une quantité d'affects et de sens dont nous ne sommes jamais totalement conscients et qui sont portés par le rythme discursif.

Toutefois, cette puissance signifiante du langage ne signifie pas non plus, comme le soutiennent beaucoup d'auteurs antilibéraux, qu'ils s'appuient sur des bases holistes comme Bourdieu, traditionalistes comme Gadamer, communautaristes comme Taylor, ou au contraire sur des bases déconstructionnistes comme Derrida ou postmodernes comme Lyotard, qu'il ne se produit jamais aucune subjectivation et que l'individuation singulière et collective est, soit entièrement déterminée par les modèles sociaux ou les traditions culturelles, soit constamment dissoute par le jeu des signes ou le chaos des jeux de langage qui leur préexistent.

Du point de vue poétique, le langage n'est pas, comme l'affirment les penseurs libéraux, un simple *instrument* utilisé par des sujets individuels préexistants échangeant et discutant tranquillement des idées, ni, comme le dit Habermas, une *activité communicationnelle* où les interlocuteurs s'engagent les uns envers les autres et entremêlent leurs prétentions à être reconnus, ni, comme le dit Bourdieu, un *champ d'action pragmatique des forces sociales*, ni, comme le prétend Gadamer, *l'accumulation plus ou moins structurée d'une tradition*, ni comme le croit Derrida, un *jeu dissipatif déterminé par le système de signes* dans lequel il a lieu, ni comme l'affirme Lyotard sur une base wittgensteinienne dévoyée un *ensemble de jeux de langage sans consistance*. Le langage constitue universellement *une activité pragmatique et signifiante qui déborde sans cesse les locuteurs et qui peut tout aussi bien les subjectiver que les désubjectiver, leur faire partager des manières d'agir et d'exister que leur permettre de s'en défaire.*

Ainsi, contrairement à ce que soutiennent Bourdieu, Gadamer, Derrida et Lyotard, qui n'y voient que *domination* et *autorité* ou bien *errance* et *dispersion*, les échanges signifiants entre les locuteurs possèdent bien un aspect « critique » qui leur permet de s'extraire des différentes formes de domination comme des risques d'aliénation par simple dissolution. Mais cette critique ne se réalise pas nécessairement, comme le croient Boudon, Ferry, Renaut ou Habermas, sous la forme d'une *prise de conscience réflexive* par l'individu de ses déterminismes, ou même de *la production pragmatique d'une prise de conscience collective*, mais plutôt sous celle d'une *lutte toute pratique des locuteurs* – dont ils n'ont pas nécessairement conscience et qui n'est pas nécessairement liée à une collaboration conversationnelle – *contre toutes les formes de signifiance, tous les rythmes qui ont tendance à les désubjectiver*, afin de pouvoir jouir de toutes celles et ceux qui, au contraire, favorisent leur subjectivation, voire leur permettent d'en inventer de nouvelles.

Critères poétiques d'appréciation des rythmes au XXᵉ siècle

Concernant maintenant la question axiologique, d'une manière cohérente avec son indifférence méthodologique aux aspects corporels et sociaux des rythmes, Meschonnic ne propose aucune définition de ce que pourraient être sur ces deux plans des rythmes éthiquement et politiquement désirables.

Il se contente de rejeter les formes métriques, comme l'ont fait la plupart des penseurs depuis la fin du XIXe siècle et le font encore dans les années 1970, on l'a vu, tous les membres de la constellation rythmique. Il cite Durkheim et Mauss pour qui les mètres avaient pour effet principal d'uniformiser les acteurs.[1] Comme ceux-ci, il souligne la continuité entre les formes métriques qui dominent les moments de désindividuation de la vie sociale.

> La métrique est une prise du social et du culturel sur l'individu sujet. Une métrique aussi est une attitude collective. L'alexandrin est une mise au pas. On défile en chantant. (*Critique du rythme*, p. 527)

D'une manière générale, tout rythme strictement cadencé, qu'il soit rythme du travail, rythme formulaire ou rythme des slogans, entraîne une « désindividuation maximale » et doit, pour cette raison, être rejeté.

> Plus le rythme est socialisé, plus il s'approche de la cadence. Rythme du travail, *cadences* de travail. Et pas cadencé. L'origine sociale du formulaire se marquait pour Durkheim par les trois caractères d'impersonnalité, d'impérativité, et de rythme cadencé. La cadence est la socialisation maximale du rythme : le slogan. La désindividualisation maximale. (*Critique du rythme*, pp. 649-650)

Du côté des rythmes du langage, on trouve en revanche, là aussi en écho à son intérêt méthodologique pour ces questions, quelques indications axiologiques plus élaborées. On savait depuis longtemps que contrôler les rythmes de l'activité du langage, c'est aussi contrôler la subjectivation et l'individuation. Depuis les études de Tarde sur la conversation, de Lippmann sur les rhétoriques démocratiques, de Klemperer sur la langue du Troisième Reich, de Tchakhotine sur la propagande politique, de Groethuysen sur les discours de l'Église des Lumières, et de Jean-Pierre Faye sur les langages totalitaires pour me limiter à quelques exemples restés fameux, le XXe siècle a été riche en travaux cherchant à montrer les effets

---

1. Un exemple parmi d'autres : « Une étude approfondie du "corrobori" australien (drame musical) en a montré le caractère public dans toutes ses parties ; les recherches sur la nature des rythmes, sur l'emploi des mots altérés, usés, sur le rapport de la musique, des mots et des gestes mimés ou de la simple danse, en ont montré non seulement le caractère social, mais l'effet uniforme sur les organismes des acteurs agissant en groupe, et des auditeurs participant au chant. » dans « Cours de 1922-23 » in M. Mauss, *Œuvres*, Paris, Minuit, 1968, to. II, p. 261.

des manipulations du langage. À l'inverse, les recherches de Benjamin sur les rythmes poétiques chez Baudelaire ou chez les poètes de son époque avaient montré la puissance critique et émancipatrice des pratiques langagières échappant à la métrique.[1] Mais il manquait un cadre commun d'appréciation permettant de comparer les différents effets de désubjectivation ou de subjectivation de ces discours.

Meschonnic suggère de classer les pratiques langagières entre deux pôles constituant comme deux formes idéaltypiques de signifiance aux valeurs éthiques et politiques opposées : d'une part, la multiplicité et la spécificité des *rythmes poétiques*, qui sont aussi nombreux et divers qu'il y a d'œuvres, et qui font circuler autant de formes de subjectivation, et, de l'autre, l'unicité (au sens de réductible à un schéma binaire simple) et la généralité des *formes métriques*, qui sont des formes despécifiantes et homogénéisantes.

Les œuvres littéraires, certes, ne sont pas des formes continues au langage ordinaire – il y a une différence de nature entre un texte littéraire et un quelconque autre texte, et cette différence tient à la valeur artistique du premier. Mais elles ne lui sont pas non plus opposées, comme la philosophie et la sociologie ont l'habitude de le penser, comme si la littérature était un monde de plaisir et d'imaginaire séparé du social et du quotidien.[2] Elles sont des formes maximalisées et systématisées de l'activité signifiante quotidienne. C'est pourquoi – même quand elles ne sont en rien argumentatives ou illocutoires –, elles constituent des formes idéaltypiques de ce que peut être l'activité langagière ordinaire quand elle est pratiquée de manière éthiquement et politiquement défendable. Elles montrent et rappellent sans cesse que le langage, lorsqu'il est pratiqué librement et sans contrainte, est l'occasion pour le locuteur d'accéder au sujet et de s'individuer, c'est-à-dire de devenir autonome voire de se séparer de son ou de ses groupes, sans toutefois perdre la possibilité d'être compris et d'être reconnu comme appartenant pourtant à ces groupes. Elles ne sont donc pas du discours ordinaire, mais elles proposent des critères éthiques et politiques

---

1. Sur tous ces auteurs, voir P. Michon, *Rythmes, pouvoir, mondialisation. Sur les formes anciennes et nouvelles des processus d'individuation*, [2005], Paris, Rhuthmos, 2016 et *Éléments d'une histoire du sujet*, Paris, Kimé, 1999.

2. D'une manière significative, Austin la voit ainsi comme une activité « parasitant » le langage ordinaire. De même, Habermas, à la suite de Weber, la considère comme une activité « compensatoire » à la sécheresse nouvelle de l'existence consécutive au désenchantement et à la rationalisation du monde.

pour les modes de signifier ordinaires. En particulier, elles montrent qu'il existe une infinité de rythmes ou de formes de vie possibles qui pourtant restent toutes dans le langage, et que la liberté se définit en bonne partie par le pouvoir de glisser des unes aux autres sans entraves, et surtout d'en inventer de nouvelles pour les autres.

À l'inverse, les activités signifiantes ordinaires – et l'argumentation rationnelle illocutoire à la Habermas n'est pas indemne de ce problème – sont souvent dominées par des schémas signifiants qui empêchent le locuteur de changer de rythmes ou d'inventer ses propres rythmes. La forme idéaltypique de ces schémas signifiants est le *mètre*, c'est-à-dire le rythme au sens platonicien et traditionnel du terme, qui au lieu de permettre au locuteur de développer pour lui-même les potentialités formelles infinies du langage, le contraint à s'inscrire dans un cadre prédisposé – d'où son rôle central dans la Cité platonicienne. Celui-ci, d'une part, le branche sur des formes de signifiance non-linguistiques (car les mètres sont les mêmes pour le langage, les exercices gymniques ou les défilés militaires) et, d'autre part, le rend identique aux autres locuteurs.[1]

Comment faire passer la rythmanalyse poétique du XXᵉ au XXIᵉ siècle ?

Que cela soit sur le plan méthodologique ou sur le plan axiologique, le cadre rythmanalytique suggéré par Meschonnic dans les années 1970-1990 rompt ainsi très clairement avec le simplisme des méthodes et des critères de jugement proposés par Lefebvre qui, au même moment où il critiquait les rythmes linéaires et promouvait une dialectique historique rénovée, restait prisonnier à la fois de la métrique, de la phénoménologie et d'un naturalisme plus que contestable.

---

1. S'inspirant du travail de Meschonnic, Sophie Klimis a justement souligné l'importance du rythme du discours dans l'accession au sujet et des manipulations auxquelles celui-ci peut aussi donner lieu. « Rhythm as Self-Creation of the Subject. In search of the *corporeal-poetical-political continuum* » in A. Böhler, C. Herzog, A. Pechriggl (Hg.), *Korporale Performanz. Zur bedeutunggenerierenden Dimension des Leibes*, Bielefeld, Transcript, 2013, S. 83-102.

Par ailleurs, il réintroduit avec force la question du langage dans la réflexion éthique et politique, question qui avait tendance à être minorée voire ignorée, on l'a vu, par les autres membres de la constellation rythmique, à l'exception naturellement de Benveniste et de Barthes.

En même temps, cette rythmanalyse poétique commence à rencontrer au cours des années 1990 une série de problèmes nouveaux qui, s'ajoutant aux difficultés déjà mentionnées dans les deux précédentes sections, la mettent en demeure de se transformer profondément pour être en mesure d'affronter le monde du XXIe siècle.

Il apparaît aujourd'hui de plus en plus clairement que les critiques méthodologiques et axiologiques développées contre l'emprise du paradigme métrique concernaient en premier lieu des formes théoriques et sociales anciennes liées aux processus de rationalisation et de disciplinarisation décrits par de très nombreux théoriciens à l'instar de Weber et de Foucault. Sa cible principale restait celle que visait déjà Simmel dans ses pages sur le rythme à la fin de *Philosophie de l'argent* en 1900 : les rythmes au sens cyclique, la symétrie, la répétition mécanique.

> Le rythme peut être défini comme symétrie dans le temps, de la même façon que la symétrie est un rythme dans l'espace. [...] Tous les actes de violence et toutes les inadéquations qu'impose une méthode systématique à la réalité sont aussi dus au rythme et à la symétrie de la mise en forme des contenus de la vie.[1]

Cette cible, c'était également celle de Leroi-Gourhan qui en 1965, dans *La Mémoire et les Rythmes*, notait amèrement :

> Au point actuel, les individus sont imprégnés, conditionnés par une rythmicité qui a atteint le stade d'une machinisation pratiquement totale.[2]

C'était celle de Thompson dans son célèbre essai de 1967 *Temps, discipline du travail et capitalisme industriel*, où il décrivait la pénétration des rythmes de travail strictement mesurés en Occident depuis le début du

---

1. G. Simmel, *Philosophie des Geldes* [1900, 1907], trad. fr. Paris, PUF, 1987. Cité ici dans éd. ang. London-New York, Routledge, 1990, pp. 488-89 – ma trad.
2. A. Leroi-Gourhan, *Le Geste et la parole II. La Mémoire et les Rythmes*, 1965, Paris, Albin Michel, p. 137.

XVIIIe siècle et l'abandon corrélatif des rythmes très lâches et irréguliers du travail et de la vie propres aux anciennes sociétés à dominante agricole.[1]

Et c'était encore, on l'a vu, au milieu des années 1970, celle de Lefebvre, de Foucault et même de Barthes lorsqu'ils dénonçaient, pour l'un, la domination des « rythmes linéaires », pour l'autre, toutes les formes de « discipline horaire », et pour le dernier la suppression des pratiques idiorrythmiques et leur remplacement par des « rythmes strictement réglés et contraints ».

Toutes ces critiques et ces généalogies visaient un aspect essentiel de la civilisation industrielle – qu'elle soit d'ailleurs capitaliste ou socialiste – qui s'était établie au cours du XIXe et du XXe siècles, mais on peut désormais se demander si ce modèle de signifiance, et les formes de vie qui lui étaient liées, restent aussi déterminants aujourd'hui. La métrique est-elle encore, au moins du point de vue social et culturel, notre ennemi principal ? Les choses semblent en effet avoir profondément changé au début du XXIe siècle. Les anciennes formes de vie systémiques, hiérarchiques, binaires et mécaniques ont été remplacées par de nouvelles formes à la fois réticulaires, interactionnelles, fluides et soumises à la norme de l'urgence. Certes, les mètres sont loin d'avoir disparu – ils ont en fait migré des centres dominants du système capitaliste mondial vers les périphéries des pays en voie de développement ou en émergence –, mais la flexréticularisation du monde favorisée par les nouvelles technologies de transport, de communication, d'information et par l'extension du capitalisme à toute la planète s'est traduite par des manières inédites de contrôler la signifiance, les corps et la vie qu'il faut décrire avec de nouveaux outils et juger avec des normes mieux adaptées.

En ce qui concerne la signifiance, ne sommes-nous pas désormais confrontés à des transformations qui échappent en grande partie à l'opposition axiologique des rythmes et des mètres ? Comment qualifier, par exemple, la dissipation systématique des tensions et le désamorçage des processus de subjectivation qui l'accompagne par le recours permanent à la soi-disant « discussion » ou par la diffusion d'un discours systématiquement réversible et toujours euphémique, qui sont quelques-unes des nouvelles formes du contrôle de la signifiance ? À l'inverse, quelle valeur

---

1. E. P. Thompson, *Temps, discipline du travail et capitalisme industriel* [1967], Paris, La Fabrique, 2004. Sur Thompson, voir P. Michon, *Les Rythmes du politique. Démocratie et capitalisme mondialisé* [2007], Paris, Rhuthmos, 2015, pp. 151-162.

donner à la diffusion sur les réseaux sociaux d'énoncés viraux destinés à propager des fausses nouvelles, des théories du complot ou des attaques personnelles ? Comment rendre compte des effets de ces discours hysté-risants et violents ? S'il s'agit dans les deux cas clairement de procédés de dérythmisation engendrant une désubjectivation, s'agit-il pour autant de retours à la rationalisation et à la disciplinarisation métriques ? À pre-mière vue, il ne semble pas.

Or, le même genre de question se pose au niveau des corps et des interactions sociales telles que nous avons commencé à les entrevoir, dans le volume précédent, à travers nos lectures de quelques-uns des travaux rythmanalytiques disponibles. Comment qualifier, à partir d'un point de vue simplement anti-métrique, la diffusion large et accélérée des formes de corporéité hédonistes, consuméristes et postmodernes, ou des formes d'interaction fondées sur les principes du marché et de la judiciarisation qui accompagnent celles-ci ? Comment juger le développement de pathologies corporelles nouvelles comme le *burn-out* ou la dépression, provoquées non plus par l'application encore externe d'une norme métrique mais par un terrible assujettissement intérieur à la norme de l'urgence ? Comment même qualifier les formes corporelles et interactionnelles fondées sur l'autoasservissement du corps et le respect intégriste de la réglementation religieuse de la vie ? S'agit-il, là encore, de pratiques purement métriques ou bien les formes métriques impliquent-elles d'autres manières plus subtiles de désubjectiver les individus ?

Vers une rythmanalyse de la signifiance flexréticulaire – Simondon

Je voudrais dans cette section proposer une extension de la rythmana-lyse poétique qui pourrait, me semble-t-il, lui permettre à la fois de s'arti-culer plus facilement aux sciences sociales et humaines, et de s'adapter méthodologiquement, et peut-être aussi axiologiquement, à la nouvelle donne imposée par le monde flexréticulaire.

La théorie de l'individuation, proposée par Gilbert Simondon à l'aube de l'ère des réseaux, apporte, me semble-t-il, à cet égard quelques éléments intéressants. Simondon est en effet l'un des tout premiers auteurs à avoir critiqué le modèle cybernétique informationnel qui est aujourd'hui au fon-dement de la notion de réseau et qui est l'un des principaux responsables des dévoiements actuels de l'individuation. Pour lui, l'information constitue avant tout la base d'une « in-formation », c'est-à-dire d'une *mise en forme* ou d'une *individuation*, et non pas le simple résultat d'une transmission de données effectuée par des signaux.[1] C'est pourquoi ce qui compte, ce n'est pas à proprement parler son « contenu », ni même sa « forme », mais c'est sa « qualité » ou sa « tension » interne, c'est-à-dire sa capacité de génération de formes nouvelles.

> La tension d'information serait la propriété que possède un schème de structurer un domaine, de se *propager* à travers lui, de *l'ordonner*.[2]

Cette tension est mesurable : elle dépend, en premier lieu, du potentiel de forme contenu dans le schème informatif considéré (que Simondon appelle le « germe »), et elle peut être évaluée par « la quantité d'obstacles qu'elle arrive à vaincre » ou encore par « la résistance extérieure à travers laquelle elle arrive à produire un effet » (p. 53).

Cette première remarque amène Simondon à proposer le concept de « bonne forme ». Une « bonne forme » possède une forte « tension d'information » qui lui donne une grande capacité « *de traverser, d'animer et de structurer un domaine varié, des domaines de plus en plus variés et hétérogènes* » (p. 53). Or, cette capacité tient au « champ » qu'elle implique, c'est-à-dire aux potentialités formatrices qu'impliquent des tensions internes tenues mais jamais résolues.

> [La bonne forme] Ne serait-elle pas celle qui contient en elle un certain champ, c'est-à-dire à la fois un isolement entre deux termes, antithétiques, contradictoires, et pourtant en corrélation ? […] La bonne forme pourrait être, comme l'a pressenti Platon, une *dyade* ou bien une *pluralité de dyades coordonnées ensemble*, […] quelque chose d'un et de multiple à la fois, qui contient une corrélation entre des termes différents […] la bonne forme est celle qui est *près du paradoxe, près de la contradiction*, tout en n'étant pas contradictoire en termes logiques. (*L'Individuation psychique et collective*, pp. 52-53)

Autrement dit, la puissance génésique d'un schème dépend de ses caractéristiques systémiques, et, lorsqu'il s'agit de la signifiance langagière, de ses caractéristiques de système sémantique.

---

1. « La théorie technologique de l'information tirée d'abord par abstraction de la technologie des transmissions » réduit l'information « aux signaux ou aux supports ou véhicules d'information dans un message », G. Simondon, *L'Individuation psychique et collective* [1958], Paris, Aubier, 1989, p. 29.
2. G. Simondon, *L'Individuation psychique et collective, op. cit.*, p. 54.

Cette bonne forme ou forme riche en potentiel serait un complexe tendu, *une pluralité systématisée, concentrée* ; dans le langage, elle deviendrait *un organisme sémantique*. Il y aurait en elle compatibilité et réverbération interne d'un schème. (*L'Individuation psychique et collective*, p. 53)

Ce que Simondon appelle une « bonne forme » est donc très proche de ce que Meschonnic appelle, quant à lui, le « rythme d'une œuvre littéraire ». Pour la poétique, on l'a vu, le rythme se définit en effet précisément comme un « système sémantique » possédant un fort potentiel « d'in-formation ». Il constitue une « organisation du mouvement de la parole dans l'écriture, [un] émetteur de signifiance, c'est-à-dire des valeurs d'un texte dans sa systématique, et selon la continuité prosodique d'un discours »[1] et ce sont ces « différentielles internes », ces « tensions jamais résolues » absolument propres à une œuvre, organisées en système, qui font de lui « une organisation, une diffusion d'effets à l'état indéfiniment naissant »[2]. Ainsi, c'est le *potentiel signifiant* porté par son rythme qui permet à une œuvre de continuer à séduire, à toucher, à bouleverser la vie de ses auditeurs ou lecteurs et de reconfigurer les champs sociaux qu'elle rencontre bien au-delà de sa situation socio-historique de production. Dans le cas des œuvres les plus fortes, ce potentiel signifiant peut ne jamais s'épuiser. Il peut soutenir des réactualisations et provoquer des effets quasiment infinis.

La théorie simondienne de l' « in-formation » rejoint ainsi la poétique de la « signifiance » de Meschonnic sur la question de ce que l'on appellera la puissance potentielle d'individuation contenue dans une « bonne forme ». En même temps, elle apporte quelques éclairages sur un certain nombre de points encore obscurs dans la description poétique de l'activité signifiante.

Tout d'abord, elle permet de préciser un phénomène important qui apparaît dans l'analyse poétique sans y être, me semble-t-il, complètement théorisé. Pour Meschonnic, on l'a vu, le rythme possède une force propre qu'il assimile à une extension des pouvoirs pragmatiques du langage : « Le rythme, organisation des marques dans le discours, est l'orga-

1. H. Meschonnic, *Politique du rythme, politique du sujet, op. cit.*, p. 373.
2. H. Meschonnic, *La Rime et le Vie*, Paris, Verdier, 1990, p. 49.

nisation du sens, mais aussi de la *force*, dans le discours »[1]. Mais, si l'on connaît le *statut* de cette force, on ne sait pas en revanche très précisément *comment* elle se déploie.

Simondon montre, quant à lui, que lorsqu'un « germe » possède un potentiel interne susceptible de déclencher un processus de prise de forme, ce n'est pas qu'il possède une énergie forte par elle-même. L'énergie d'un « germe » n'est pas une énergie *accumulée*, mais une énergie *potentielle*, c'est-à-dire susceptible de « moduler » les énergies présentes par ailleurs dans le champ de réception. En fait, la « tension d'information » propre à un germe n'agit jamais seule.

Elle n'apporte pas avec elle toute l'énergie capable d'assurer la transformation ; elle apporte seulement cette tension d'information, c'est-à-dire un certain arrangement capable de moduler des énergies beaucoup plus considérables, déposées dans le domaine qui va recevoir la forme. (*L'Individuation psychique et collective*, p. 54)

Cette remarque nous amène à une deuxième contribution de Simondon. La considération des caractéristiques des « germes », des « bonnes formes » ou des « rythmes des œuvres » ne suffit pas à expliquer tout le processus d'individuation. Il faut aussi considérer, ce que ne fait pas Meschonnic, celles des « champs » dans lesquels les « germes » (qui sont déjà caractérisés par des « champs » internes propres, on l'a vu) pénètrent et qu'ils sont amenés éventuellement à réorganiser. Pour des raisons qui tiennent en partie à l'antagonisme entre la poétique et les modèles phénoménologiques et herméneutiques du langage et de la littérature, Meschonnic n'a pas développé de théorie de la réception ni de théorie du partage collectif des puissances subjectives du langage, mais il semble précisément possible, grâce à Simondon, de pallier ce manque sans en revenir aux points de vue élaborés depuis la phénoménologie et l'herméneutique par Gadamer et par Jauss. Simondon montre qu'au potentiel contenu dans le « germe » doit s'adjoindre celui contenu dans le « champ de réception » qui est tout aussi nécessaire au processus d'individuation. La tension de l'information est aussi fonction de l'ouverture des récepteurs éventuels, de leur capacité à recevoir un schème inconnu, c'est-à-dire des énergies poten-

---

1. H. Meschonnic & G. Dessons, *Traité du rythme, des vers et des proses*, Paris, Dunod, 1998, p. 75.

tielles accumulées dans le « champ » qu'ils constituent et qui sont prêtes à s'exprimer pourvu que l'occasion s'en présente.

> Le champ qui peut recevoir une forme est le système en lequel des énergies potentielles qui s'accumulent constituent une métastabilité favorable aux transformations. (*L'Individuation psychique et collective*, p. 59)[1]

Enfin, Simondon montre qu'il doit exister un rapport entre ces deux potentiels, c'est-à-dire entre le « germe » qui engage le processus par lequel se fait de proche en proche la prise de forme et « l'état réceptif » du « champ » dans lequel celle-ci se produit. Si ce rapport est nul, par exemple parce que le « champ » et le « germe » sont totalement étrangers l'un à l'autre, aucune individuation ne se produit.

> Au cours d'une ontogenèse, les apports de germes structuraux dus aux circonstances extérieures peuvent orienter dans une certaine mesure la structuration qui survient après une dédifférenciation. Mais un germe structural qui s'écarte trop des caractéristiques du champ structurable ne possède plus aucune tension d'information par rapport à ce champ. (*L'Individuation psychique et collective*, p. 58)

Ce n'est que lorsque ce rapport n'est pas nul, qu'il se produit une « modulation » entre « *la tension d'information du germe structural et le domaine informable, métastable*, recelant une énergie potentielle » (p. 54), modulation qui entraîne une prise de forme avançant progressivement, par « transduction » (propagation de proche en proche), à travers le domaine concerné.

Grâce à la contribution de Simondon, on voit assez clairement les transformations que nous pourrions opérer dans la théorie de la signifiance pour qu'elle puisse décrire et évaluer correctement les nouveaux rythmes langagiers propres aux sociétés du monde flexréticulaire. Pour être en mesure de compléter de manière cohérente les approches de

---

1. Simondon définit le terme « métastable » comme suit : « L'équilibre stable exclut le devenir, parce qu'il correspond au plus bas niveau d'énergie potentielle possible ; il est l'équilibre qui est atteint dans un système lorsque toutes les transformations possibles ont été réalisées et que plus aucune force n'existe [...] Pour définir la métastabilité, il faut faire intervenir la notion d'énergie potentielle d'un système, la notion d'ordre, et celle d'augmentation de l'entropie [...] Nous essaierons donc de présenter *l'individuation physique comme un cas de résolution d'un système métastable* » (p. 14).

l'individuation par les sciences sociales et de les rendre applicables au nouveau monde, il ne suffit pas en effet de substituer le primat du langage au primat du social et d'extraire le concept de signifiance de sa définition *informationnelle*, en lui restituant son aspect *sémantique*, comme le font, avec force, la linguistique de l'énonciation et la poétique des discours. Il faut encore retirer au concept de sémantique tout aspect *probabilitaire* – ce qui reste le cas quand la question des « germes » ou des « rythmes signifiants » est coupée de celle des « champs sémantiques » et des « modulations » – et y inclure un aspect *qualitatif* en le définissant comme un jeu modulatoire, se propageant peut-être par transduction, entre une tension d'information initiale interne à un germe et la tension du champ sémantique où celui-ci va intervenir. Le primat du langage et du sémantique et le concept poétique de rythme ne peuvent prendre toute leur portée anthropologico-historique que s'ils sont déconnectés de toute conception faisant de l'individuation le produit d'une simple action unilatérale des éléments de sens sur les activités discursives, les corps et les interactions. Ils doivent donc s'intégrer dans un type de théorie de la signifiance plus englobante qui tient compte à la fois des puissances potentielles propres aux discours et des puissances potentielles dispersées au sein des champs parcourus de fractures, de zones de basse et de haute pression dans lesquels ils interviennent.

Éléments de rythmanalyse de la signifiance flexréticulaire

Une telle théorie élargie de la signifiance permet déjà de mettre en évidence l'un des aspects les moins bien connus des transformations récentes des modes de signifiance.[1] Simultanément aux transformations de la production industrielle et du travail, les dernières décennies ont vu se produire une mutation brutale des médias et de l'information. Du fait de l'épuisement de la rentabilité de certaines branches du capitalisme industriel dans les pays les plus avancés, de l'apparition et de la diffusion de nouvelles technologies de stockage, de tri et d'échange d'informations adaptées à un usage personnel, mais aussi de la multiplication des chaînes de télévision et de radio et de l'interconnexion généralisée de tous les

---

1. Cette section est en partie reprise de *Les Rythmes du politique. Démocratie et capitalisme mondialisé* [2007], Paris, Rhuthmos, 2015, pp. 291-296.

réseaux télématiques dans un réseau mondial, la sphère médiatique s'est constituée en sphère économique à part entière, égale en puissance, voire supérieure parfois, aux sphères de la production des biens et de l'échange des capitaux. Pendant qu'il se flexibilisait, le capitalisme est ainsi également devenu réticulaire.

Avec la croissance de la sphère médiatique, la circulation des discours s'est mondialisée et les lieux de débats se sont multipliés, ce qui a entraîné une certaine diversification des discursivités. Ces transformations ont indubitablement constitué une nouvelle source de liberté, qui a été à l'origine de solidarités et de formes d'individuation singulière et collective inédites, en rien négligeables. Mais comme la sphère médiatique doit, pour assurer son développement et son hégémonie grandissante, produire et vendre toujours plus de discours, cette diversification a plus souvent consisté en une simple multiplication quantitative des formes de discursivité qu'en une recherche qualitative de meilleures formes de vie dans le langage.

Beaucoup des modifications apportées aux techniques traditionnelles langagières ont visé à assurer et faire croître la rentabilité économique des discours produits en effaçant ou au moins en euphémisant les conflits existant entre les individus singuliers et collectifs. Aujourd'hui, dans la logosphère néolibérale, on peut certes tout dire – on est même *enjoint* de tout dire –, mais il faut le dire d'une manière qui, par la neutralisation de toute tension interne au discours et de toute contradiction entre les positions en présence (ce que l'idéologie néolibérale contemporaine appelle d'une manière aussi pompeuse que retorse « le respect de l'autre »), le rende apte à être reproduit et mis en circulation le plus largement et le plus rapidement possible dans les réseaux du capitalisme médiatique.

Non seulement le vocabulaire est systématiquement vidé de sa force par des procédures d'édulcoration[1], mais la dynamique même de l'activité langagière est sans cesse bridée d'une manière silencieuse et redoutablement efficace. Alors qu'on ne cesse d'en appeler à « l'expression de soi » et au « dialogue », qu'on encourage en permanence la « prise de parole », toute tension intime du langage, toute contestation publique et toute individuation fermes sont stigmatisées comme obscurité et rigidité contraires à l'esprit de transparence et de consensus qui définirait la démocratie.

---

1. E. Hazan, *Lingua Quintae Respublicae. La propagande au quotidien*, Paris, Raisons d'agir, 2006.

Afin de les rendre plus facilement échangeables au sein des réseaux médiatiques planétaires qui viennent de se constituer, les discours sont ainsi vidés à la fois de toute tension interne, on peut dire de toute qualité *littéraire*, mais aussi (et l'un va souvent avec l'autre) de toute force de négation externe, de puissance *critique*, et remplacés par des configurations langagières asthéniques, qui ne permettent en fin de compte qu'une individuation sur le mode de la séparation et de la juxtaposition. L'archétype de ce discours, lisse et purement technique, est bien évidemment celui de la première chaîne *globale*, CNN, qui ne parle jamais de littérature et évite soigneusement toute polémique et toute critique qui pourraient lui faire perdre des parts d'audience.

En dehors de ces considérations économiques, la transformation des modes de fluement du langage s'explique aussi par la nouvelle réalité technopolitique qui vient de se mettre en place. L'organisation réticulaire dont s'est doté le monde néolibéral implique en effet une très basse tension et, du coup, comme le disait Simondon, une très faible capacité « informatrice » de l'information et plus largement des discours. Dans les réseaux contemporains, tout ce qui fait obstacle à la transparence, à la vitesse et à la quantité de la communication doit être éliminé ou, tout au moins, minoré au maximum. Toute tension forte est ainsi retransformée en tension faible, voire annulée par sa traduction en pure relation de coexistence ; toute dyade est traduite en une simple paire et, plus largement, toute organisation signifiante systémique – dont la littérature fournit l'exemple maximal – divisée analytiquement en éléments d'information facilement transmissibles : les prétendues « données », les prétendus « faits ».

C'est pourquoi l'idéologie réticulaire préfère parler « des » informations ou « d'une » information plutôt que de l'in-formation au sens où celle-ci impliquerait une morphogenèse. Afin de la rendre plus compatible avec les exigences de fluidité des réseaux, l'information est analysée, simplifiée et pacifiée ; sa cohérence démembrée ; sa tension interne et son potentiel d'individuation dissipés. Des procédures de désamorçage permettent de s'assurer de l'isolement, de l'homogénéité et surtout du caractère non-polémique du « sens » transmis. Ainsi voit-on proliférer dans toutes les organisations en réseaux les réunions de concertation, les échanges de points de vue, et ce que Jean-Pierre Le Goff a appelé le « discours chewing-gum »[1]. Tout est fait pour diminuer la cohérence, la

---

1. J.-P. Le Goff, *La Barbarie douce*, Paris, La Découverte, 1999.

tension interne et l'agressivité sémantique de l'information, mais du coup, une grande partie de ce qui fait la signifiance disparaît : en particulier ses liens avec les énergies venant du corps ou de la société, sa prise en charge du désir, de la contradiction et du conflit.

Pour pouvoir circuler de plus en plus rapidement, de plus en plus massivement et de manière de plus en plus transparente, l'information s'éloigne au maximum du modèle de ce que Simondon appelait une « bonne forme » : elle contient de moins en moins de tension potentielle interne et donc de capacité d'individuation. Elle est à la fois pulvérisée, désincarnée et dépolitisée par les nouveaux appareils techniques et par les nouvelles organisations sociales en réseau.

Cette même logique prévient, par ailleurs, la formation de « champs sémantiques » potentiellement chargés en diffusant au maximum les tensions. Tout est fait pour empêcher qu'ils deviennent « métastables ». Chaque fois qu'une contradiction apparaît dans un réseau – risquant de polariser et de redonner une certaine consistance à ce qui doit rester liquide –, cette contradiction est immédiatement soumise à un traitement communicationnel et participatif, destiné à décharger son potentiel subversif. Qu'une catastrophe naturelle, qu'un plan de licenciement ou qu'un conflit social éclatent, et immédiatement est envoyée sur place une petite troupe de psychologues, de pseudo-syndicalistes et de thérapeutes de groupe, chargés de faire parler les « traumatisés » sur leur « expérience » et de les amener à accepter « le sort qui les frappe ».

Nombre des transformations de l'organisation de la société et de l'entreprise se font ainsi, aujourd'hui, en s'appuyant ostensiblement sur le « dialogue », la « concertation », l' « argumentation », pendant que toute opposition constituée est stigmatisée, sur un mode à la fois psychologisant et dépolitisant, comme « psychorigidité ». La transparence communicationnelle, la circulation libre des arguments, pourvu qu'ils soient sortis du système conflictuel qui leur donne leur énergie critique, constituent l'un des fondements les plus importants de la mutation contemporaine.[1]

Le résultat est, bien sûr, à la hauteur de ces nouvelles manières de « discuter ». Les « champs sémantiques » dominés par ces logiques réticulaires sont morcelés et sans tensions internes, aussi pauvres en capacités

---

1. J'ai étudié ces phénomènes à leur naissance chez France Telecom et dans l'Éducation nationale dans « Des états du langage dans le nouveau capitalisme », *Drôle d'époque*, N° 7, nov. 2000, Nancy, pp. 141-158.

« in-formatrices » que les « informations » qui y circulent, et ne produisent finalement qu'un consensus orienté par un souci d'efficacité de l'action productive et de l'échange marchand.

Dans les réseaux qui viennent de se mettre en place, « l'information » ne possède donc que très rarement l'énergie adéquate capable de moduler les « champs sémantiques » dans lesquels elle pénètre. Ces « champs » sont, par ailleurs, chargés d'une énergie potentielle souvent très insuffisante pour qu'elle soit modulable par une information quelconque. Nous vivons désormais dans un univers qui n'est pas seulement flexible et fluide, mais aussi dissipatif, dispersif, un univers qui travaille constamment à éviter que se reforment les conditions d'une individuation riche et puissante : un univers où les rythmes du langage – mais ce sont toujours également des rythmes du corps et du social – sont asthéniques, à faible rythmicité voire à rythmicité négative, parce qu'ils constituent des manières de fluer qui tendent vers le liquide.

La domination d'un nouveau capitalisme médiatique et de nouveaux appareils, au sens de Benjamin, ainsi que le développement des nouvelles formes sociales qui leur sont liées, expliquent ainsi l'apparition d'un monde où l'individuation est de plus en plus fortement entravée et remplacée par des formes de vie de très faible intensité.

Bien sûr, les manières opposées de parler et d'argumenter sont logiquement devenues très courantes ces dernières années. De plus en plus d'individus et, depuis quelque temps, de gouvernements et d'États utilisent le pouvoir de communication des médias sociaux ou des blogs pour saturer les différentes sphères publiques de fausses nouvelles, de discours tranchants et agressifs, qui non seulement se vendent très bien mais pénètrent et circulent viralement tout en étant reçus avec gourmandise par les médias officiels.

Mais ces discours sont aussi pauvres et aussi simplistes que leurs adversaires, aux rythmes asthéniques desquels ils opposent simplement leurs rythmes hystériques. Ils ne sont que l'image inversée des manières flexréticulaires de débattre, d'argumenter et plus généralement de parler. C'est pourquoi, les uns et les autres, en dépit de confrontations spectaculaires, vont en réalité très bien ensemble.

*

1. Le cadre rythmanalytique poétique, au moins tel qu'il est envisagé par Meschonnic dans les années 1970-1990, présente ainsi un faciès très contrasté.

1.1 D'un côté, il tranche sensiblement sur le simplisme des méthodes et des critères proposés par Lefebvre, qui restait pour sa part prisonnier à la fois de la phénoménologie, du paradigme métrique et d'un naturalisme plus que contestable. Il montre la nécessité de transformer profondément la rythmanalyse en l'ouvrant sur des points de vue, langagiers et poétiques, qu'elle ignore encore souvent aujourd'hui.

1.2 En même temps, on vient de le voir, il manque encore à ce nouveau cadre de nombreuses médiations qui permettraient d'articuler les uns aux autres les différents processus qui sont en cause dans l'individuation ou la désindividuation, comme dans la subjectivation et la désubjectivation. L'accent est mis principalement sur les rythmes du langage mais les rythmes des corps et des interactions ainsi que leurs rapports les uns avec les autres ne sont pas pris en compte.

1.3 Le rapport aux contributions des sciences sociales et humaines est, par ailleurs, souvent distant ou inexistant. Meschonnic ne prête aucune attention aux nombreuses analyses qui sont proposées à son époque concernant le devenir des corps et des formes d'interaction dans les vastes mutations en cours.

1.4 L'échelle normative qu'il propose est, enfin, clairement héritée d'un passé où la métrique était un modèle impérieux dans les sociétés développées, mais qui a aujourd'hui laissé la place à un monde flexréticulaire où les formes de travail et de vie périodiques et mécaniques ont été remplacées par d'autres formes d'organisation temporelle à la fois lâches, irrégulières et soumises à la norme de l'urgence. C'est pourquoi elle reste encore très élémentaire eu égard à la complexité nouvelle du monde dans lequel nous sommes désormais entrés.

2. La rythmanalyse poétique doit donc aujourd'hui à la fois complexifier son approche méthodologique et préciser son échelle axiologique. Il lui faut comprendre l'immense diversité des rythmes d'individuation, analyser l'entrelacement complexe des rythmes du langage, des corps et du social, évaluer leurs différentes qualités éthiques et politiques, et rendre possible la lutte contre les rythmes qui réduisent les individus à de simples dispositifs de production et de consommation, et en même temps la promotion des rythmes les plus encapacitants pour les singuliers et les collectifs.

2.1 À cet effet, le rythmanalyste doit rompre avec les divisions qui ont marqué la constellation rythmique et pratiquer une lecture qui, en même temps qu'elle étend ce que la poétique nous apprend des « rythmes du langage » aux approches du corps et des interactions sociales par les sciences sociales, considère à rebours les rythmes langagiers à la lumière des « rythmes sociaux » et des « techniques du corps » décrits par les sciences sociales. Si nous acceptons d'accomplir ce double mouvement, nous pourrons plus facilement décrire et juger les *rythmes entrelacés* les uns dans les autres au gré desquels se produit l'individuation singulière et collective.

2.2 Sur le plan méthodologique, une telle perspective implique de ne plus viser simplement *les éléments qui fonctionnent* (comme dans les théories *Bottom-Up* et *Top-Down* traditionnelles depuis le XIXe siècle), ni même *le fonctionnement collectif des éléments les uns avec les autres* (comme dans les théories interactionnistes ou herméneutiques plus récentes), mais plutôt de chercher à comprendre, suivant les trois lignes du langage, des corps et du social, *la spécificité des manières de produire-reproduire-détruire à la fois les éléments et les totalités auxquelles ils appartiennent.*

2.3 Sur le plan axiologique, on peut, on l'a vu dans le volume précédent, se donner des critères éthiques et politiques susceptibles de distinguer les qualités variables des rythmes ainsi observés en les classant suivant leur « rythmicité », c'est-à-dire pour reprendre l'expression de Mandelstam suivant la « qualité de l'énergie » qu'ils véhiculent. Seuls les rythmes organisant les activités corporelles, langagières et sociales des individus et des groupes possédant une forte rythmicité peuvent permettre à ceux-ci d'accéder au sujet, c'est-à-dire dans ce cas à la capacité à surmonter au moins une partie des contraintes qui leur sont imposées et de choisir leur vie. Tous les rythmes à rythmicité faible ou négative ne peuvent au contraire qu'entraver les individus voire diminuer drastiquement leur capacité d'agir et d'exister.

2. Rythme et nature

Nous arrivons à une nouvelle étape de notre réflexion concernant cette fois les rapports des études rythmanalytiques aux sciences de la nature et aux différents types d'analyse rythmique que celles-ci pratiquent. Comme on sait, ces sciences font depuis le XIXe siècle un usage massif du modèle métrique. L'essentiel des « rythmes » qu'elles mettent en évidence représente les variations périodiques des phénomènes naturels auxquels elles s'intéressent. Le concept de rythme y est ainsi le plus souvent pris comme synonyme de répétition périodique, d'oscillation ou, par métonymie, de fréquence. Toutefois, on voit bien que, pour ces sciences, le choix de cette définition est avant tout motivé par le désir de décrire et de mesurer le plus correctement possible les phénomènes empiriques et n'a donc rien d'illégitime en soi.

Un premier problème se pose lorsque cet usage est extrait, comme cela a été le cas dans la première moitié du XXe siècle, hors du contexte scientifique particulier des sciences de la nature où il prend son sens, et plaqué sur les champs psychologique, social, culturel et historique sans égard pour les spécificités de ces derniers. Il perd alors ses vertus descriptives et métrologiques pour devenir un modèle éthique et politique prétendument aligné sur la nature des choses mais en fait hérité en droite ligne du modèle autoritaire et antidémocratique de la Cité platonicienne.

Un second problème, plus insidieux, est apparu plus récemment du fait que cet usage métrique a eu tendance à cacher d'autres manières de concevoir le rythme, non métriques celles-là, qui ont commencé à émerger ces dernières décennies. Dans certaines sciences de la vie comme l'éthologie, la microbiologie et les sciences neuronales, on a vu apparaître des modèles rythmanalytiques nouveaux qui relèvent, on le verra, d'approches *rhuthmiques*. Or, du fait de la domination écrasante du modèle métrique dans les sciences de la vie, ces avancées n'y ont pas été perçues à leur juste valeur. Les sciences sociales et humaines, de leur côté, ne leur ont prêté aucune attention en dépit des progrès réalisés dans leur émancipation à l'égard du paradigme métrique.

Dans cette partie, je vais laisser de côté le premier de ces problèmes, qui est déjà assez bien documenté, et tenter, dans les limites de mes connaissances, d'évoquer quelques exemples des nouveaux usages promus depuis une vingtaine d'années par les neurosciences. J'espère ainsi pouvoir montrer les gains qu'on peut espérer d'une meilleure circulation des idées entre les sciences de la nature et les sciences humaines et sociales, quand on ne se limite pas à un transfert sauvage et intéressé d'un contexte à un autre.

5. D'une transformation récente des neurosciences

Dans les sciences de la nature, le rythme a souvent été pris, sous sa forme métrique, comme outil de description et de mesure des phénomènes naturels. Cet usage, encore très rare dans l'Antiquité – Hérophile de Chalcédoine (ca. 330-ca. 260 av. J.-C.) serait, dit-on, le premier d'une très courte série de médecins anciens à avoir utilisé une horloge hydraulique pour mesurer le pouls de ses patients[1] – s'est tout d'abord imposé en médecine à partir du XVIIIe siècle, avec la diffusion de la perspective mécaniste héritée de la révolution scientifique du siècle précédent et la multiplication d'instruments de mesure du temps portatifs suffisamment précis.[2] À partir du milieu du XIXe siècle, cet usage métrique, désormais courant chez les médecins, a pénétré en physiologie où il a profité de la construction de nouveaux instruments d'enregistrement graphique des pulsations des artères et du cœur pour se généraliser.[3]

Au XXe siècle, le concept de rythme, désormais explicitement défini comme retour périodique, oscillation et fréquence, a été progressivement appliqué à toutes les fonctions des êtres vivants. Il s'est imposé en France dans les années 1930 avec les travaux d'Henri Cardot et d'Alfred Fessard sur « les propriétés rythmiques de la matière vivante » pour lesquels « le processus rythmique est le mode normal d'activité de tous les systèmes excitables »[4]. Cette extension s'est poursuivie, à partir des années 1950, avec les recherches d'Alain Reinberg et de Jean Ghata, et la première publication de leur ouvrage *Les Rythmes biologiques*.[5]

---

1. P. Michon, *Elements of Rhythmology. Antiquity, op. cit.*, chap. 4 et 7.

2. P. Michon, *Elements of Rhythmology. From the Renaissance to the 19th Century, op. cit.*, chap. 1 et 2.

3. P. Michon, *Elements of Rhythmology. The Spread of* Metron, *op. cit.*, chap. 1 et 2.

4. A. Fessard, *Les propriétés rythmiques de la matière vivante*, Paris, Hermann, 1936. On trouvera une bonne présentation de ces travaux dans C. Leconte, *Des rythmes de vie aux rythmes scolaires. Une histoire sans fin*, Villeneuve-d'ascq, Presses univ. du Septentrion, 2014, chap. 2.

5. A. Reinberg & J. Ghata, *Les rythmes biologiques* [1957], Paris, PUF, 7e éd. 1997.

Aux États-Unis, la chronobiologie a véritablement émergé avec le travail de Patricia DeCoursey, l'inventeur de la *Phase Response Curve* en 1960.[1] Mais au cours des années 1980, le nombre d'études a si fortement augmenté qu'elle a pu se constituer en une discipline internationalement reconnue, possédant ses revues, ses centres de recherches, ses colloques et même ses congrès mondiaux. Parallèlement, elle a engendré ou épaulé de nouvelles disciplines comme la chronopharmacologie et la chronopsychologie déjà illustrée par Paul Fraisse dans les années 1950-1970[2].

Ces succès sont incontestables et doivent être reconnus pour ce qu'ils sont : des contributions déterminantes à la connaissance scientifique de la nature.[3] En même temps, on sent à lire certaines recherches récentes, par exemple en éthologie, en microbiologie et en neurosciences, que les mesures métriques sont insuffisantes pour comprendre un certain nombre de fonctionnements de populations d'animaux, de bactéries ou de neurones, qui ne sont pas descriptibles simplement à travers les oscillations ou les cycles qui les traversent. Par ailleurs, nous l'avons noté, ces succès peuvent se prêter à des détournements fort discutables à partir du moment où ils sont sortis de leur contexte et appliqués aux sphères sociale, culturelle et politique.[4]

Sans entrer dans les détails et à titre de simples exemples préliminaires, on peut citer ici les études concernant les comportements collectifs des animaux sociaux comme les vols d'étourneaux, les essaims

---

1. On attribue à DeCoursey la première publication d'une Courbe de Réponse de Phase (en anglais PRC). Son article portait sur des écureuils volants maintenus dans une obscurité totale et sur la façon dont ils réagissaient à diverses impulsions lumineuses à différents moments de la journée. Entre autres découvertes, DeCoursey a été la première à montrer que les horloges des mammifères peuvent être réinitialisées par des impulsions lumineuses.

2. P. Fraisse, *Psychologie du temps*, Paris, PUF, 1967 ; *Psychologie du rythme*, Paris, PUF, 1974. Pour une introduction voir, C. Leconte, *Des rythmes de vie aux rythmes scolaires. Une histoire sans fin*, *op. cit.*, chap. 2.

3. Alain Reinberg a présenté un compendium remarquable des recherches réalisées depuis l'Antiquité dans « Les rythmes biologiques : une vieille histoire et de nouveaux défis » in C. Doumet & A. W. Lasowski (dir.), *Rythmes de l'homme, rythmes du monde*, Paris, Hermann, 2010, pp. 127-149.

4. Voir, par exemple, la diffusion des modèles métriques au cours de l'entre-deux-guerres en Allemagne et en URSS décrite par Inge Baxmann dans « Utopies du travail heureux au début du XXe siècle », I. Baxmann *et al.*, *Arbeit und Rhythmus. Lebensformen im Wandel*, Paderborn, Wilhelm Fink Verlag, 2009, pp. 15-36 – https://rhuthmos.eu/spip.php?article643.

d'abeilles ou les bancs de poissons. Ces agrégats mouvants relèveraient, d'après ces études, des concepts d'*auto-organisation*, de *criticalité* et d'*émergence*, concepts empruntés à la physique et à la chimie mais adaptés à leurs nouveaux objets. On note ainsi que les mouvements de chacun des éléments qui les composent sont influencés par ceux de tous les autres comme s'ils étaient reliés entre eux par des interactions constantes, permettant ainsi une coordination parfaite de l'ensemble ; qu'ils sont capables de changer de direction instantanément, ce qui optimise leur réponse collective aux défis externes, comme l'attaque d'un prédateur ; et que de nouvelles propriétés s'y manifestent parfois, qui ne pouvaient pas être prédites à partir de la seule connaissance du système.[1]

D'une manière surprenante et qui mériterait d'être investiguée plus profondément que je ne peux le faire ici, on trouve des préoccupations du même genre en microbiologie. Des études concernant le comportement collectif de certaines bactéries soulignent le fait que celles-ci peuvent synchroniser « automatiquement », c'est-à-dire sans dispositif de décision central, l'expression de certains de leurs gènes – en particulier ceux de la virulence mais pas seulement – dès qu'une certaine densité d'individus est atteinte.[2]

On trouve, enfin, des approches de forme assez comparable dans les neurosciences. Dans ces sciences, auxquelles je vais m'intéresser maintenant plus en détail, il s'agit en effet là encore, de saisir les phénomènes observés dans leur auto-organisation dynamique, leur criticalité et leurs émergences,[3] en ramenant celles-ci au comportement d'agrégats compensant par le nombre et la rapidité des interactions la faiblesse de chacun des microcomposants qui les constitue.

Dans tous ces cas, le terme rythme n'est pas systématiquement utilisé, notamment parce qu'il est reçu par la majorité des scientifiques des champs concernés dans son acception métrique, mais les réalités décrites

<hr>

1. Ornithomedia, « Les vols d'étourneaux fonctionnent comme des systèmes critiques », *Rhuthmos*, 3 novembre 2010 – https://rhuthmos.eu/spip.php?article199.

2. Henry H. Lee, Michael N. Molla, Charles R. Cantor & James J. Collins, « Bacterial charity work leads to population-wide resistance », *Nature*, Macmillan Publishers, 2 Septembre 2010, p. 82 *sq.*

3. J. Wilting & V. Priesemann, « 25 years of criticality in neuroscience – established results, open controversies, novel concepts », *Current Opinion in Neurobiology*, vol. 58, October 2019, pp. 105-111.

ainsi que les concepts produits pour en rendre compte renvoient, nous allons le voir, assez clairement au paradigme *rhuthmique*.

Nouvelles approches de la conscience – Jean-Pierre Changeux (2002)

Le premier exemple que je voudrais explorer est celui de la « physiologie de la vérité », ou plus clairement de la « physiologie de la connaissance », proposée par Jean-Pierre Changeux au tout début des années 2000 dans son livre *L'Homme de vérité*[1]. Celle-ci nous montre le mouvement d'innovation théorique en cours dans les neurosciences à l'état naissant entremêlé à des conceptions anciennes.

Changeux fonde sa « physiologie de la connaissance » sur l'hypothèse que des « pré-représentations » jailliraient en permanence dans « l'espace de travail » neuronal situé dans le cortex pré-frontal en mobilisant « de manière *combinatoire*, des structures innées (comme les diverses modalités sensorielles, et/ou les zones motrices) ainsi que des distributions neuronales issues d'expériences antérieures » (p. 94). Ces pré-représentations seraient ensuite testées et évaluées par une confrontation avec la réalité du monde. En fonction du signal reçu lors de cette confrontation, une pré-représentation donnée pourrait être à son tour stabilisée, ou non (p. 97). Les pré-représentations ayant réussi ces tests seraient alors stockées sous formes de

cartes de relations fonctionnelles matérialisées par un réseau neuronal distribué et variable. Un modèle réduit et simplifié, neuronal et donc physique, de la réalité extérieure serait ainsi sélectionné et mis en mémoire dans le cerveau. Ces objets de mémoire existeraient « réellement » dans notre cerveau sous des « formes » latentes, composées de traces neuronales stables. (*L'Homme de vérité*, p. 98)

Mais le rôle de « l'espace de travail conscient » ne s'arrêterait pas là, car lorsqu'elles seraient rappelées dans cet espace les représentations stockées seraient de nouveau soumises à un travail de sélection.

---

1. J.-P. Changeux, *L'Homme de vérité*, Paris, Odile Jacob, 2002, apparemment traduit de l'anglais par Marc Kirsch – *The Physiology of Truth: Neuroscience and Human Knowledge*, Cambridge, Harvard University Press, 2004, lui-même trad. du français par M. B. DeBevoise.

Les neurones de l'espace de travail situés dans le cortex préfrontal mettent à l'épreuve les hypothèses ou les pré-représentations internes qui fournissent un contexte pour la réactivation par l'hippocampe de souvenirs stockés dans le cortex cérébral, dans des domaines directement ou indirectement liés à la perception sensorielle ou à l'action motrice. Quand les souvenirs adéquats sont retrouvés et que la sanction de l'évaluation interne est positive (récompense), ils sont alors intégrés aux représentations de l'espace de travail via l'hippocampe. (*L'Homme de vérité*, p. 161)

Arrêtons-nous un instant sur cette première description. On y voit nettement Changeux hésiter entre deux points de vue : d'un côté, les « représentations » seraient portées par des « cartes neurales », qu'il serait possible de distinguer les unes des autres comme des éléments discrets, et qui « existeraient "réellement" dans notre cerveau sous des "formes" latentes, composées de traces neuronales stables » ; de l'autre, le cerveau et ses différentes parties fonctionneraient en permanence et c'est au cours de cette activité continue et variable que seraient « triées », « stockées » et éventuellement « remobilisées » les différentes « pré-représentations ».

Il me semble que nous nous situons ici exactement sur l'une des grandes lignes de partage des eaux épistémologiques qui ont traversé les neurosciences au début du XXIe siècle. Malgré les précautions prises, les notions de « carte » et de « représentation » tirent encore la pensée en arrière en faisant réapparaître la vieille idée associationniste selon laquelle les états de conscience seraient assimilables à des entités fixes et délimitables, ainsi que l'idée plus récente mais non moins obsolète issue de la comparaison avec les ordinateurs, qu'il existerait quelque part une « bibliothèque ou une base de données mémorielle » composée d'éléments distincts et statiques.

Toutefois, dans le même temps, on voit apparaître les prémisses d'une conception intégralement dynamique pour laquelle les souvenirs et plus généralement les états de conscience ne constitueraient pas des entités plus ou moins stables, en tout cas clairement distinctes les unes des autres, mais devraient être conçues sous le signe d'une individuation-désindividuation toujours en cours. On passe ainsi d'une conception méthodologique alliant perspectives analytique et cybernétique à une autre conception visant en premier lieu l'*activité* des différentes parties du cerveau, les *manières* dont leurs interactions s'organisent dans le temps, et les *effets* que cette activité organisée peut engendrer.

Changeux fournit d'ailleurs un ensemble de données qui militent dans ce sens. Il rappelle, par exemple, que les neurones possèdent une activité spontanée importante. Même en l'absence d'entrées sensorielles, il existe une activité corticale soutenue et les réseaux du cortex passent par divers états manifestés par l'activation cohérente d'assemblées neuronales distinctes. De nombreux travaux, dont ceux de Francisco Varela et de ses collaborateurs, ont montré que cette activité n'est jamais désordonnée.

> La synchronisation temporelle de la décharge des neurones – la cohérence de leur activité – crée une intégration et une coordination entre les populations de neurones connectés de manière réciproque.[1]

Par ailleurs, l'éveil du cerveau et le passage à la pleine conscience commencent par une activation des neurones du tronc cérébral, dont les neurones à acétylcholine qui se transforment alors en « fontaine de neuro-transmetteurs » (Greenfield) qui vont se lier à des récepteurs des neurones du thalamus. Stimulés par cette arrivée d'acétylcholine, les neurones du thalamus passent du mode oscillatoire lent et régulier propre au sommeil aux ondes rapides et irrégulières de l'éveil. La conscience, la mise en mémoire et la remémoration, peuvent donc être décrites comme trois aspects d'une même

> activité intrinsèque spontanée engendrée par des oscillateurs neuronaux. Cette activité est *modulée* et non « construite », comme aurait dit Condillac, par les signaux évoqués par les sens. (*L'Homme de vérité*, p. 126)

Enfin, les données électrophysiologiques concernant les neurones corticaux montrent une certaine diminution de la variabilité de leur activité spontanée au fur et à mesure de l'apprentissage. Le taux d'impulsion moyen des populations de neurones, la distribution précise dans le temps des impulsions et la corrélation des impulsions augmentent avec la prédiction de la réponse apprise.

> Une coordination plus importante de l'activité individuelle des neurones se met donc en place à la suite de l'apprentissage d'une performance. (*L'Homme de vérité*, p. 106)

---

1. F. Varela *et al.*, « The brainweb : phase synchronisation and large scale integration », Nature Reviews-Neuroscience, 2, 2001, pp. 229-238, cité dans J.-P. Changeux, *L'Homme de vérité, op. cit.*, p. 88.

Dans tous ces cas, il ne s'agit donc pas tant d'une *stabilisation cartographique* ni même d'une *inscription dans un système de stockage fonctionnel*, que d'une certaine *façon à la fois cohérente et diversifiée d'organiser l'activité toujours en cours d'une population neuronale*. Ainsi, plutôt qu'à des « cartes neurales », on peut penser qu'on a affaire avec la conscience – et la mémoire – à des formes de coordination ou, mieux encore à des *manières*, à la fois intégrées et variées, d'organiser l'activité de diverses populations de neurones.

Sans que cela soit réellement thématisé apparaît donc ici l'idée que ce qui permet au cerveau de lier et de délier les assemblées de neurones qu'il contient, et de soutenir ainsi l'exercice de la conscience et de la mémoire, ce sont les *manières de fluer qu'il donne à leur activité spontanée*. Ce que l'on croyait être « le tri » puis le « stockage » et enfin le « déstockage » de « représentations », ou pour le dire autrement le passage des représentations de l'espace de travail et de la mémoire immédiate à la mémoire à long terme et vice versa (comme s'il s'agissait uniquement d'un changement de lieu physique d'un élément dans le cerveau et qui se ferait sans changement d'état), semble plutôt lié à des *modulations de l'activité des réseaux de neurones, des formes d'activité différentes*.

Au lieu de voir la conscience et la mémoire comme manipulant des individus relativement stables stockés ou maintenus « en ligne » de manière statique et intégrale à différents endroits du cerveau, on doit donc les concevoir comme des capacités d'orchestration et de modulation technique de l'activité des populations neuronales, qui permettent d'individuer-désindividuer des entités-souvenirs ou des entités-consciences.

Nouvelles approches de la conscience – Gerald Edelman et Giulio Tononi (2000)

Deux années auparavant, Gerald Edelman et Giulio Tononi ont publié un ouvrage de synthèse qui a fait date, aussi bien par la qualité de sa documentation que par les vues extrêmement novatrices qu'ils y exposaient : *A Universe of Consciousness. How Matter Becomes Imagination*[1]. Or, contrairement à celle proposée par Changeux qui restait

---

1. G. M. Edelman et G. Tononi, *A Universe of Consciousness. How Matter Becomes Imagination*, New York, Basic Books, 2000 – trad. fr. *Comment la matière devient*

encore marquée, nous venons de le voir, par une certaine hésitation méthodologique, cette synthèse adopte avec résolution un point de vue intégralement dynamique.

D'une part, Edelman et Tononi ne cessent de répéter que le flux de la conscience n'est pas constitué de « représentations » qui seraient comme des entités élémentaires et stables à partir desquelles on pourrait la reconstruire. De l'autre, ils ne perdent jamais une occasion de marteler que le cerveau ne fonctionne pas non plus comme un ordinateur.

> Notre revue rapide de la neuro-anatomie et des dynamiques neuronales montre que le cerveau possède des caractéristiques d'organisation et de fonctionnement qui sont sans rapports avec l'idée selon laquelle il suivrait un ensemble précis d'instructions ou pratiquerait un ensemble de calculs. (*A Universe of Consciousness*, p. 47)

Hostiles à la logique purement analytique tout autant qu'au systémisme cybernétique, Edelman et Tononi tracent avec vigueur les contours d'une théorie qui, là encore, souligne le primat de l'activité, de ses manières et de ses effets.

Ils soulignent tout d'abord l'importance de l'organisation anatomique du cerveau. La plupart des groupes de neurones, au moins dans le système thalamocortical, sont reliés de manière réciproque. Aussi ces interconnexions fournissent-elles une base structurale à un phénomène fondamental : la « réentrée » *[reentry]*, terme qui désigne

> le processus de circulation de signaux en allers et retours le long de connexions réciproques, qui offre la clé du problème de l'intégration des diverses propriétés fonctionnellement distinctes des zones du cerveau alors qu'il n'existe pas de zone de coordination centrale. (*A Universe of Consciousness*, p. 44)

Cette circulation réentrante des signaux à l'intérieur du cortex et du thalamus, soutenue par des changements rapides dans l'efficacité des synapses et par une activité spontanée interne au réseau, constituerait le processus principal qui permettrait à la conscience de se former.

---

conscience, Paris, Odile Jacob, 2000. Toutes les pages indiquées sont celles de la version originale en anglais et toutes les traductions sont miennes.

La réentrée peut établir rapidement un processus transitoire et globalement cohérent. Celui-ci se caractérise par des interactions fortes et rapides parmi les groupes neuronaux du cortex et du thalamus qui y participent et émerge à partir d'un seuil d'activité bien défini. (*A Universe of Consciousness*, p. 119)

Afin de produire rapidement ses effets (en 100-200 millisecondes), la réentrée aurait toutefois besoin d'être maintenue constamment à un certain niveau.

Ce phénomène se produit seulement si les neurones sont maintenus en état d' « alerte » par une activité incessante, c'est-à-dire, si les boucles réentrantes entre le thalamus et le cortex ou entre différentes ères corticales qui sont des connexions dépendant du voltage, sont réellement activées. (*A Universe of Consciousness*, p. 171)

La réentrée mènerait alors à la formation d'un « amas fonctionnel » *[functional cluster]* caractérisé par de fortes interactions mutuelles entre une série de groupes neuronaux sur une période de quelques centaines de millisecondes, qui serait, selon Edelman et Tononi, le principal corrélat neuronal de l'expérience de la conscience (p. 139). Cet amas fonctionnel serait dynamique, toujours changeant dans sa composition précise, mais cohérent et durable (p. 119).

Anatomiquement parlant, cet amas fonctionnel semble se développer principalement dans le système thalomo-cortical (pp. 139 et 144). Mais à chaque instant, seul un sous-ensemble de groupes neuronaux — même si ce sous-ensemble est toujours d'une taille relativement importante — contribuerait directement à l'expérience consciente. Une part significative de l'activité neuronale se produirait donc sans contribuer directement à l'expérience de la conscience (p. 142).

Physiologiquement parlant, Edelman et Tononi proposent de caractériser l'amas fonctionnel par sa « complexité ». Ce concept caractérise quelque chose qui se trouve organisé d'une manière qui n'est ni purement aléatoire ni complètement régulière.

Seul quelque chose qui paraît être à la fois ordonné et désordonné, régulier et irrégulier, variable et invariable, constant et changeant, stable et instable, mérite d'être appelé complexe. (*A Universe of Consciousness*, p. 135)

Une forte complexité est caractéristique de tous les systèmes générés par la vie, depuis la plus petite cellule jusqu'au cerveau et aux sociétés humaines. En revanche, les systèmes qui ne sont pas intégrés (comme les gaz) ou pas spécialisés (comme les cristaux homogènes) possèdent une complexité minimale.

Le cerveau constitue, pour sa part, un système hautement complexe parce qu'il peut atteindre « une synthèse optimale de spécialisation et d'intégration fonctionnelles » (p. 131). En effet, dans ce type de système, « chaque sous-ensemble peut connaître différents états tout en gardant chaque fois une influence sur le reste du système » (p. 130). Ce phénomène implique que tous les sous-ensembles peuvent travailler indépendamment mais qu'ils peuvent aussi simultanément interagir et s'unir dans une activité cohérente.

> Différentes ères et différents groupes de neurones font différentes choses (ils sont différenciés), au même moment ils interagissent et font émerger une scène consciente unifiée ainsi que des comportements unifiés (ils sont intégrés). (*A Universe of Consciousness*, p. 131)

Ainsi, un cerveau complexe est « comme un ensemble de spécialistes qui parlent beaucoup entre eux » (p. 136).

En fait, le cerveau n'est pas toujours engagé dans une activité complexe. La conscience représente seulement une partie de notre vie mentale qui suit un cycle plus ou moins régulier.

> La conscience est ce qui vous abandonne tous les soirs quand vous vous endormez et qui réapparaît tous les matins quand vous vous réveillez. (*A Universe of Consciousness*, p. 3)

Quand nous dormons, nous ne sommes pas conscients. Pendant le sommeil profond, les mesures par électroencéphalographie (EEG) montrent des ondes régulières et lentes, ce qui signifie que l'activité de nos neurones devient plus régulière et moins complexe, c'est-à-dire à la fois moins différenciée et moins bien intégrée. Au contraire, quand nous rêvons et surtout quand nous nous réveillons, l'EEG montre des ondes irrégulières et rapides. Ce phénomène indique une activité neuronale qui redevient simultanément intégrée et très différenciée ; la complexité augmente de nouveau ; la conscience réapparaît (p. 134).

Des millions d'« états de consciences », c'est-à-dire de brèves configurations d'interactions neuronales, durant chacune quelques centaines de millisecondes, commencent à se suivre les uns les autres. Toutefois, ces états de conscience sont si brefs et, grâce aux phénomènes de réentrée, si bien imbriqués les uns dans les autres, qu'ils ne nous apparaissent pas comme des « états » mais sous la forme d'un flux de conscience continu, dont la pulsation complexe est toutefois enregistrable grâce à l'EEG. Edelman et Tononi appellent la population de neurones à la fois vibrante, variable et intégrée, qui supporte ces états de conscience, « le cœur ou le noyau dynamique » *[dynamic core]*.

En s'appuyant sur ces premières analyses, Edelman et Tononi proposent alors une théorie du flux de la conscience. Selon eux, la conscience est composée d'une succession de *qualia*, c'est-à-dire de qualités spécifiques de l'expérience subjective, du type de ce que nous percevons comme une rougeur, la hauteur d'un son, une chaleur ou une douleur. Chaque expérience consciente différentiable représente une *quale* différente, qu'il s'agisse d'une sensation, d'une image, d'une pensée ou encore d'une humeur.

[Or,] chaque *quale* correspond à un état différent du cœur dynamique, qui peut être distingué entre des milliards d'autres états au sein de l'espace neuronal qui comprend un nombre très important de dimensions. (*A Universe of Consciousness*, p. 156)

Comme le système peut choisir, extrêmement rapidement, dans un large répertoire d'états cohérents possibles et disponibles pour le cœur, il se forme ainsi une trajectoire reliant ces états.

Tout point distinct dans l'espace à N-dimensions défini par le cœur dynamique renvoie à un état conscient, pendant qu'une trajectoire joignant des points dans cet espace correspondrait à une séquence d'états conscients arrivant dans le temps. (*A Universe of Consciousness*, p. 168)

Ainsi, le flux de la conscience suivrait la trajectoire reliant les séquences de *qualia* dont les séries d'états globaux des populations du cœur dynamique constitueraient les corrélats neuronaux.

Puisqu'un cœur dynamique constitue un processus unifié et hautement intégré, il doit se mouvoir d'un état global à un autre. En d'autres mots, son évolution temporelle doit suivre une trajectoire singulière, et les moments de ce qui peut apparaître comme des « décisions » ou des « choix » ne peuvent avoir lieu que les uns après les autres, jamais simultanément. (*A Universe of Consciousness*, p. 151)

Toutefois, cet espace neuronal à N-dimensions serait lui-même simultanément en train de changer et de s'enrichir grâce au développement et à l'expérience.

> Ainsi, on peut voir le développement et l'expérience comme un accroissement progressif de la complexité du cœur dynamique, à la fois en termes de nombres de dimensions disponibles et de nombre de points dans l'espace à N-dimensions correspondant, qui peuvent y être différenciées. (*A Universe of Consciousness*, p. 175)

Après avoir fait le tour du fonctionnement du cœur dynamique, qui constitue le corrélat neuronal du fonctionnement de la conscience, Edelman et Tononi examinent encore plusieurs types de processus neuronaux, cette fois inconscients : les routines motrices et cognitives, les souvenirs inconscients, les intentions et les attentes. Du fait de leurs interactions avec le cœur dynamique, ces processus peuvent en effet influer sur l'expérience consciente (y compris sur la mémoire) ou être influencés par elle. Ils représentent un second aspect de l'activité mentale sans lequel il serait impossible de comprendre le fonctionnement complet de l'esprit. Les processus qui se déroulent dans le cœur dynamique utilisent des ressources qui sont hors de leur portée directe mais qui n'en sont pas moins liées à eux à travers de longues boucles neuronales parallèles qui traversent les appendices *[appendages]* du cortex, tels que les ganglions de la base et le cervelet. D'où la pertinence de ce que Edelman et Tononi appellent le « scénario jamesien ».

> Les dynamiques du cœur peuvent être puissamment affectées par une série de routines neuronales qui sont déclenchées par différents états du cœur et qui, une fois menées à leur terme, permettent à leur tour de produire de nouveaux états du cœur. (*A Universe of Consciousness*, p. 176)

L'avant-dernier chapitre du livre examine la question : « Qu'est-ce qui se passe dans votre tête quand vous avez une pensée ? » (p. 200). La réponse qui y est faite est prudente mais lumineuse. Aux interactions entre les dynamiques complexes du cœur et les processus inconscients qui lui restent extérieurs, Edelman et Tononi ajoutent une différenciation-superposition à l'intérieur du cœur de deux types de conscience : la conscience primaire dont disposent tous les animaux et la conscience secondaire, dont sont dotés en plus les êtres humains.[1]

---

1. Tout en se plaçant dans une perspective génétique qui n'est pas celle ici d'Edelman et Tononi, Prochiantz fait une différenciation assez proche entre l'« instinct », qui appartient à

Ainsi la pensée est-elle en prise non seulement sur des processus inconscients mais aussi sur des processus conscients que nous partageons avec les animaux.

> La plupart des pensées émergent en présence d'une rumeur, même si elle est souvent sourde, de la vie mentale 1 [conscience primaire]. (*A Universe of Consciousness*, p. 203)

Par exemple, si nous pensons à des images ou à des mots, « il y a toujours en arrière-plan, le bruissement parallèle de la perception, des sentiments, de l'humeur et des souvenirs flottants » (p. 203). Bien sûr, ce bruissement peut être fortement réduit par les mécanismes de l'attention, mais une pensée spontanée constitue toujours une dynamique complexe. Ce qui maintient une pensée en mouvement est « une combinaison serrée de perceptions, d'attentions, de souvenirs, d'habitudes et de récompenses, y compris d'aspects d'apprentissages précédents » (p. 203). C'est un riche mélange de souvenirs, d'émotions, de croyances, de désirs, de perceptions et d'éléments cognitifs, conduits par la force vitale des appétits animaux.

> La force qui conduit le tissage de ce tissu remarquable est toujours fournie par l'intrication de la conscience primaire et de la mémoire elle-même, sans parler des appétits animaux. (*A Universe of Consciousness*, p. 205)

Pour Edelman et Tononi, les neurosciences doivent donc impérativement abandonner aussi bien leurs vieilles conceptions associationnistes et représentationalistes, que toutes les conceptions de type cybernétiques liées à la comparaison avec l'ordinateur, et adopter un modèle méthodologique qui leur permette de penser les trajectoires de la conscience, mais aussi toutes celles des pensées inconscientes, les routines motrices et cognitives, les souvenirs inconscients, les intentions et les attentes, à partir de l'activité d'amas comprenant un nombre variable de milliards de neurones (parmi la centaine de milliards que contient le cerveau humain), de l'organisation des milliards d'interactions entre les microcomposants de ces amas, et les millions de *qualia* successives imbriquées les unes dans les autres qui en résultent.

tous les êtres vivants et l'« intelligence » qui n'est qu'humaine in A. Prochiantz, *Machine-Esprit,* Paris, Odile Jacob, 2001, p. 167.

Nouvelles approches de la mémoire – Georges Chapouthier (2006)

Finissons par la synthèse proposée par Georges Chapouthier de l'énorme littérature scientifique qui a été consacrée à la mémoire depuis les années 1960. Celui-ci y présente les principales recherches, leurs résultats positifs mais aussi leurs limites, et quelques propositions nouvelles susceptibles de repousser ces dernières. Or, ce tour d'horizon met en lumière une mutation méthodologique et théorique là encore assez nette.[1]

Au niveau anatomique, on est aujourd'hui capable de mesurer le rôle de nombreuses parties du cerveau dans les phénomènes de mémorisation (formation réticulée, thalamus, corps striés, système limbique, cortex préfrontal, bulbe olfactif, cervelet). Mais la plupart de ces structures ont des effets indirects (par exemple sur l'attention, la motivation). Seuls la formation réticulée et le système limbique semblent jouer un rôle direct : la première en facilitant la consolidation des apprentissages ; le deuxième le passage d'une mémoire immédiate à une mémoire à plus long terme (p. 86). D'une manière générale, on ne sait en réalité toujours pas comment sont répartis « les lieux de stockage de la mémoire dans le cerveau » et si même il convient de parler de « stockage ». Il est presque certain que la mémoire est conservée dans des zones très larges plutôt que dans une seule zone. Les anciennes expériences de Karl Spencer Lashley (1890-1958) sur le cortex du rat aboutissaient à la conclusion qu'il n'existe apparemment, chez les animaux, aucune « bibliothèque centrale » de la mémoire comparable à ce qu'on appelle la « mémoire centrale » des ordinateurs. Chapouthier souligne le fait que le phénomène mémoriel semble échapper à une approche uniquement anatomique.

> Il paraît certes vraisemblable de penser que l'organisation même des innombrables réseaux nerveux qui constituent le cerveau a un rôle à jouer dans le codage de la mémoire, mais le détail précis de l'organisation anatomique de ces réseaux reste aujourd'hui encore inconnu. (*Biologie de la mémoire*, p. 85)

Si l'on descend maintenant au niveau cellulaire, deux modèles de la consolidation des souvenirs ont été proposés par les chercheurs : la modification de l'activité des neurones (par « habituation » ou « sensibilisation »), comme ce qui a été trouvé chez l'aplysie, et la « potentialisation à long

---

1. G. Chapouthier, *Biologie de la mémoire*, Paris, Odile Jacob, 2006.

terme », telle qu'elle a été décrite dans l'hippocampe et dans la formation réticulée des rongeurs. Mais, comme le note là encore Chapouthier,

> il reste que ces deux phénomènes, pour prometteurs qu'ils soient, ne peuvent évidemment rendre compte de toutes les finesses du codage de la mémoire à long terme. (*Biologie de la mémoire*, p. 109)

Parallèlement, on s'est demandé si l'activité bioélectrique du cerveau mesurée par électroencéphalographie peut jouer un rôle dans le codage de la mémoire, c'est-à-dire si l'organisation particulière des trains d'impulsions le long des voies nerveuses peut servir de mode de codage aux différents éléments mémorisés. Des trains d'influx circuleraient dans les réseaux nerveux le long de boucles qualifiées de *circuits réverbérants* (Lorente de No) ou de *métacircuits* (Barbizet) et constitueraient des « engrammes dynamiques » de la mémoire (p. 108). Malheureusement, nous ne sommes guère plus avancés de ce côté. S'il est vraisemblable « que la mémoire portée par un code bioélectrique existe », il semble bien que cette forme de mémoire dure peu.

> Elle constitue une phase pendant laquelle la trace mnésique est labile et peut être aisément effacée. Elle est suivie par une phase où la mémoire est stable, puis « consolidée », et qui doit être d'une autre nature. (*Biologie de la mémoire*, p. 109)

En descendant encore, cette fois jusqu'au niveau moléculaire, on a, au cours d'une première période, cherché à comprendre la « neurochimie des processus mnésiques ». Inspirés par les succès de la biologie moléculaire et de sa démonstration que l'information innée était codée dans des molécules d'ADN des chromosomes, les chercheurs ont voulu trouver des bases chimiques de l'information acquise lors de la mémorisation. À la suite du Suédois Holger Hydén (1917-2000), de nombreux travaux ont ainsi visé à mettre en évidence un codage de la mémoire dans les macromolécules du cerveau (Agranoff sur les poissons rouges, les Flexner sur la souris, McConnell sur la planaire, Ungar sur les rongeurs, etc.). Ce programme de recherche n'a toutefois apparemment pas donné les résultats escomptés. Selon Chapouthier, le travail de René Misslin et de ses collaborateurs, en 1978, « a mis un point final à l'idée, somme toute assez simpliste, que des molécules puissent, à elles seules, contenir l'intégralité du code de l'information mémorisée » (p. 135). C'est pourquoi, les travaux les plus récents visent désormais une étude plus modeste du rôle de certains peptides, de médiateurs comme l'acétylcholine, le glutamate, la noradrénaline, la dopamine et le GABA, dans la modulation de l'apprentissage et des phénomènes de mémoire.

Enfin – et je quitte là la synthèse de Chapouthier –, au niveau génétique et morphogénétique, les modèles considérant la mémoire comme une capacité unitaire (une « faculté » comme l'imagination et la raison) ont laissé la place à des modèles intégrant une multiplicité de mémoires d'origines évolutives différentes et à une construction du cerveau par vagues successives entrecroisant influences génétiques et épigénétiques. Comme le fait remarquer Alain Prochiantz, l'idée que le cerveau connaîtrait une forme définitive à la fin de la puberté a dû laisser la place à celle d' « un renouvellement et [d']une modification permanents de la matière cérébrale ».

> L'idée que le cerveau est un organe achevé, irrémédiablement, à la fin de la puberté est morte. Cela permet d'inscrire l'histoire de l'individu dans un renouvellement et une modification permanents de la matière cérébrale.[1]

Prochiantz milite à cet égard pour une position inspirée de Claude Bernard qui suppose, dit-il,

> l'existence de deux mouvements, un mouvement de destruction et un mouvement de construction qui permettrait de créer la forme organique de façon continue, dans un processus permanent – y compris chez l'adulte – de création vitale. (*Machine-Esprit*, p. 44)

Il note que la neurogenèse la plus importante se produit parmi les trois sous-populations d'interneurones GABAergiques du bulbe olfactif, du gyrus denté de l'hippocampe et du cortex associatif, toutes régions caractérisées par une capacité d'apprentissage permanent. La capacité de mémoire pourrait donc être liée

> au renouvellement de ces interneurones ou, ce qui n'est pas contradictoire, au maintien de leur caractère immature, c'est-à-dire à l'absence d'une période critique qui gèlerait irréversiblement la capacité d'adaptation. (*Machine-Esprit*, p. 95)

---

1. A. Prochiantz, *Machine-Esprit*, Paris, Odile Jacob, 2001, p. 11 ; même idée chez J.-P. Changeux, *L'Homme de vérité*, Paris, Odile Jacob, 2002, p. 301.

Ce très bref résumé de l'évolution des recherches sur la mémoire permet de mettre, là encore, en évidence un phénomène de basculement non concerté mais relativement homogène des formes de raisonnement qui y sont pratiquées. Que ce soit au niveau anatomique, cellulaire ou moléculaire, on a partout abandonné l'idée de trouver des *constituants élémentaires* de la mémoire (des structures anatomiques, des réseaux synaptiques figés, des briques moléculaires) et on s'est de plus en plus intéressé au *fonctionnement global* de l'ensemble des parties du cerveau, aux *trains d'influx qui circulent* dans les réseaux nerveux, aux *substances qui modulent* l'activité d'apprentissage ou de remémorisation. De même, au niveau génétique, la plupart des chercheurs rejettent aujourd'hui l'idée qu'un programme informationnel déterminerait entièrement, rapidement et définitivement la morphogenèse du cerveau, et donc de sa capacité mémorielle, au profit de l'idée d'une *déconstruction-reconstruction permanente* à la fois guidée par l'information contenue dans les gènes et modulée selon les conditions rencontrées à travers en particulier l'action des gènes de développement.

Dans tous ces travaux, la mémoire apparaît donc de moins en moins comme une *construction faite d'éléments* qu'il serait possible d'individualiser en dehors de leur fonctionnement, ni du reste comme un pur *effet systémique global*, et de plus en plus comme une *activité constante et organisée*, dont les *modulations* définissent à la fois la nature, variable dans certaines limites, des éléments qui y apparaissent et disparaissent en permanence, et celle du système qu'elles ne cessent de re- et réformer.

*

En dépit du caractère nécessairement lacunaire du sondage qui vient d'être présenté, on distingue déjà assez bien la nature du basculement méthodologique qui semble s'être produit dans les neurosciences au tournant des XXe et XXIe siècles – et pourquoi celui-ci concerne très directement une rythmanalyse non métrique.

1.1 Comme il a été noté d'emblée, il convient bien sûr de ne pas confondre les usages métriques, d'ordre descriptif et métrologique, propres aux sciences de la nature, qui sont tout à fait légitimes, avec les usages métriques, très souvent liés à des considérations axiologiques et donc contestables, que l'on trouve dans les sciences sociales et humaines.

1.2 Mais, comme on l'a noté également, cette légitimité ne doit pas cacher deux dangers symétriques.

1.2.1 Le premier serait de croire, comme on en a vu par le passé de nombreux exemples, que le rythme métrique n'est pas un outil conceptuel fabriqué par l'esprit humain pour décrire et mesurer des phénomènes empiriques mais qu'il existe en soi dans les phénomènes eux-mêmes et participe donc de l'être même de la nature. Le risque est alors de tomber dans l'une des multiples versions du panrythmisme qui a traversé périodiquement la pensée occidentale et légitimé des éthiques et des politiques autoritaires. Si la métrique appartient à l'être même de la nature, alors il faudrait en effet aligner la société sur cette donnée cosmique.

1.2.2 Le second danger serait de penser, comme on en a eu encore récemment des exemples, que toute autre définition du rythme que la définition métrique n'aurait aucune légitimité dans les sciences de la nature. Hors des retours périodiques, des mesures d'oscillation et de fréquences point de salut. On a alors affaire à une cécité très dommageable qui ne peut que freiner les progrès scientifiques mais qui, heureusement, est loin d'être partagée par tous les chercheurs concernés, on a commencé à s'en rendre compte en examinant quelques contributions récentes des neurosciences.

2. D'une manière encore un peu confuse chez Changeux mais déjà très clairement affirmée chez Tononi & Edelman comme chez Chapouthier, les différentes facettes de la vie mentale ne sont plus envisagées en effet selon les conceptions analytiques et systémiques antérieures mais sont ramenées, d'une manière typiquement *rhuthmique*, à l'activité fluctuante d'amas neuronaux eux-mêmes à géométrie variable.

2.1 Dans tous ces travaux, même si cela se manifeste à des degrés différents, la mémoire, la conscience et la pensée n'apparaissent plus comme composées d'éléments stables, souvenirs, représentations ou pensées, qui entreraient ensuite dans un fonctionnement interactif, ni même comme des systèmes intégrés fonctionnant sur un modèle cybernétique, stockant, ranimant et traitant selon les besoins ces éléments. Chacune de ces capacités mentales est vue, au contraire, comme résultant d'une activité constante d'amas de neurones interconnectés, activité dont l'organisation et les modulations permettent à la fois de produire des entités mentales et de réactualiser le système.

2.2 Ce primat méthodologique donné à l'activité sur les éléments et sur le système – qui ne sont pas éliminés, du reste, mais simplement secondarisés – et donc aux formes temporelles de cette activité, rattache très clairement la nouvelle approche des neurosciences au paradigme *rhuthmique* démocritéen, tout en y introduisant des considérations holistes qui le rapprochent clairement, nous le verrons plus bas, du paradigme *rhuthmique* aristotélicien.

3. Toutes choses égales par ailleurs, le fonctionnement du cerveau est donc désormais décrit par les neurosciences à travers des concepts qui sont assez proches, au moins formellement, de ceux que nous avons déjà rencontrés lors de notre revue des différents sens du concept de rythme dans l'Antiquité (vol. 1, partie 1), mais aussi de ceux utilisés par un certain nombre, encore minoritaire mais significatif, de recherches dans les sciences sociales (vol. 1, parties 2 et 3) ainsi qu'en linguistique et en poétique (vol. 2, partie 1). Il y a là une similarité méthodologique qui n'a guère été remarquée pour le moment et qui n'a suscité *de facto* aucun échange entre les disciplines concernées, mais qui ouvre certainement des possibilités nouvelles d'emprunts et d'hybridation conceptuels, tout en posant le problème de la nature de ce basculement et des raisons de sa concomitance.

6. Un problème en suspens : l'organisation de la pensée

Comparé à la prépondérance dans les neurosciences de la conception métrique du rythme, appuyée entre autres sur l'emploi déjà ancien de l'électroencéphalographie, on voit l'originalité de la toute nouvelle forme de rythmanalyse qui est en train de se mettre en place. Le *rhuthmos* y est clairement en train de détrôner le *métron*, sans d'ailleurs supprimer celui-ci qui continue à rendre de bons et loyaux services. Il reste que ces nouvelles approches en émergence rencontrent elles aussi des difficultés qu'il vaut la peine d'examiner soigneusement.

La pensée comme profusion et sélection – Gerald Edelman et Giulio Tononi (2000)

Je partirai, pour illustrer cette ambivalence, d'une discussion de la conception de la pensée proposée par Edelman et Tononi. Bien que le modèle théorique présenté par ces derniers représente certainement une avancée théorique remarquable, il laisse toutefois un certain nombre de questions sans réponses. D'un côté, il nous fournit une description très puissante des processus neuronaux qui semblent soutenir la conscience ; il nous montre combien ces processus sont à la fois intégrés et différenciés, c'est-à-dire complexes ; il nous montre aussi comment ils progressent au sein du cœur dynamique à l'image de tourbillons de signaux pris dans d'autres tourbillons de signaux, liant cette fois le cœur à ses appendices extérieurs, et comment ils produisent finalement une « scène consciente ». Mais, au même moment, il ne nous dit pas grand-chose sur les moments de « choix » par lesquels, toutes les quelques centaines de millisecondes, le cerveau sélectionnerait un état de conscience particulier parmi des milliards d'autres possibles, assurant ainsi la progression d'un procès de conscience particulier, c'est-à-dire une pensée.

Edelman et Tononi rejettent avec raison toute idée d'un « homuncule » guidant les mouvements du cœur dynamique et sélectionnant chaque état suivant parmi tous les états de conscience possibles, ce qui constituerait une explication purement verbale du type de la « vertu dormitive » du pavot. Les raisons du « choix » doivent être comprises comme immanentes au système composé du cœur dynamique, des routines inconscientes qui lui sont associées, et, au-delà, du corps tout entier de l'individu voire de l'environnement dans lequel il évolue. Mais, sauf erreur de ma part, la seule représentation qu'ils donnent de ce processus de choix immanent se réfère à un procès adaptatif d'adéquation entre des circuits neuronaux plus ou moins stabilisés et la réalité extérieure.

> L'ensemble de relations dynamiques entre des groupes de neurones fonctionnellement spécialisés que l'on trouve dans le cerveau adulte [...] doit d'abord être développé, sélectionné et raffiné au cours d'un long processus d'adaptation au monde extérieur. Ce processus prend place pendant l'évolution, le développement et l'expérience à travers de nombreux mécanismes de variation, sélection et amplification différentielle qui accompagnent les interactions continues entre le corps, le cerveau et l'environnement [...] Il devient, au cours du temps, adapté et relié à la structure statistique de l'environnement. (*A Universe of Consciousness*, p. 137)

Il faut ouvrir ici une parenthèse : il est juste de signaler que pour Edelman et Tononi, contrairement à ce que soutient quant à lui Changeux sur des bases sélectionnistes par ailleurs relativement proches, ce processus d'adéquation ne se traduit pas par des représentations du monde extérieur qui seraient stockées et réutilisées quand cela est nécessaire, mais seulement par une transformation progressive et adaptative de l'ensemble de l'activité neuronale qui, bien qu'elle varie sans cesse, constitue, comme l'avait déjà vu Bergson, un flux continu depuis les premiers mois de la vie de l'embryon jusqu'à la mort de l'individu.

> Les signaux externes convoient de l'information non pas tant par eux-mêmes que par la manière dont ils modulent les signaux internes échangés à l'intérieur d'un système neuronal résultant d'une expérience antérieure. En d'autres mots, un stimulus agit non pas tant en ajoutant d'importantes quantités d'information externe qui seraient à intégrer qu'en amplifiant l'information interne résultant des interactions neuronales sélectionnées et stabilisées par la mémoire au cours des rencontres précédentes avec l'environnement. (*A Universe of Consciousness*, p. 137)

Autrement dit, comme on l'a vu également en discutant les essais de Chapouthier et de Prochiantz, la mémoire ne devrait pas être vue comme une fonction séparée du cerveau, localisée dans des zones précises, qui permettrait de stocker des souvenirs et de les retrouver lorsque cela serait nécessaire. Elle constitue une modalité parmi d'autres du travail de ce dernier qui, lorsqu'il est confronté aux nécessités d'une situation particulière, *recrée* un ou plusieurs états de conscience qu'il a déjà connu(s) dans le passé. Un souvenir serait donc « similaire » à des états de conscience précédents non pas dans le sens où il serait supporté par les mêmes circuits neuronaux – il est même très probable que des circuits à chaque fois différents soient impliqués lorsqu'un souvenir est « rappelé » – mais uniquement dans la mesure où il produirait les mêmes conséquences mentales et motrices. La similarité serait dans le résultat ou dans la « cause finale » comme aurait dit Aristote (p. 93).

Une telle similarité téléologique serait rendue possible, selon Edelman et Tononi, par le fait que le cerveau tisserait sans cesse de grandes quantités de circuits neuronaux plus ou moins redondants, qui constitueraient de très vastes « répertoires » dans lesquels il pourrait puiser lorsque, sous l'impulsion d'un signal venant du monde, d'une autre partie du cerveau ou du corps, il aurait besoin de reproduire un effet mental ou moteur particulier. Pour le dire autrement, le cerveau serait la source et le lieu d'une profusion de circuits qui auraient la capacité de produire le même résultat. Edelman et Tononi appellent cette propriété « dégénérescence » *(degeneracy)* (p. 86). Cette profusion de circuits serait, elle-même, soumise à un constant processus de transformation au gré des « expériences » qui s'accumulent tout au long de la vie, ainsi que de l'action d'un « système de valeurs » ayant son origine dans le locus coeruleus (p. 89). Celui-ci relâcherait des neuromodulateurs fournissant les contraintes nécessaires à ce que ce tri prioritairement destiné à améliorer les capacités de survie de l'individu se fasse également en accord avec les structures qui ont été sélectionnées pendant le temps long de l'évolution de l'espèce.

De ce point de vue, la mémoire serait clairement non représentationnelle (p. 93) et résulterait d'« un accord sélectif entre une activité neuronale distribuée et incessante, et différents signaux qui proviennent du monde, du corps et du cerveau lui-même ».

Dans un cerveau complexe, la mémoire résulte d'un accord sélectif qui se produit entre une activité neuronale distribuée et incessante, et différents signaux qui proviennent du monde, du corps et du cerveau lui-même. Les altérations synaptiques qui s'ensuivent affectent les réponses futures d'un cerveau particulier à des signaux similaires ou différents. Ces changements se reflètent dans la capacité à répéter un acte mental ou physique après quelque temps malgré un contexte changeant, par exemple, en « rappelant » une image. (*A Universe of Consciousness*, p. 95)

La mémoire aurait donc moins à voir avec un stockage et un déstockage de représentations d'objets ou d'événements qu'avec la création de répertoires de circuits en transformation constante et qui pourraient, une fois réactivés, reproduire des effets passés. Elle constituerait « une forme de recatégorisation constructive pendant que l'expérience a lieu, plutôt qu'une réplique précise d'une séquence précise d'événements » (p. 95). Elle impliquerait au fond une capacité à se projeter dans l'avenir.

> Tout acte de perception est, d'une certaine manière, un acte de création, et tout acte de mémoire est, en quelque sorte, un acte d'imagination. (*A Universe of Consciousness*, p. 101)

On voit en quoi cette conception corrobore les conclusions exposées précédemment concernant l'évolution générale des études neuroscientifiques. Elle s'inscrit nettement en faux contre toutes les conceptions élémentaristes et prend le parti d'une conception intégralement dynamique et globalisante de la pensée. Mais – et je referme ici la parenthèse –, tout cela ne change rien au problème évoqué plus haut : le « choix » immanent au cœur dynamique et à ses dépendances, c'est-à-dire le principe même du développement de la pensée au sein de la conscience, reste lié à un processus d'adéquation purement statistique à la réalité intérieure ou extérieure.

En dernière analyse, rien dans cette théorie n'explique le fait qu'une pensée ne se développe pas seulement à travers une stratégie de reconnaissance par tâtonnements suivant une logique de l'essai et de l'erreur, mais qu'elle possède aussi une certaine consistance et une cohérence propres, c'est-à-dire *une manière particulière de fluer* qui ne doit pas nécessairement toutes ses qualités aux contraintes que fait peser sur l'individu la nécessité d'une adéquation correcte avec la réalité extérieure présente ou passée. Le processus de sélection qui permet au cœur dynamique de choisir son prochain état global parmi des milliards ne peut se résumer à un procès progressif d'adéquation avec la réalité ; il doit aussi comprendre des vérifications ou des comparaisons avec des états antérieurs du cœur dynamique, ainsi peut-être qu'avec des états *potentiels* qui ne sont pas encore actualisés.

En d'autres termes, même si nous acceptons une conception profusionniste et sélectionniste de la pensée, il reste encore à expliquer la cohérence et la consistance que celle-ci tire de la capacité du cerveau (ou plus largement du corps ?) de se rappeler, mais aussi, indissociablement, de vouloir, de désirer et d'imaginer. Ces dernières dimensions de la vie du cerveau sont à peine mentionnées par Edelman et Tononi, et des clés importantes manquent donc encore pour comprendre les forces qui donnent à une succession d'états de conscience une certaine direction, une certaine manière de se développer ou, pour le dire autrement, une suite de raisons de choisir le prochain état de conscience parmi des milliards d'autres.

La pensée comme mélodie et harmonie d'ensemble – Jean-Pierre Changeux (2002)

Bien qu'il conserve la douteuse notion de « représentation » qui vient sans cesse freiner le mouvement qui le porte vers une conception pleinement *rhuthmique*, et bien qu'il ne prête pas non plus beaucoup d'attention à la volonté, au désir et à l'imagination, Changeux a le mérite de proposer deux concepts pour rendre compte de cette organisation téléologique du flux de la conscience : les concepts de « mélodie » et d'« harmonie d'ensemble ».

Lorsqu'il aborde l'organisation du flux mental à l'intérieur de ce qu'il appelle « l'espace de travail conscient », Changeux commence par noter que « le flux de la conscience est dynamique et continuellement changeant » mais que « ce flux est tout sauf un chaos. Il est, comme Alfred Fessard l'a fait remarquer, "tout à la fois un et multiple en chacun de ses moments" ». Il s'agit d'une « synthèse unifiée et dynamique » qui est à la fois cohérente et diversifiée (*L'Homme de vérité*, p. 116). Afin de rendre compte de ces caractéristiques organisationnelles, il propose alors le concept de « mélodie consciente ».

> Les tâches de réponse différée comme la tâche de Stroop, les expériences de rappel de mémoire et d'autres tâches cognitives de planification consciente se développent séquentiellement dans le temps et donnent naissance à des enchaînements temporels, des « mélodies » assez brèves et simples. (*L'Homme de vérité*, p. 164)

La succession des états de conscience n'est en rien un chaos et son organisation fluante serait du même ordre que celle d'une mélodie.

> Les neurones de l'espace de travail peuvent entrer en activité de manière organisée [version anglaise : *time-ordered sequences*] et former des « mélodies » de représentations mentales. Avec la syntaxe, les mélodies du langage se servent de vastes possibilités combinatoires offertes par le réseau neuronal de l'espace de travail. (*L'Homme de vérité*, p. 191)

Changeux reprend ici, sans le dire, une idée de Bergson exposée dans son *Essai sur les données immédiates de la conscience* en 1889. Comme on sait, celui-ci y fait remarquer que lorsque nous venons d'entendre une horloge d'une oreille distraite, nous sommes toutefois capables, par un effort d'attention rétrospective, de compter combien de coups ont été frappés jusqu'au moment où nous avons pris conscience de ce qui se passait. Ce phénomène montrerait que la conscience n'est pas composée d'éléments distincts qui seraient ensuite combinés les uns avec les autres mais qu'elle constitue une dynamique immédiatement et simultanément globale et diversifiée, « une durée », « une multiplicité qualitative », analogue à « une phrase musicale »[1] ou mieux encore à une « mélodie ». Une mélodie constitue en effet un type d'organisation qui est à la fois différenciée – on peut en égrener les notes une à une – et synthétique – qu'une seule note change et la mélodie entière est altérée.

> Ne pourrait-on pas dire que, si ces notes se succèdent, nous les apercevons néanmoins les unes dans les autres, et que leur ensemble est comparable à un être vivant, dont les parties, quoique distinctes, se pénètrent par l'effet même de leur solidarité ? La preuve en est que si nous rompons la mesure en insistant plus que de raison sur une note de la mélodie, ce n'est pas sa longueur exagérée, en tant que longueur, qui nous avertira de notre faute, mais le changement qualitatif apporté par là à l'ensemble de la phrase musicale. (*Essai sur les données immédiates de la conscience*, p. 75.)

Mais Changeux ajoute à cette idée bergsonienne une seconde idée qui lui est propre et qui lui permet d'approfondir encore sa représentation du fonctionnement téléologique de la pensée. Non seulement la succession des états de conscience est organisée comme une mélodie, mais, à certains moments, cette mélodie peut déboucher sur une expérience très particulière : d'un coup, quelque chose fait sens, une illumination traverse le cerveau. La temporalité de la trajectoire mélodique fait place à un élargissement instantané de la pensée ; la progression linéaire se transforme en une sorte de progression en largeur, éphémère mais extrêmement gratifiante.

Pour expliquer ce phénomène, Changeux rappelle, tout d'abord, les témoignages des mathématiciens Poincaré et Hadamard sur l'importance des incohérences du rêve dans l'élaboration des théories scientifiques.

> Il est vraisemblable que le rêve favorise l'action du « générateur de diversité » mental et introduise des associations aléatoires entre représentations éloignées ou même sans lien

---

1. H. Bergson, *Essai sur les données immédiates de la conscience* [1889], Paris, PUF, 1970, p. 95.

entre elles. L'activité « paradoxale » du sommeil introduirait un surplus de « variabilité » au cours de l'évolution darwinienne des représentations qui intervient lors de la veille dans l'espace de travail neuronal. (*L'Homme de vérité*, p. 375)

Il est probable, par ailleurs, qu'au cours de la réflexion,

le bricolage des pré-représentations [soit] confronté au projet scientifique visé, aux données disponibles et aux structures conceptuelles effectivement présentes dans le cerveau du scientifique, qu'elles soient innées ou bien qu'elles résultent de l'épigenèse. (*L'Homme de vérité*, p. 375)

Or, grâce à ces confrontations incessantes, il peut parfois se produire – en général à l'improviste – une combinaison harmonique de quelques éléments qui se propage d'un coup – par « transduction » aurait dit Simondon – à tout le matériel mental mobilisé mais jusque-là resté sans liens.

Après de nombreux tâtonnements, à l'occasion d'une nouvelle observation ou d'une nouvelle combinaison de règles formelles, il peut se produire une sorte de « cristallisation » d'un ensemble de pré-représentations, qui envahit l'espace de travail conscient. À ce moment précis, des éléments qui étaient dispersés dans le cerveau une fraction de seconde auparavant se trouvent mis en relation d'un seul coup. Voilà l'illumination dont parle Hadamard dans le cas de la création mathématique. (*L'Homme de vérité*, p. 375)

La « mélodie » de la conscience se transformerait ainsi, parfois et de manière très fugace, en une « résonance intérieure » ou en un « accord » musical qui, vu sa durée extrêmement courte, pourrait aussi être comparé à ce que « l'architecte Alberti appelait *consensus partium* ou le peintre Henri Matisse, "harmonie d'ensemble" ».

La dynamique de l'enchaînement des représentations dans l'espace conscient pourrait se comparer à une « mélodie ». Chaque « note » résultant de la mobilisation parallèle de processus distincts resterait quelque temps « en ligne » dans l'espace de travail jusqu'à l' « accord » final [version anglaise : *until a moment of convergence or resolution is reached*] […] La mise à l'épreuve d'un enchaînement de « raisons », d'une mélodie de « formes » ou d'une argumentation de « règles de conduite » pourrait se manifester par une résonance intérieure, une perception organisée et envahissante, répondant à ce que l'architecte de la Renaissance Alberti appelait *consensus partium* ou le peintre Henri Matisse, « harmonie d'ensemble ». (*L'Homme de vérité*, p. 376)

Cette « mise en relation d'un seul coup » d'éléments qui étaient, une fraction de seconde auparavant, « dispersés dans le cerveau », la « résonance intérieure » et l'« harmonie mentale » qui en résulteraient, seraient la cause du « sentiment de beauté » ressenti, au dire de Poincaré, par un mathématicien lorsqu'il observe une théorie nouvelle qui fonctionne ou de la « satisfaction » éprouvée par toute personne qui réfléchit,

à la vision qu'une idée « marche », que « la clé ouvre la serrure », qu'un schéma global fonctionne, que d'un seul coup des éléments divers se mettent en place de façon cohérente. (*L'Homme de vérité*, p. 376)

Et ce sentiment de « beauté » ou de « félicité » montrerait que cette résonance s'accompagne très probablement d'importantes gratifications.

Alors, la perception interne de ce phénomène se traduit par un sentiment de nouveauté et d'harmonie qui déclenche probablement un effet de récompense très puissant à l'échelle de l'ensemble du cerveau. (*L'Homme de vérité*, p. 376)

*

En ce qui concerne la pensée, des suggestions d'Edelman & Tononi à celles de Changeux, on voit un net progrès. En même temps, on distingue également des questions qui ne laissent pas d'insister.

1. Les propositions de Changeux jettent indubitablement une lumière sur la façon dont la pensée semble se développer. En affrontant sans détour la question de la qualité spécifique d'un flux de conscience, c'est-à-dire de sa *manière propre de fluer*, Changeux apporte ici un complément très intéressant au travail de ses prédécesseurs. Il suggère un début de réponse à la question de ce qui explique les « choix » immanents établis par le cœur dynamique au sein de la profusion des ébauches qu'il produit sans cesse : ceux-ci seraient guidés par l'anticipation et la recherche active de moments d'intégration mentale apportant de fortes récompenses. Changeux ne le dit pas mais on le comprend facilement : l'organisation de la succession des états de conscience serait toujours déjà orientée téléologiquement par l'anticipation d'une intégration différenciée de la totalité des éléments traités et, bien sûr, des gratifications qui pourraient lui être liées. Plus la complexité de cette totalité sera grande, plus en effet les gratifications qui lui seront liées seront puissantes.

2. Mais Changeux se heurte alors à son tour à de nouveaux problèmes qui restent sans réponses.

2.1 Les témoignages d'architectes, de peintres et même de mathématiciens qu'il utilise ont le défaut de faire penser que le « *consensus partium* » ou « l'harmonie d'ensemble », qui s'établissent parfois à l'intérieur de la conscience et qui lui fourniraient en quelque sorte une finalité interne, seraient du même ordre formel que le *plan* d'un bâtiment, la *composition* d'un tableau ou même la *structure* d'une théorie mathématique. Or, ces témoignages ne montrent en réalité rien de tel, mais seulement qu'un architecte, un peintre ou un mathématicien perçoivent un sentiment de très forte félicité quand un bâtiment, une peinture ou une théorie sont achevés d'une manière qui leur semble « harmonieuse ».

2.2 Par ailleurs, Changeux a tendance à séparer la question du « *consensus partium* » de celle des mélodies qui y conduiraient. On retire de sa description l'impression que celles-ci seraient linéaires et inscrites dans la successivité du temps alors que celui-là s'établirait dans l'instant d'une harmonie simultanée.

3. On sent qu'il manque ici aux neurosciences des ressources théoriques qui leur permettraient de se libérer du dualisme qui les fait utiliser conjointement, mais sans pouvoir véritablement les relier les uns aux autres, des concepts d'organisation purement diachroniques : la mélodie, la phrase, l'enchaînement ; et des concepts purement synchroniques : le plan, la composition, la structure. Dans la mesure où c'est le « même » cœur dynamique qui prend successivement différentes formes, il faut bien que ce soit la même chaîne de concepts qui rende compte de ses états de recherche et de ses états harmoniques. Ainsi manque-t-il à l'approche de Changeux les concepts qui lui permettraient de penser *ensemble* l'organisation et le mouvement, la linéarité et l'anticipation constante d'une totalité transversale.

7. Contribution à une circulation transdisciplinaire du concept de rythme

Dans ce chapitre, je voudrais explorer la possibilité de faire jouer dans les neurosciences des concepts méthodologiques empruntés à certains courants de la philosophie et de la poétique. S'ils sont opérés avec prudence, ces emprunts pourraient fournir quelques solutions aux problèmes pendants. Changeux lui-même suggère, au détour d'une page, que les neurosciences auraient peut-être intérêt à regarder à ce sujet vers la poétique voire vers les sciences sociales.

> La consonance des représentations mentales aux objets du monde extérieur ou entre objets mentaux interviendrait de manière critique dans l'imagination scientifique, comme la résonance de la mélodie de sons, de formes ou de mots pour la création artistique, ou la mise en harmonie avec le « bien commun » d'hypothétiques règles de conduite de l'individu au sein du groupe social. (*L'Homme de vérité*, p. 377)

Comme on va le voir, après avoir rendu de grands services, notamment en armant la critique bergsonienne de la conception spatialisante de la vie de l'esprit qui régnait au XIXe siècle, la notion de mélodie, comme celle, du reste, de *consensus partium* tirée des visions formalistes postérieures, ont en effet été contestées et remplacées assez tôt, aussi bien en poétique qu'en philosophie, par celle de rythme.

De la mélodie au rythme – Mallarmé et la révolution poétique symboliste (1894-1897)

Du côté littéraire, la première attaque contre la notion de mélodie s'est produite lors la révolution poétique qui s'est déroulée dans les dernières décennies du XIXe siècle. Quelques années auparavant, Wagner a libéré la musique des conventions quadratiques qui dominaient les productions de Mozart, de Beethoven et de leurs successeurs directs. De même, Baudelaire a introduit en littérature la notion révolutionnaire de « poème en prose ». S'inspirant de ces deux exemples, Mallarmé et les symbolistes libèrent l'art poétique des formes d'organisation symétriques et répétitives.[1] Dans la poésie de Mallarmé, fait remarquer l'un des grands historiens de cette mutation,

> des signifiants polyvalents sont construits à partir de symboles récurrents qui sont libérés de toute domination des structures hypotactiques [c'est-à-dire subordonnées, par opposition aux structures paratactiques organisées comme des juxtapositions]. « Rien », « écume », « musique », « rêve », « éventail », « dentelle » sont quelques-unes des images isolées, arrachées à des contextes banals et juxtaposées avec d'autres images de manière à créer une forme de signifiance qui reste indéfiniment ouverte *[an open-ended pattern of meaning]*.[2]

La métrique et l'organisation poétique traditionnelles en strophes et en vers régulièrement nombrés, ainsi que les manières anciennes dont sont corrélés sens et syntaxe, sont abandonnées car trop rigides pour rendre ce que Baudelaire appelait les « mouvements lyriques de l'âme, [les] ondulations de la rêverie, [les] soubresauts de la conscience »[3] et Mallarmé les « modulation[s] individuelle[s] » de l'âme[4].

Cette recherche poétique amène Mallarmé et les symbolistes à l'idée que l'effet poétique, dont on pensait jusque-là qu'il devait nécessairement être obtenu par le moyen d'une organisation linéaire, métrique, versifiée et régulière, pouvait l'être également par d'autres types d'organisation du flux du discours. La symétrie, la succession réglée des temps forts et des temps faibles, le nombre des syllabes toujours identique ou alterné des vers, le retour régulier de la rime, la répartition périodique des strophes ne constituent qu'une forme d'organisation possible parmi des quantités infinies d'autres. Mais cela ne veut pas dire non plus, comme le montre le soin qu'il met à la même époque à traduire les poèmes de Poe, que toute organisation doive disparaître pour autant. Il faut en fait transformer la notion même d'organisation du flux poétique.[5]

---

1. Pour plus de détails sur cette révolution qui touche l'ensemble de l'Europe, P. Michon, *Elements of Rhythmology. From the Renaissance to the 19th century, op. cit.*, partie 4.

2. D. Hertz, *The Tuning of the Word. The Musico-Literary Poetics of the Symbolist Movement*, Carbondale and Edwardsville, Southern Illinois university Press, 1987, p. 24 – ma trad.

3. Ch. Baudelaire, *Le Spleen de Paris. Petits poème en prose*, Paris, 1869.

4. S. Mallarmé, « La Musique et les Lettres » [1894], *Œuvres complètes*, Paris, Gallimard, 1945, p. 644.

5. Comme l'a fait remarquer Lucie Bourassa, Mallarmé élabore sa poétique et son écriture précisément durant les années où il traduit les poèmes de Poe qui avaient été laissés

Tout d'abord, comme Mallarmé lui-même le souligne, la prose poétique et le vers libre n'ont pas supprimé le mètre et la mesure qui « subsistent » sous des formes nouvelles intégrées dans le flot.

> Très strict, numérique, direct, à jeux conjoints, le mètre, antérieur, subsiste ; auprès. [...] Le vers, aux occasions, fulmine, rareté (quoiqu'ait été à l'instant vu que tout, mesuré, l'est).[1]

Par ailleurs, comme le note David Hertz,

> [chez Mallarmé] les mots qui reviennent sont peu nombreux et très soigneusement contrôlés et régulés.[2]

Enfin, même si elle « paraît en négligé » et suit les « tours primesautiers » de la « conversation » ordinaire, la syntaxe reste pour Mallarmé le « pivot » ou la « garantie » de l'« intelligibilité ». Apparemment balbutiante, la phrase « se compose et s'enlève en quelque équilibre supérieur, à balancement prévu d'inversions ». Plus largement, le « parler » manifeste « une extraordinaire appropriation de la structure », ou pour le dire autrement une intensification maximale des interactions.

> Quel pivot, j'entends, dans ces contrastes, à l'intelligibilité ? il faut une garantie —
> La Syntaxe —
> Pas ses tours primesautiers, seuls, inclus aux facilités de la conversation ; quoique l'artifice excelle pour convaincre. Un parler, le français, retient une élégance à paraître en négligé et le passé témoigne de cette qualité, qui s'établit d'abord, comme don de race foncièrement exquis : mais notre littérature dépasse le « genre », correspondance ou mémoires. Les abrupts, hauts jeux d'aile, se mireront, aussi : qui les mène, perçoit une extraordinaire appropriation de la structure, limpide, aux primitives foudres de la logique. Un balbutiement, que semble la phrase, ici refoulé dans l'emploi d'incidentes multiple, se compose et s'enlève en quelque équilibre supérieur, à balancement prévu d'inversions.[3]

---

de côté par Baudelaire : « "Du texte véridique" au "fait rythmique et transitoire". Les rythmes du traduire et la poétique de Mallarmé » *in* Brisset, Anne (éd.), « Poésie, cognition, traduction I/Poetry, Cognition, Translation I », *TTR – Traduction, terminologie, rédaction*, vol. 12, n° 1, 1999, pp. 91-114 : http://www. rhuthmos. eu/spip.php?article370.

    1. S. Mallarmé, « La Musique et les lettres » [1894], *Œuvres complètes, op. cit.*, p. 644.

    2. D. Hertz, *The Tuning of the Word, op. cit*, p. 24 – ma trad.

    3. S. Mallarmé, « Le mystère dans les lettres » [1897], *Œuvres complètes, op. cit.*, p. 386. Sur les rapports entre rythme et syntaxe, voir J.-P. Saint-Gérand, « Ordre, syntaxe et rythme

Le célèbre poème « Un coup de dés jamais n'abolira le hasard » (1897) associe ainsi une liberté totale à de nouveaux types de contraintes formelles, qui ne sont pas moins prégnantes que les contraintes métriques mais qui portent, en ce qui les concerne, sur l'ensemble des interactions entre les différents éléments et niveaux du discours.

Apparaît alors la nécessité de trouver un nouveau concept qui puisse faire droit, à la fois, à la fluidité nouvelle de la poésie acquise grâce au « poème en prose » baudelairien, au « balbutiement syntaxique » mallarméen et à l'introduction du « vers libre » par Whitman, Rimbaud et Laforgue, mais également au fait que cette liberté n'implique en rien une plongée dans l'aléatoire et le non-sens et offre une manière inédite, plus individualisée mais pas moins partageable, d'*organiser* le flux du langage.

La notion de mélodie joue encore parfois ce rôle : « Toute âme est une mélodie, qu'il s'agit de renouer » proclame ainsi Mallarmé dans *Crise de vers*.[1] Mais, d'une manière remarquable, c'est celle de rythme qui est la plus souvent utilisée. Selon Mallarmé, l'association du vers libre, du jeu syntaxique libéré et des quelques vestiges métriques qui subsistent, donne au flux langagier un rythme à la fois souple et tendu qui lui permet de bien mieux saisir les dynamiques de « l'âme » que les formes cérémonielles et d'origine sacrale de la poésie traditionnelle, ce qu'il appelle « les grandes orgues générales et séculaires, où s'exalte, d'après un lent clavier, l'orthodoxie »[2]. Loin d'avoir une fixité et une unité absolues, l'âme est en effet à la fois oscillatoire et plurielle. Elle n'est pas, comme on l'a dit depuis des siècles, une « substance » ; elle constitue précisément un « nœud rythmique », qui ne peut donc être approché que par un discours adéquatement « modulé » ou « rythmé ».

> Une heureuse trouvaille avec quoi paraît à peu près close la recherche d'hier, aura été le vers libre, modulation (dis-je souvent) individuelle, parce que toute âme est un nœud rythmique.[3]

Dans la mesure où il est dominé par l'« instinct de rythmes »[4], le poète est ainsi en relation directe avec l'humain dans ses profondeurs les

chez Mallarmé "Disposer leurs écrits de façon inusitée, décorativement entre la phrase et le vers, certains traits parents à ceci" », *L'Information Grammaticale*, n° 80, 1999, pp. 34-40.

1. S. Mallarmé, « Crise de vers » [1897], *Œuvres complètes, op. cit.*, p. 363.

2. S. Mallarmé, « La Musique et les lettres » [1894], *Œuvres complètes, op. cit.*, p. 644.

3. S. Mallarmé, « La Musique et les lettres » [1894], *Œuvres complètes, op. cit.*, p. 644.

4. S. Mallarmé, « Le Mystère dans les lettres » [1896], *Œuvres complètes, op. cit.*, p. 383.

moins accessibles. Mais en adoptant le terme de rythme pour rendre compte de cette organisation du flux du langage poétique, Mallarmé en transforme *de facto* le concept. Celui-ci ne peut plus relever de son acception métrique traditionnelle comme simple succession de temps forts et de temps faibles répartis suivant des proportions arithmétiques, et doit être compris comme une forme d'organisation pluridimensionnelle où la succession temporelle n'est qu'une dimension parmi d'autres d'un écheveau de séquences, d'associations, d'échos, d'oppositions entrecroisés et de silences. Un concept de forme bien plus complexe que celui de mélodie – et même que celui de rythme au sens musical traditionnel – émerge ainsi de cette lutte entre l'ordre et le hasard qu'illustre le poème du « coup de dés ».

En posant le primat du rythme, Mallarmé cherche, tout comme Bergson avec la mélodie, à penser l'unité d'un flux à la fois linéaire et différencié. Mais, comme ce flux est pour lui langagier, sa totalisation ne peut en aucun cas être analysée à partir de l'exemple d'une phrase sonore asignifiante, comme le faisait Bergson. Du fait même qu'il réfléchit à la pratique poétique, il ne lui est pas possible de se placer du point de vue d'une conscience vide et d'une durée pure, et il lui faut adopter celui du développement d'un discours dans lequel chaque élément ne signifie qu'en écho à ce qui a déjà été dit mais aussi, par anticipation, au total de ce qui aura finalement été prononcé, sans compter l'écho potentiel avec tous les discours qui pourraient être tenus dans la langue en question.

Du point de vue mallarméen, la focalisation bergsonienne sur la mélodie semble ainsi une réduction du concept d'organisation du flux de la conscience dans lequel la dimension de totalité est indûment soumise à un primat de la linéarité. L'âme, du fait de sa pluralité, de son caractère « oscillatoire » et de son intrication avec l'activité langagière, ne peut être décrite de cette manière et doit être saisie à partir d'un concept de rythme d'emblée pluridimensionnel.

Toute prose d'écrivain fastueux, soustraite à ce laisser-aller en usage, ornementale, vaut en tant qu'un vers rompu, jouant avec ses timbres et encore les rimes dissimulées : selon un thyrse plus complexe.[1]

---

1. S. Mallarmé, « La Musique et les lettres » [1894], *Œuvres complètes, op. cit.*, p. 644.

De la mélodie au rythme – Bachelard et la rythmanalyse (1931-1932)

Dans les années 1930, Gaston Bachelard aboutit, à son tour, à une critique du modèle mélodique et à une promotion du concept de rythme, qui vont déboucher sur le tout premier programme rythmanalytique. En s'attachant, à travers la mélodie, à penser l'unité qualitative d'un processus linéaire différencié, Bergson, reconnaît Bachelard, cherche à combattre toutes les notions d'organisation uniforme et spatialisée du temps produites par la science, c'est-à-dire pour ce qui nous concerne ici le paradigme métrique. Et en ce sens, pourrions-nous ajouter, il poursuit un but qu'il partage avec les symbolistes et des penseurs contemporains comme Simmel ou Tarde. Mais, fait remarquer Bachelard, Bergson place cette recherche justifiée sous la lumière douteuse de la durée intime. Contre les abus analytiques, quantitatifs et dominateurs du scientisme du XIXe siècle, il adopte le parti inverse – tout aussi abusif – du continu essentiel, de la qualité pure et de la passivité.

Or, la durée ne peut se percevoir en dehors des instants qualitativement différents qui la peuplent. Ce n'est pas notre continuité intime qui est première et les instants de purs artefacts produits par l'intellect, mais bien la suite plus ou moins régulière des moments saillants de notre pensée, qui nous permet de nous sentir durer.

Nous ne savons sentir le temps qu'en multipliant les instants conscients. Si notre paresse détend notre méditation, sans doute il peut rester encore suffisamment d'instants enrichis par la vie des sens et de la chair pour que nous ayons encore le sentiment plus ou moins vague que nous durons ; mais si nous voulons éclaircir ce sentiment, pour notre part, nous ne trouvons cet éclaircissement que dans une multiplication de pensées.[1]

Autrement dit, ce sont les « rythmes » de notre pensée qui permettent de percevoir la durée et non l'inverse. Ces rythmes, toutefois, fait remarquer Bachelard, n'ont pas besoin d'être « fondés sur une base temporelle bien uniforme et régulière » ; il suffit qu'ils constituent « des systèmes d'instants ».

Les phénomènes de la durée sont construits avec des rythmes, loin que les rythmes soient nécessairement fondés sur une base temporelle bien uniforme et régulière [...] Pour durer, il faut donc se confier à des rythmes, c'est-à-dire à des systèmes d'instants.[2]

---

1. G. Bachelard, *L'Intuition de l'instant* [1932], Paris, Stock-Le Livre de poche, 1992, p. 88.
2. G. Bachelard, *La Dialectique de la durée* [1936], Paris, PUF, 2006, p. ix.

De son côté, la « durée » est certes qualitative mais cela ne lui donne pas pour autant unité ni pureté. Elle est fondamentalement une réalité extérieurement multiple et intérieurement diversifiée.

> Dès que nous avons été un peu exercé, par la méditation, à vider le temps vécu de son trop-plein, à sérier les divers plans des phénomènes temporels, nous nous sommes aperçus que ces phénomènes ne duraient pas tous de la même façon et que la conception d'un temps unique, emportant sans retour notre âme avec les choses, ne pouvait correspondre qu'à une vue d'ensemble qui résume bien mal la diversité temporelle des phénomènes. (*La Dialectique de la durée*, p. vii)

Et là encore, Bachelard montre la nécessité d'introduire le concept de rythme. La multiplicité et la diversité de la durée sont en réalité une multiplicité et une diversité du rythme, de l'enchaînement et du continu.

> Bref, à notre avis, la continuité psychique pose un problème et il nous semble impossible qu'on ne reconnaisse pas la nécessité de fonder la vie complexe sur une pluralité de durées qui n'ont ni le même rythme, ni la même solidité d'enchaînement, ni la même puissance de continu [...] toute durée véritable est essentiellement polymorphe. (*La Dialectique de la durée*, p. viii)

Enfin, le sentiment de durée est toujours le produit d'une reconstruction active et non pas d'une réception passive de ce qui se passe en nous.

> La conscience du temps est toujours pour nous une conscience de l'utilisation des *instants*, elle est toujours active, jamais passive, bref la conscience de notre durée est la conscience d'un *progrès* de notre être intime. (*L'Intuition de l'instant*, p. 88)

Ainsi, pouvons-nous ajouter, les moments de résolution et d'intégration du divers mental, auxquels Changeux faisait plus haut référence, doivent-ils se comprendre non pas simplement comme des illuminations soudaines plus ou moins mystérieuses, mais comme les résultats de constructions rythmiques multiples ou, pour le dire autrement, de complexifications des diverses durées mentales produisant, à la suite d'une phase critique, « une de ces pensées générales et fécondes qui tiennent sous leur dépendance mille pensées ordonnées », c'est-à-dire un nouvel ordre intellectuel à la fois hiérarchisé et harmonieux.

> Si nous arrivons ensuite – par une construction savante – à l'uniformité de notre méditation, il nous semble que c'est alors une conquête de plus, car nous trouvons cette

uniformité dans une mise en ordre des instants créateurs, dans une de ces pensées générales et fécondes par exemple qui tiennent sous leur dépendance mille pensées ordonnées […] La cohérence de la durée, c'est la coordination d'une méthode d'enrichissement. (*L'Intuition de l'instant*, pp. 88-89)

Au scientisme et à la spatialisation de la vie de l'esprit et du temps pratiquée au XIXe siècle, il ne faut donc pas opposer une durée unitaire, continue et passive, pensée à l'image de la vie des sens et sous l'égide du concept de mélodie, mais un spectre de durées assez variées, discontinues et actives vues dans la perspective de la vie intellectuelle et sous l'égide du concept de rythme, et qui peuvent parfois rentrer en résonance. Les durées auxquelles nous avons affaire vont en effet de la vie corporelle à la vie intellectuelle, vie intellectuelle qui ne peut être exclue comme le veut Bergson. Dans chacune d'entre elles, l'impression de continu apparent implique en fait toujours une suite discontinue d'instants saillants organisés par des rythmes plus ou moins réguliers, à partir desquels s'effectue la construction active du sentiment de continuité. Ces rythmes peuvent éventuellement se « coordonner » dans des moments de grâce relativement rares et produire alors des pensées complexes. La durée ou plutôt l'écheveau des durées ressemble donc moins à une mélodie linéaire qu'à une torsade de rythmes ponctuée de nœuds plus serrés sans être jamais souqués.

Le rythme est vraiment la seule manière de discipliner et de conserver les énergies les plus diverses. Il est la base de la dynamique vitale et de la dynamique psychique. Le rythme – et non pas la mélodie trop complexe – peut fournir les véritables métaphores d'une philosophie de la durée. (*La Dialectique de la durée*, p. 128)

Généralisant cette conclusion, Bachelard soutient que l'ensemble de la réalité psychique peut finalement être placé sous l'égide du concept de rythme et, comme on sait, suggère l'élaboration d'une « rythmanalyse » qui pourrait compléter la psychanalyse par une prise en compte des « ondulations » trop sages de la vie elle-même.

Il y a quelques années, nous avons reçu confidence d'une œuvre importante qui, à notre connaissance, n'a pas encore paru en librairie. Cette œuvre porte ce beau titre, lumineux et suggestif : *La rythmanalyse* [Note : Lucio Alberto Pinheiro Dos Santos, professeur de philosophie à l'Université de Porto (Brésil), *La rythmanalyse*, publication de la Société de Psychologie et de Philosophie de Rio de Janeiro, 1931]. À la pratiquer, nous avons acquis la conviction qu'il y a place, en psychologie, pour une rythmanalyse dans le style même où l'on parle de psychanalyse. (*La Dialectique de la durée*, p. x)

En décomposant les rythmes qui construisent et déconstruisent sans cesse la vie psychique des êtres humains, la rythmanalyse permettrait d'identifier, d'un côté, ceux qui ont des effets négatifs et, de l'autre, ceux qui sont les plus épanouissants, afin d'éventuellement arriver à réguler les disharmonies rythmiques. Il lui faudrait « délier les rythmes mal faits, apais[er] les rythmes forcés, excit[er] les rythmes trop languissants, cherch[er] des synthèses de l'être dans la syntonie du devenir ».

Il faut guérir l'âme souffrante – en particulier l'âme qui souffre du temps, du spleen – par une vie rythmique, par une pensée rythmique, par une attention et un repos rythmiques. Et d'abord débarrasser l'âme des fausses permanences, des durées mal faites, la *désorganiser* temporellement. [...] Nous avons, là encore, essayé de poursuivre plus loin notre philosophie de la négativité et de porter nos efforts de dissociation jusqu'au tissu temporel, [déliant] les rythmes mal faits, apaisant les rythmes forcés, excitant les rythmes trop languissants, cherchant des synthèses de l'être dans la syntonie du devenir, animant enfin toute la vie sagement ondulée par les timbres légers de la liberté intellectuelle. (*La Dialectique de la durée*, p. x)

Ces conclusions vont clairement dans le sens de Mallarmé, que Bachelard cite d'ailleurs par deux fois en exergue dans *L'Intuition de l'instant* (pp. 11 et 57). Comme la mélodie, le rythme fusionne des éléments différenciés dans un tout, mais à la différence de celle-ci, il comprend lui-même des pluralités internes, neutralise l'opposition du continu et discontinu, et oppose son activité et sa puissance de synthèse à la passivité de la réception de la durée.

De la mélodie au rythme – Meschonnic et la poétique du rythme (1982)

Une troisième forme de substitution du concept de rythme à celui de mélodie a été élaborée, comme on l'a vu plus haut, par Meschonnic dans les années 1970-1980 sur des bases cette fois linguistiques et poétiques. Toutefois, comme cette nouvelle théorie reprend une partie des acquis bachelardiens, on peut légitimement la considérer comme une nouvelle branche de la rythmanalyse, très différente, il est vrai, de celle esquissée par Lefebvre sur des bases sociologiques et phénoménologiques.

En dépit de l'avancée qu'elle représentait par rapport à la manière un peu simpliste de s'opposer à la domination métrique proposée par

Bergson sous couvert du concept de mélodie, la conception rythmanalytique bachelardienne restait, au moins sur un point non négligeable, en deçà des ultimes réflexions mallarméennes. Bachelard expliquait que le rythme dont il parlait n'était ni « uniforme » ni « régulier » et constituait « un système d'instants », ce qui allait dans la bonne direction. Il insistait, là aussi avec bonheur, sur la multiplicité des rythmes organisant les différentes durées, sur leurs interactions et sur leur entrée en résonance ou en discordance. À l'analyse, à la linéarité et au successivisme bergsoniens, il opposait ainsi une approche à la fois holiste et interactionniste qui embrassait des durées multiples et variablement rythmées. Toutefois, sa définition du rythme lui-même, comme le montre le dernier chapitre de *La Dialectique de la durée*, restait alignée sur la définition physique comme succession d' « ondulations » et, surtout, ne faisait pas droit à l'intrication profonde de la pensée et du langage. On sait que la linguistique n'intéressait pas Bachelard et que s'il prêtait en revanche une grande attention à la poétique, il concevait celle-ci plutôt comme une étude de l'imaginaire appuyée sur une phénoménologie et une psychanalyse des archétypes proche de celle de Jung.

Meschonnic renoue, quant à lui, avec la pointe des travaux symbolistes à la lumière des progrès récents de la linguistique et de la poétique. On se rappelle que selon ce dernier, la « littérarité » d'un discours, ce qui lui donne sa qualité littéraire, dépend de ce qu'il appelle son « rythme » c'est-à-dire, comme en avait déjà eu l'intuition Mallarmé, de l'ensemble des interactions entre les différents éléments et niveaux du discours.

> Je définis le rythme dans le langage comme l'organisation des marques par lesquelles les signifiants, linguistiques et extra-linguistiques (dans le cas de la communication orale surtout) produisent une sémantique spécifique, distincte du sens lexical, et que j'appelle la *signifiance* : c'est-à-dire les valeurs propres à un discours et à un seul. Ces marques peuvent se situer à tous les « niveaux » du langage : accentuelles, prosodiques, lexicales, syntaxiques. (*Critique du rythme*, pp. 216-217)

On retrouve dans cette définition le souci à la fois de la multiplicité, de l'interaction et de la globalité propre à Bachelard, mais Meschonnic y ajoute une série de points de vue qui lui font rejoindre les intuitions de Mallarmé et en étendent considérablement la portée.

Le premier concerne bien évidemment la littérature. Bachelard voit celle-ci comme une simple extension du pouvoir d'imaginer, c'est-à-dire au sens propre de produire des images dont il n'explique jamais pourquoi et comment les poètes les produisent dans un médium qui n'a rien de visuel. Bizarrement alors qu'il reprend à son compte un certain nombre de contributions de la psychanalyse, il ne tient aucun compte du jeu des mots, des échos sonores, des résonances, des répétitions et des ruptures, en bref de la signifiance produite par ce jeu, et renvoie la puissance des images poétiques à leur seule participation supposée à des archétypes collectifs. À l'inverse, pour Meschonnic, la puissance informationnelle, suggestive voire imaginaire d'un discours n'a rien à voir avec des archétypes ou une quelconque thématique des éléments dont l'existence même est sujette à caution. Elle dépend en premier lieu, et tout simplement, du système des signifiants qui constitue son « rythme », c'est-à-dire de l'organisation signifiante de son flux. Et, comme nous l'avons vu, la qualité littéraire d'un discours est à son maximum quand ce rythme porte en soi suffisamment de tensions irrésolues pour que se créent une sorte de réverbération continue et donc un potentiel jamais épuisé pour de nouvelles lectures. Dans ce cas – et seulement dans ce cas –, le discours humain atteint une tension rythmique grâce à laquelle il devient absolument unique mais aussi complètement partageable. Le présent contient alors non seulement le passé, mais aussi, au moins d'une manière potentielle, le futur. Et c'est ce qui donne son prix à la littérature pour les êtres humains.

Par ailleurs, comme chez Mallarmé, cette conception globalisante et interactionniste de la littérature et du rythme donne un rôle déterminant au langage, tout en attribuant à celui-ci un empan beaucoup plus large que dans la théorie traditionnelle. Bien que l'énonciation vocale et le discours intérieur qui accompagne éventuellement la pensée manifestent tous deux un certain degré de linéarité, l'existence même de la poésie montre qu'il est certainement très superficiel d'aborder le langage à travers ce seul facteur, comme on le fait encore très couramment et en particulier dans les neurosciences lorsqu'elles le définissent comme un lexique associé à une série de règles syntaxiques. Ce qui fait sens et parfois nous bouleverse, c'est toujours le système entier des marques qui sont actives dans un discours. Ces marques peuvent être lexicales et syntaxiques, mais elles peuvent tout aussi bien être prosodiques et métriques. La plupart du temps, les sons, leurs oppositions et leurs échos au cours du temps, la disposition des silences, sont plus importants pour la signification et l'effet qu'ils ont sur nous que ce que l'on appelle habituellement le « contenu sémantique » (la référence à un objet, à un événement ou à une idée). Comme l'avait déjà entrevu Mallarmé, le sens est produit par un entrecroisement d'interactions entre les signifiants qui se superposent à la linéarité imposée par l'articulation.

Enfin, à la différence de ce qui se passait chez Bachelard, et d'une manière assez proche de la vision mallarméenne (ou d'ailleurs proustienne), ces nouvelles définitions de la littérature, du rythme et du langage ne visent plus le sujet psychologique ou phénoménologique. Le rythme soutient ici le « sujet du discours » et éventuellement, dans le cas d'une œuvre d'art réussie, le « sujet poétique », qui ont l'un et l'autre une nette prééminence sur les précédents puisque ce sont eux qui permettent à ceux-là d'émerger et non l'inverse.

> La littérature n'advient que s'il y a hyper-subjectivité, pour qu'il y ait trans-subjectivité. Pour que le sujet de l'énonciation soit sujet de ré-énonciation, de trans-énonciation, il faut qu'il soit un trans-sujet, qu'il y ait, selon l'expression d'André Green, un « trans-narcissisme ». Il porte à la puissance de système d'un discours le *je* linguistique. Il réalise l'anonymat du *je*, pronom trans-personnel qui porte que tout sujet vaut un autre sujet. (*Critique du rythme*, p. 678)

En proposant de considérer les discours à partir de leurs « rythmes » et non plus de leurs « mélodies », Meschonnic se place donc dans le sillage de Bachelard. Il en adopte explicitement la position anti-bergsonienne et certaines de ses prémisses : la volonté de surmonter par le rythme l'opposition continu/discontinu, la pluralité des rythmes et leur caractère synthétisant et actif. De même, Meschonnic critique-t-il, à l'instar de Bachelard, l'idée bergsonienne d'un flux organisé seulement linéairement comme le serait une mélodie.

> Le rythme est une tension inéludable de métaphysiques adverses ; non seulement celles du continu et du discontinu, mais celles du cosmique et de l'histoire. Ainsi Bachelard opposait à Bergson, dans *La Dialectique de la durée*, un « bergsonisme discontinu ». Contre une durée continue, il posait le rythme comme « notion temporelle fondamentale ». [...] Le rythme est fait de paradigmes, et il est la syntagmatisation de ces paradigmes. C'est dire que l'opposition du continu au discontinu s'y neutralise. Comme remarquait Bachelard : « La poésie, ou plus généralement la mélodie, *dure* parce qu'elle *reprend*. » (*Critique du rythme*, pp. 225-226)

Mais il le fait, comme Mallarmé et beaucoup d'autres écrivains qui ont théorisé leur pratique, au nom du « passage du sens, et plutôt de la signifiance, du faire sens, dans chaque élément du discours » et de leur « structuration en système ». L'holisme que Bachelard, philosophe, attribuait directement à « l'esprit » est ainsi renvoyé, au nom de l'expérience de l'écriture, au langage.

[Le rythme] est un passage, le passage du sujet dans le langage, le passage du sens, et plutôt de la signifiance, du faire sens, dans chaque élément du discours, jusqu'à chaque consonne, chaque voyelle. Aussi, le rythme n'est-il pas une « fluidité », l' « écoulement » comme dit Bergson, pour lequel il prend l'analogie d'une « mélodie que nous écoutons les yeux fermés ». Si c'est un « flux », c'est aussi la structuration en système de ce qui n'est pas encore système, ne se connaît pas soi-même comme système, étant ouvert, l'inachevé en cours. (*Critique du rythme*, p. 225)

C'est pourquoi, après avoir reconnu ce qu'elle a apporté, Meschonnic souligne les limites de l'approche bachelardienne induites par le primat de la perception sensible et de l'activité subjective, et donc l'influence qu'y exercent encore la psychologie et la phénoménologie qui lui font oublier le rôle déterminant de l'organisation globale du discours.

Mais Bachelard situait le discontinu dans l'objet, mettant, comme les psychologues, le rythme dans la perception subjective : « L'action musicale est discontinue ; c'est notre résonance sentimentale qui lui apporte la continuité. » Oubliant l'organisation du *morceau*, Bachelard, avec la tradition phénoménologique, met le rythme, comme elle fait avec le signifier, dans le comprendre, dans l'interprétant. (*Critique du rythme*, p. 226)

Une hypothèse pour les neurosciences : la pensée comme *rhuthmos* langagier

Le lecteur voit peut-être déjà en quoi la nouvelle forme de rythmanalyse qui a émergé des débats philosophiques et poétiques du siècle dernier pourrait intéresser les neurosciences.

Edelman et Tononi soutiennent, nous l'avons vu, que le développement de la pensée se fait au cours d'une trajectoire de *quale* en *quale*, c'est-à-dire d'état de conscience complexe en état de conscience complexe qui seraient spatialisables comme des points dans un espace à N-dimensions. Mais ils n'en disent pas plus et ne se prononcent pas sur les raisons qui, au fond, motivent cette trajectoire.

Bien qu'il pèche par un représentationalisme dépassé, Changeux ajoute à cette première conception deux idées importantes : la première, d'origine clairement bergsonienne, est que cette trajectoire n'est pas quelconque, qu'elle ne relie pas seulement des *qualia* indifférentes les unes aux autres, mais qu'elle a elle-même une certaine « qualité synthétique » qui la fait ressembler à une mélodie, c'est-à-dire qu'elle a une unité qui, sans vraiment faire sens, possède une certaine cohérence. La seconde est que cette trajectoire peut prendre parfois une « qualité synthétique instantanée » qui étend alors transversalement la notion d'un ordre qui n'était jusque-là apparemment que linéaire. De cela, on peut conclure que cette dernière est probablement toujours déjà anticipée dans les moments de conscience ordinaires et que c'est elle qui motive la recherche d'une solution aux problèmes posés.

Mais il manque à Changeux un concept qui lui permette de penser ensemble l'organisation et le mouvement, la linéarité et l'anticipation constante d'une totalité transversale, c'est-à-dire la « qualité synthétique d'un flux d'interactions », ou pour le dire dans les termes de la nouvelle rythmanalyse que nous essayons de développer, sa « manière particulière de fluer ». Les concepts d'organisation diachroniques – la mélodie, la phrase, l'enchaînement – restent séparés des concepts synchroniques – le plan, la composition, la structure – ce qui empêche de penser l'unité des modulations du cœur dynamique.

Les neurosciences pourraient peut-être trouver dans la rythmanalyse – au moins celle qui s'est constituée par l'hybridation de la réflexion bachelardienne et des apports de la poétique – les ressources théoriques nécessaires pour surmonter le problème auquel elles sont ici confrontées.

Elles y découvriraient, tout d'abord, une théorie du langage beaucoup plus opérante que celle qu'elles utilisent couramment, dont les principes lexicalistes et syntaxiques sont pour la plupart obsolètes. Je passe rapidement sur cet aspect mais il est essentiel car on ne laisse pas de s'étonner du caractère plus que rudimentaire des conceptions linguistiques – pour ne rien dire des conceptions littéraires carrément absentes – qui sont mobilisées par les neurosciences, à la fois dans leurs théories, comme chez Changeux ou chez Edelman et Tononi, ou dans leurs expériences, comme dans les travaux d'imagerie mentale dont elles sont aujourd'hui si friandes.

Un tel changement ne devrait pas, du reste, être très difficile à admettre car les neurosciences retrouveraient alors au niveau du langage toutes les notions d'unité dynamique différenciée, d'écho ou de résonance des parties au sein d'un tout, auxquelles elles sont désormais attachées. Le rythme d'un discours, et en particulier d'un discours littéraire, se présente en réalité comme un phénomène dynamique hautement « complexe », très précisément au sens d'Edelman et Tononi : il constitue un système simultanément fluant, différencié et intégré ; il possède des sous-ensembles spécialisés mais chacun d'eux a un effet sur tous les autres, grâce à des boucles et des interactions constantes. C'est un *rhuthmos*, pas une mélodie.

Les neurosciences pourraient alors s'inspirer de la rythmanalyse poétique pour dépasser la simple juxtaposition d'un bergsonisme plus ou moins conscient (la notion de « mélodie ») et d'un structuralisme plus ou moins avoué (la notion de « *consensus partium* »), juxtaposition qui leur sert pour le moment de cadre théorique dans leur réflexion sur les processus de pensée.

D'un côté, elles verraient mieux ce qui manque aussi bien à la notion linéaire de mélodie musicale qu'aux exemples structuraux d'ordre ou d'organisation empruntés à la peinture, à l'architecture ou même à la mathématique. De même que tout flux discursif, qui apparaît à première vue comme une simple succession linéaire, comporte en réalité une épaisseur, une tension et une consistance signifiantes, de même toute trajectoire mentale, apparemment linéaire, implique en réalité une succession très rapide d'états de l'ensemble du cœur dynamique, qui mobilisent transversalement des agrégats neuronaux assez amples. Par ailleurs, de même que toute structure sémiotique ne peut être comprise sans l'activité sémantique qui a mené à elle, et peut également mener au-delà d'elle, de même les exemples d'ordre instantané évoqués par Changeux font tous référence à des formes achevées, coupées des processus qui les ont générérés comme de ceux qui pourront se développer à partir d'eux.

De l'autre, la rythmanalyse poétique pourrait leur suggérer une solution pour relier de manière plus satisfaisante la succession des instants de conscience ordinaires et les instants d'illumination, de souvenir intense ou de percée imaginative qui semblent ponctuer la vie de l'esprit. Plutôt que de voir les processus de pensée, à l'instar de Changeux, comme une succession de phrases musicales et d'accords, de suites linéaires et d'instants d'élargissement, on se demande si l'on ne pourrait pas les considérer à l'image du rapport entre l'activité discursive ordinaire et le discours littéraire. Ce rapport est en effet beaucoup plus riche – et certainement beaucoup plus proche de la vie de l'esprit – que le rapport de l'harmonie à la mélodie musicale, qui sont purement sonores et ne comportent chacune aucune dimension sémantique. La vie de l'esprit constituerait ainsi une suite d'états du cœur dynamique de complexité variable, dont les modulations seraient principalement guidées par la recherche des gratifications associées au dépassement de certains seuils d'intégration-différenciation qui ressembleraient à l'aspect sursaturé ou maximalisé, unique et pourtant partageable, du rythme poétique d'une œuvre.

Une telle vision des choses permettrait, enfin, aux neurosciences de surmonter la réduction de la vie de l'esprit à une simple adaptation à la réalité extérieure, réduction qu'elles défendent parfois. Le souvenir intense, l'illumination intellectuelle ou le coup de génie imaginatif qui constituent les guides de tout processus de pensée ne peuvent en effet se limiter à des moments d'adéquation réussie avec la réalité présente, et doivent certainement représenter, avant tout, des moments d'intégration-différenciation maximalisés du cœur dynamique, des sortes de moments de surcomplexification, qui font bien surgir en son sein une forme d'adéquation, mais aussi bien avec le présent qu'avec le passé ou le futur. Dans cet état sursaturé, le cœur dynamique semble alors doté d'une énergie potentielle particulière qui fait que l'un et l'autre, l'un ou l'autre, sont alors comme contenus dans le premier. Le cœur peut re-créer un état de conscience antérieur ou créer un état entièrement nouveau qui peut représenter la solution d'un problème actuel ou à l'inverse la production d'un problème qui prendra à l'avenir une importance déterminante.

Cette conclusion fait ressurgir, nous le voyons, une très vieille thèse : celle de la parenté profonde entre le langage et la pensée, mais elle le fait en plaçant celle-ci sous un jour entièrement nouveau. Si nous pouvons *penser*, ce n'est pas parce que le lexique nous permet de découper le monde en entités logiques manipulables que nous pourrions ensuite, grâce à la syntaxe, organiser en propositions. Ce n'est pas non plus parce que nous disposerions d'un système linguistique qui constituerait la matrice formelle de toute production de sens. C'est parce que le langage nous dote d'une puissance sémantique et poétique, c'est-à-dire non pas de la capacité de créer des fictions plus ou moins plaisantes, mais de produire des discours dont la « complexité » ou le « rythme », c'est-à-dire la manière de fluer, sont parfois tels qu'ils leur confèrent un potentiel sémantique indéfiniment ouvert, qui nous permet à la fois d'imaginer et de nous souvenir, de recréer le passé et, en un certain sens, de prophétiser le futur. Cette conclusion paraîtra peut-être audacieuse, mais elle n'est pas différente en son fond, non seulement de la position de Bachelard, qui voyait dans le rythme « des passages, des accords, des correspondances toutes baudelairiennes entre la pensée pure et la poésie pure »[1], mais aussi de celle d'Edelman et de Tononi qui notent pour leur part :

> Tout acte de perception est, d'une certaine manière, un acte de création, et tout acte de mémoire est, en quelque sorte, un acte d'imagination. (*A Universe of Consciousness*, p. 101)

Si le rythme de l'activité du discours ordinaire peut, dans certains cas, franchir un seuil de complexité qui le rend à la fois absolument unique mais aussi complètement partageable, s'il se charge au cours de ce processus d'un potentiel quasiment infini qui pourra être réactualisé et

---

1. G. Bachelard, *La Dialectique de la durée*, *op. cit.*, p. x.

mis à profit chaque fois qu'il sera traversé par un nouveau locuteur, on peut imaginer qu'il existe une relation du même type entre la succession des instants de conscience ordinaires et les instants d'illumination intellectuelle, de souvenir ou de percée imaginative. À l'inverse, on peut aussi bien sûr se demander si la valorisation de la littérature et plus généralement des arts que l'on connaît au niveau social ne correspond pas, suivant naturellement des variations historiques et culturelles très importantes, aux gratifications dont bénéficient le cerveau, et avec lui l'ensemble du corps humain, lors des moments d'harmonie ou de résonance neuronales. Ce qui ne veut pas dire non plus que ces niveaux de la réalité seraient totalement superposables car du cerveau individuel à l'ensemble des cerveaux composant une société, on passe à l'évidence d'une forme de complexité à une autre assez différente, sans qu'on sache bien encore les caractériser l'une par rapport à l'autre.

*

Quelle que soit la pertinence de ce qui vient d'être suggéré et qui ne pourra être vérifié que par des expériences adéquates, on voit tout l'intérêt qu'il y aurait à faire à nouveau circuler les concepts transversalement, comme cela a été parfois le cas dans la deuxième moitié du XXe siècle. L'exemple des théories récentes de la pensée produites par les neurosciences qui vient d'être examiné le montre suffisamment : celles-ci pourraient très probablement beaucoup gagner à s'intéresser à des ressources méthodologiques existantes mais qui leur sont, pour le moment, restées étrangères.

1. L'un des problèmes que les neurosciences n'arrivent pas encore à traiter concerne la pensée. En réduisant celle-ci à un processus d'adéquation purement statistique à la réalité intérieure ou extérieure, elles ne rendent pas compte du fait que toute expérience mentale possède une certaine consistance propre, c'est-à-dire une manière particulière de fluer, qui lui est assurée par le jeu de la mémoire, d'une part, de la volonté, du désir et de l'imagination, de l'autre.

2. En s'appuyant sur le modèle poétique, on pourrait proposer l'hypothèse suivante : l'illumination intellectuelle, le coup de génie imaginatif ou même le souvenir proustien, tous ces moments qui, par le fait qu'ils sont associés à de fortes gratifications, guident la sélection au sein de la profusion mentale, semblent représenter des instants d'intégration-différenciation maximalisés du cœur dynamique qui font surgir en son sein une énergie

potentielle d'un type particulier. L'imagination, la compréhension et la mémoire seraient ainsi liées à la capacité du cerveau d'atteindre des états neuronaux extrêmement complexes, dominés par une sorte de réverbération interne généralisée permettant, en quelque sorte, au passé, au présent et au futur de refluer les uns sur les autres. Ces états particuliers ne feraient toutefois que maximaliser des possibilités neuronales qui seraient déjà présentes dans les états ordinaires du cœur dynamique.

3. Les neurosciences pourraient donc trouver dans la rythmanalyse poétique une alliée paradigmatique efficace pour comprendre la vie du cerveau. Mais une telle alliance devrait bien sûr être recherchée également dans l'autre sens – le narcissisme des littéraires dût-il en souffrir quelque peu. De ce côté, on pourrait en effet se demander si le lien entre la qualité poétique d'un discours et la maximalisation de sa complexité rythmique, tel qu'il a été repéré par les études de poétique depuis Mallarmé, ne pourrait pas s'expliquer, quant à lui, en fonction des formes de dynamiques neuronales. La poésie apparaîtrait comme une fonction langagière aussi nécessaire à la vie des hommes que les moments de forte complexité le sont à la vie de notre cerveau. On atteindrait alors peut-être – qui sait ? – à l'un des fondements neuroscientifiques de l'art. Et l'on jetterait de nouveau une passerelle entre les traditions *rhuthmiques* aristo-télicienne et démocritéenne.

3. Rythme et art

Dans cette dernière partie, je voudrais réfléchir sur le rapport de la rythmanalyse à une pratique universelle, malheureusement si souvent négligée par les rythmanalystes : l'art. Celui-ci implique pourtant un échange constant avec les trois sphères évoquées précédemment : la nature, le langage et la société, cette dernière y trouvant, quant à elle, une bonne part de son souci de connaître, de ses raisons d'agir et de ses valeurs esthétiques.

Je commencerai par des analyses succinctes de quelques pratiques artistiques contemporaines que j'ai eu la chance de croiser ces dernières années et qui m'ont fourni de nouveaux sujets d'étonnement et de réflexion tant pour leur adéquation profonde au nouveau monde que pour leur distance critique à son égard et leurs capacités d'ouverture vers le futur.

Comme je l'ai fait dans les parties précédentes, j'essaierai ensuite de tirer quelques conclusions, toutes provisoires et conscientes de leurs limites, concernant ce que l'on pourrait appeler les tout premiers éléments d'une « rythmanalyse artistique ».

8. Maguy Marin – De *May B* à *Ha ! Ha !* (1981-2006)

Poser la question de la « résistance », dans le présent des actes, c'est penser notre relation au monde qui nous entoure, et faire de la question de l'art et du poétique le lieu de l'exercice du voir, de l'entendre, du sentir, du penser, du dire, un partage politique de ce qui, dans notre monde et tant que nous vivrons, nous tient encore à cœur, nous bouleverse, déplace nos points de vue, nous fait comprendre, nous révolte, nous amuse. – *Maguy Marin*, « Allumer des feux innombrables », *Théâtre public*, oct.-déc. 2017, n° 226, p. 7.

Les quelques notes cursives que l'on s'apprête à lire sont loin de pouvoir rendre compte des émotions, des surprises et de l'admiration qui m'ont saisi, depuis longtemps, lors des spectacles de Maguy Marin. En dépit de leurs insuffisances et des difficultés à passer d'un médium à un autre, j'espère toutefois qu'elles pourront suggérer aux lecteurs quelques-unes des lignes de forces qui ont fait et continuent à faire la puissance de vie d'une œuvre remarquable.

May B (1981)

Au début, une scansion d'ahans, de corps trottinant. La marche hébétée de survivants couverts de plâtre ou de poussière, après un exil, une déportation, un bombardement. Après la catastrophe. La parole est impossible mais il reste le rythme. Le rythme des cris étouffés, des onomatopées ou le rythme des pas. Rythmes qui bégayent ou qui boitent.

Puis soudain, de cette métrique ingambe, naît la fête, la fanfare, le carnaval. Les Gilles et leurs tambours ! Les onomatopées et les râles étaient incompréhensibles, pourtant quand les rires jaillissent, on comprend. La vie, la joie ? Ou bien sont-ce encore les marches militaires, les soldats au pas et les fascistes qui ont mené au désastre ?

Puis une scène de la vie humaine. Des personnages immobiles et la musique nostalgique d'un quatuor romantique. Un très vieil aveugle souffle les bougies de son gâteau d'anniversaire. Seule chaleur au milieu du vide. Ses acolytes articulent *Happy birthday to you*, sans rien dire. Le langage est du corps. Les corps bougent, se secouent. Scénettes et personnages qui s'animent. En sortant de la mécanique. Les émotions les plus universelles, les plus humaines, les plus banales. Paroles communes et bavardages. Qui s'effacent dans le noir.

Viennent alors l'exil et les valises. Comme on en a vu beaucoup. Un chant très doux, et plein d'ironie, marmonné en boucle : *Jesus' blood never failed me yet. This one thing I know. For he loves me so.* Ils piétinent. Comme les spectres du début. Foule de réfugiés, qui portant sa valise en carton, qui poussant un enfant devant elle. Les boucles d'un chant qui s'étrangle presque, accompagnées de cordes suaves. Mais, petit à petit, la complainte se fait berceuse et apporte sa détente. La boucle d'un temps suspendu. Les cris adressés à personne. Car personne n'écoute. Coup de sifflet. Les porteurs de valises se retournent. Raconter des histoires sans récits. Chacun y reconnaîtra les siennes.

La parole, finalement, arrive à se frayer un chemin. Mais c'est pour annoncer la fin. *Fini, c'est fini, ça va finir, ça va peut-être finir.* Fischer-Dieskau fait monter sa prière, son incantation à l'hiver... Les grains s'ajoutent aux grains, un à un, et un jour, soudain, c'est un tas, un petit tas, l'impossible tas. Fin de partie.

Cendrillon (1985)

Transposition charmeuse du conte. La joie enfantine de retrouver ce que l'on connaît déjà, par cœur. Mais raconté d'une nouvelle manière. Avec des danseurs masqués. Costumés souvent drôlement, les cheveux dressés sur la tête. Des poupées géantes animées. Rose pour la fille, bleu pour le garçon. Et un décor soigné à plusieurs étages. La *Cendrillon* de Prokofiev qui jubile, sautille et valse. Les sœurs sont folles et méchantes à souhait. La marâtre est très vulgaire. Le prince a une couronne à antennes qui oscillent quand il danse. Il est très grand, filiforme. Il porte un uniforme avec une double rangée de boutons en V et quelques galons. Cendrillon beaucoup plus petite. Délicate. En tutu, parfois. En souillon autrement. Le courage n'est pas toujours du côté de ceux qui prétendent en faire montre. La chorégraphie utilise tous les codes classiques tout en y insérant quelques gestes de pantomime. La clownerie limite le sérieux.

Ou bien la valse est dansée avec quelques passes de rock. L'opéra annonce : à partir de 6 ans. Un bain de jouvence qui fait du bien.

Groosland (1989)

On apporte des poupées. Que des poupées. Ou des mannequins dans un magasin. Elles portent des salopettes et des robes bleues. Les poupées-hommes ont des petits melons bleus ; les poupées-femmes des chaussettes jaunes. Ce sont les habitants merveilleux du pays des gros. Les hanches et les ventres généreux, les bras et les jambes comme des troncs d'arbres.

Soudain, l'*allegro* du Concerto brandebourgeois n° 2. Avec ses trompettes et ses trilles annonçant la résurrection. Sa mesure sautillante et rapide. D'un seul coup, la vie pénètre dans les marionnettes. Ensemble, les voilà en train de gambader, virevolter, en cadence. Leur gaucherie est évidente mais peut-être est-elle feinte ? Certaines et certains effectuent déjà quelques figures fort savantes : jeté, grand battement, plié, tendu... Au sol également. Puis on se repose, on se demande : à quel nouveau jeu on va jouer ? L'inspiration revient et les groupes se font et se défont souvent en marquant lourdement les temps sur le sol. Vlan, vlan...

Andante. Le hautbois et le violon se répondent : un pas de deux d'un melon bleu et d'une chaussette jaune. Il la déshabille et la porte. Elle enlève ses chaussures. Elle est à terre. Il lui retire ses derniers oripeaux. Et finalement la voilà en costume d'Ève XXL.

Allegro assai. Les garçons dansent comme des Hercules de foire exhibant leurs biceps. Le ventre en avant. Puis sortent, comme au cirque, par une roulade ou une roue.

Dernière partie. Les hommes apportent, plutôt que portent, les femmes. Nues. De dos. Puis de profil. Et enfin de face. Dix Rubens pleines et souples comme la mousse de leurs bourrelets, de leurs chairs synthétiques. Elles ont les cheveux noirs tenus en queue-de-cheval. Elles sortent. Les hommes les remplacent. Eux aussi nus. Leurs ventres tombent en avant, mais ils ont gardé leurs chapeaux bleus.

Au final, bien sûr, les hommes et les femmes nus dansent ensemble. Comme une humanité régénérée par le rêve plein de tendresse d'une petite fille. Pourquoi ne pouvons-nous pas danser comme cela toute notre vie ?

Ramdam (1995)

Ram. Les hommes sont en costume de ville et portent cravate. Les femmes, en petits chignons et robes des années 1960. Foulards légers autour du cou et peut-être colliers de perles. Élégantes. Modernes bourgeois comme on n'en fait plus, peut-être. Ils sont assis sur des chaises dont les pieds luisent dans la pénombre. Quelques rires et chuchotements. Un clapotis de mots.

Puis l'éclat d'une vocifération répétée en boucle, plusieurs fois. Les danseurs sont appareillés. Ce sont eux qui, tout en dansant, déploient la « musique » de la pièce par leurs cris alternés et leurs onomatopées. Comme un *Kecak* électro dans un salon parisien. Une danse des singes chez les civilisés. Étrangement sophistiqués et pourtant encore très primaux. Comme un souvenir d'Artaud insinuant sa passion pour le théâtre balinais jusque dans les salons de la bonne société. Du corps qui perfore la surface de la conversation mondaine. Mais aussi la surface des soliloques qui sont nombreux et savants, mais dont le sens se perd dans le fond sonore tonitruant. Revanche contre la sémiotique. Le signifiant l'emporte sur le signifié. Pendant ce temps, les corps dansent au rythme des syllabes infiniment répétées et entremêlées, en contre-chant, en fugue. Voici l'*ars nova* de la fin du XXe siècle.

Soudain, le rythme se fait strictement binaire. Une marche sur deux notes infiniment répétées. Ponctuée de cris d'oiseaux et de miaulements. Une caricature de fanfare imitée par un enfant qui fait défiler ses soldats ou ses voitures de pompiers. Et les danseurs marchent, au pas, debout, toujours. Une lumière rouge inonde la scène.

— *Bonjour*... comme dans les auditions de Stanislavski – il faisait dire à ses futurs acteurs « ce soir » – dix fois prononcés avec dix intonations et dix sens différents. Suivis de dix réponses, elles aussi toutes différentes.

De nouveau un soliloque balbutiant, constamment perturbé par les cris des singes en costumes et en robes années 1960 qui ahanent les voyelles. Pablo Neruda — *J'aime tant les mots qui... quand ils... je les.... Tout est dans les mots... Une idée entière se modifie parce qu'un mot a changé de place... ou parce qu'un autre mot s'est assis comme un petit roi là, dans une phrase qui ne l'attendait pas... Elle lui obéit... Ils ont des...* — *Aaaa... Iiiii... Uuuuuu... Ooooooo...* — *Ils sont à la fois très anciens et très nouveaux...* — *Aaaa... Uuuuuu...* Quatre danseurs se lovent sur le plateau, comme endormis.

Puis un extrait de presse people : *la Duchesse d'York s'est rendue à Dublin en Irlande au chevet d'enfants victimes de la catastrophe de*

Tchernobyl... elle a retiré un œillet de son bouquet qu'elle a tendu à une petite fille... elle rentrait de vacances à la montagne... elle a enfin trouvé à Londres la raison de ses rêves...

Danse au son de la fanfare, des cris et des miaulements. De plus en plus heurtée. Le jeu enfantin prend l'allure d'un sabbat de sorcières. Lumière rouge.

La conversation mondaine reprend. Le *Kecak* aussi. Retour à la lumière blanche. — *Quand la parole est vive, il y a forcément des dérapages... Elle se substitue aux institutions démocratiques...* Le plateau est vide mais le brouhaha continu. — *Aaaa... E... Aaaa... E... Uuuuu... I...* — *Le ministre belge de la défense se fait construire à Bormes-les Mimosas une somptueuse villa. Prix officiellement payé : 1 million 2. Estimation des experts : quatre à dix fois plus... Explication du ministre : les ouvriers ont travaillé gratuitement... Quel culot !...* — *Aaaaa... Uuuuu... Ooo... Gueeee...*

Par son théâtre, Artaud voulait briser le langage et atteindre directement à la vie. Un danseur lit. — *Ce en face de quoi je veux me trouver, au moins une fois dans ma vie, à travers les troubles et les tiraillements éperdus, est ce* point de pensée *où, ayant dépouillé les illusions et les tentations les plus communes du langage, je me trouve en face d'une utilisation absolument nue, absolument claire et sans équivoque, ni confusion possible de mon esprit... ...car même les pensées que de loin en loin ils formulent encore, les jugements qui sous le coup d'une excitation brusque lui échappent, sont la preuve par l'exception de l'uniformité....*

Une bordée simiesque l'interrompt. *Kecak.*

Une dernière fois la lumière rouge. Danse au son d'un ronflement obsédant sur deux puis trois tons. Cris et miaulements. Tiii ton tin ! Tiiii ton tin ! Marche, marche. Le langage s'efface au profit des cris et d'une danse toujours plus heurtée. Domination finale du binaire et du bruit.

Dam. Huit danseurs entrent l'un après l'autre en saluant le public. Qui répond en essayant de reproduire l'intonation de chacun : — *Bonsoir...* — *Bonsoir...* Le public fait son premier apprentissage de comédien stanislavskien. — *Segodnja vecerom...* — *Segodnja vecerom...*

Danse. Cette fois, l'accompagnement musical est produit par un orchestre qui se trouve au fond du plateau. Beaucoup de percussions, d'électro. Mais aussi, toujours, un travail de la voix, des mots et des syllabes répétés en boucle. — *Milliards — Millions...* Danse de l'argent. De la bourgeoisie européenne. De nouveau Artaud. Le passage déjà cité dans Ram. Lien subtil et inaperçu d'une partie avec l'autre. — *Ce en face de quoi je veux me trouver, au moins une fois dans ma vie, à travers les troubles et les tiraillements éperdus, est ce* point de pensée.... Boucle. La danse de l'argent en continu : — *Milliards — Millions...*

Puis une saynète empreinte d'humour léger, qui fait retomber la tension. Dans une queue, des personnes se faufilent et vocalisent : — *Pardon. Pardon.* Elles cherchent à entrevoir Lady D. Commentaire : — *C'est une princesse revigorée par son séjour aux Caraïbes qui a rendu visite aux enfants malades dans l'hôpital à Londres...*

L'obscurité se fait de nouveau. Une voix off, qui se mélange avec des percussions hiératiques, déclame de nouveau des extraits de *L'Ombilic des Limbes* et du *Pèse-Nerfs* : — *[Il y a] tous ceux qui ont des points de repère dans l'esprit, je veux dire d'un certain côté de la tête, sur des emplacements bien localisés de leur cerveau, [...] ceux qui font si bien des façons, ceux pour qui les sentiments ont des classes et qui discutent sur un degré quelconque de leurs [...] classifications, ceux qui croient encore à des « termes », ceux qui remuent des idéologies [...] Toute pensée réussie, tout langage qui saisit, [...] sont toujours le résultat d'un compromis entre un courant d'intelligence qui sort de lui, et une ignorance qui lui advient, une surprise, un empêchement...* Puis une réponse de Jacques Rivière : — *La justesse d'une expression comporte toujours un reste d'hypothèse.* De nouveau Artaud : — *Car je n'appelle pas* avoir de la pensée, *moi, voir juste et je dirai même* penser *juste, avoir de la pensée, pour moi, c'est* maintenir *sa pensée, être en état de se la manifester à soi-même et qu'elle puisse répondre à toutes les circonstances du sentiment et de la vie. Mais principalement* se répondre à soi....

Au milieu des corps en mouvement, un jeu avec la littérature qui parle de la littérature et de la pensée, de la folie, de l'effondrement mental, un jeu philosophique et poétique qui s'introduit dans la performance dansée réduite alors à sa plus simple expression, comme des jazzmen accompagnant un soliste en train de déployer son discours. — *Il ne me faudrait qu'un seul mot parfois, un simple petit mot sans importance, pour être grand, pour parler sur le ton des prophètes, un mot témoin, un mot précis, un mot subtil, un mot bien macéré dans mes moelles, sorti de moi, qui se tiendrait à l'extrême bout de mon être, et qui, pour tout le monde, ne serait rien....*

La lumière s'avive de nouveau. La danse reprend le plateau puis s'arrête. Pause. On lit, on boit de l'eau. On se repeigne.

— *Merci... — Merci...*

— *Lady D a rencontré un célèbre cardiologue pakistanais...*

Les percussions emplissent l'espace sonore. Plus rapides que tout à l'heure. Un duo, presque un pas de deux. Jazzé.

— *Millions...* — *Milliards...* L'argent coule à flots dans la bouche des performeurs. Puis un dernier jeu sur les lettres et les chiffres... Les lettres accrochées aux danseurs-sandwichs dansent pendant qu'on raconte l'histoire aussi sérieuse qu'absurde des phonèmes et de leurs relations supposées. Retour des percussions lentes et de la danse. Une cloche sonne à intervalles réguliers. Un martellement sourd emplit le temps.

Les applaudissements ne se mangent pas (2002)

La musique en continu sans mesure. Par longues coulées, entre jeu de cymbales et ronflements électriques. Des scansions amples par oppositions sonores. Le fond est occupé par un rideau de lames colorées – vertes, jaunes, marrons – qui s'ouvre et se referme comme un poulpe. Les danseurs en chemises-pantalons, robes et polos de mêmes tons sortent du rideau et traversent le plateau en courant. Ils s'observent, s'opposent parfois, se bousculent, se tordent le cou ou l'épaule, et se jettent à terre les uns les autres. La lutte est là. Toujours. Les corps au sol qui roulent et se tortillent. La mort est là. Répétée. Une danse politique, comme peu, qui dit la violence des sociétés de dictature. La violence des rapports de force dans ces sociétés, mais aussi ailleurs. Car sommes-nous indemnes de tout rapport de force, de toute violence ?

Me vient alors une autre interprétation, tirée de Lucrèce. Qui ne s'oppose pas à la précédente, loin de là. Les lames colorées qui forment l'unique décor s'écartent au passage des danseurs avant de reprendre rapidement leur position verticale comme une cataracte d'atomes. Les corps qui naissent du rideau ou disparaissent en lui se confrontent et se frôlent. Véritables tourbillons corpusculaires, en pantalons et chemises, robes et polos. Les teintes sont les mêmes que celles du rideau atomique. Les danseurs traversent souvent le plateau en courant. Ils s'opposent parfois, se bousculent, se tordent le cou ou l'épaule, et tombent à terre. La lutte est là. Toujours. Les corps au sol qui roulent et se tortillent. Dispersion répétée infiniment. La danse *per-forme* les *rhuthmoi* du monde, elle fait se tenir les *turbines* comme des toupies. Puis elle les fait tomber et mourir. Mais aussi les corps se relèvent, comme par magie. La danse alors est plus forte que la mort.

Ha ! Ha ! (2006)

Sept danseurs assis devant des pupitres de musiciens d'orchestre. Quoi ? Des danseurs ? Mais... ils ne dansent pas ! Des musiciens alors ? Mais... ils n'ont pas d'instruments !? Déplacement, pied de nez. Les danseurs, cette fois, vont faire danser les mots ou plutôt les rires. Parce que le corps est du langage. Et le langage du corps. N'en déplaise aux esthètes de veau... La conversation est inepte, accumulation de blagues vulgaires, sexistes et racistes, entrecoupées de rires sardoniques, hystériques, terribles, sinistres. Sur la scène des mannequins s'effondrent un à un sans que personne n'y prenne garde. Jusqu'au chaos. Mais tout est planifié, écrit. Tous les gags. Tous les spasmes. Toutes les interruptions. Une machine infiniment réglée qui mène à la perte et à l'affaissement général. Une image de nos vies et de nos sociétés ?

*

L'œuvre de Maguy Marin est toujours en cours et son potentiel reste pour la plus grande part encore à découvrir, mais on en mesure déjà l'ampleur et la richesse. Après les débuts extraordinaires et toujours plus actuels concernant l'exil et la mémoire des traumatismes de la guerre (*May B* – 1981), elle s'est tournée dans les années 1980 vers la vie, le présent, l'enfance et la joie (*Cendrillon* – 1985 et *Groosland* – 1989). Ce balancement réussi lui a permis alors d'affronter le faire chorégraphique lui-même. La décennie suivante a ainsi été centrée sur la construction minutieuse d'une forme artistique nouvelle au croisement de la danse, du théâtre et de la littérature, une forme capable de rendre compte des transformations en cours (*Ramdam* – 1995). Les années 2000 ont alors vu, sur les bases formelles acquises précédemment, revenir le thème politique à travers la critique des dictatures et des régimes autoritaires (*Les applaudissements ne se mangent pas* – 2002), puis la satire des sociétés dominées par le néolibéralisme et l'idéologie postmoderne (*Ha ! Ha !* – 2006). De cette suite, ici très incomplète et loin d'être achevée, se dégagent au moins trois fils rouges ou trois lignes de forces artistique, poétique, éthique et politique.

Tout d'abord, bien sûr, le rythme. D'une certaine manière, celui-ci est toujours déjà là, par simple nécessité pratique. Quelle qu'elle soit, une chorégraphie s'écrit. Pas à pas. Tout est compté. Du début à la fin, rien n'est jamais vraiment laissé au hasard. Même les instants de libre improvisation des danseurs.

Pourtant, dans chacune de ces pièces, on voit aussi un autre type de rythme émerger, s'épanouir et finalement s'imposer à l'ensemble. Contrairement au précédent, celui-ci ne dépend pas du nombre, ni de la mesure. Il ne découpe pas le temps. Bien au contraire, il est holiste et dynamique. Il coule comme un fleuve. C'est une manière de fluer. Par ailleurs, il est à chaque fois nouveau et, pour chaque œuvre, entièrement à conquérir. À l'inverse du précédent, impossible de le répéter. C'est l'au-plus-près-du-mouvement-des-choses qu'il faut saisir – au-delà de la technique. Pour Maguy Marin, le rythme est à la fois une nécessité de chorégraphe et un intérêt pour l'inouï, pour l'inconnu. C'est là sa toute première force. Il fait de son art un outil de connaissance de nos sociétés, de nos vies, et une ouverture vers un monde meilleur, une évocation des possibles.

D'un côté, le rythme empesé et court des corps après l'effondrement, la barbarie, la défaite, dans *May B.* Le rythme fulgurant des évitements et des chocs propres aux dictatures plus récentes dans *Les applaudissements ne se mangent pas.* Les rythmes heurtés comme des vagues contraires du brouhaha inepte de notre mondanité, de notre bêtise tabloïde, et des forces premières du *Kecak* balinais, d'Artaud, de Rivière et de Neruda, dans l'immense *Ramdam* contemporain. Ou encore le rythme, qui s'affaisse sur lui-même, des rires sur commande et du divertissement postmoderne dans *Ha ! Ha !* De l'autre, avec *Cendrillon*, les rythmes des rituels de l'enfance, du jeu héraclitéen qui se donne à lui-même sa propre loi, ou les rythmes bondissants de l'élan vital le plus originel et pourtant toujours le plus neuf avec *Groosland*.

Le deuxième fil rouge, plus surprenant celui-là, est celui du langage. À l'instar de son aînée Pina Bausch et de ses contemporains de la Nouvelle danse française, Maguy Marin s'inscrit en effet dans un mouvement d'hybridation de la danse et du théâtre né en Allemagne dans les années 1920. Mais on n'a peut-être pas assez insisté sur un aspect qui lui est tout à fait particulier. Danse-théâtre très certainement, par les décors et les costumes, par l'ébauche de personnages et la construction de fragments d'intrigues, ou par l'insertion de saynètes non dansées – mais aussi, au moins depuis les années 1990, par un usage de plus en plus sophistiqué de la voix. Chez Maguy Marin, les danseurs ne sont pas seulement des acteurs ou des conteurs, ce sont aussi des *dicteurs* et des *bruiteurs. Ramdam* et *Ha ! Ha !* constituent, de ce point de vue, des expériences exceptionnelles, car l'une et l'autre pièces introduisent une polyphonie de voix humaines qui, si elles côtoient souvent le bruit et le non-sens, n'en restent pas moins signifiantes, très signifiantes. Et il est beau alors de voir la danse *confluer*, dans tous les sens du terme, avec la poésie la plus contemporaine. Celle qui fait du corps un langage mais aussi du langage un corps en mouvement, celle d'un Ghérasim Luca, d'un Bernard Vargaftig, d'un Henri Meschonnic ou d'un Christian Prigent. C'est pourquoi, de ce point de vue, vaudrait-il mieux, peut-être, parler de *danse-poésie* plutôt que de *Tanztheater*.

Enfin, dernier fil rouge, l'éthique et le politique. Ces dernières décennies la danse n'a pas échappé aux ravages de la déconstruction et du postmodernisme, ces transpositions intellectuelles et artistiques de l'individualisme néolibéral contemporain. Chez certains, la chorégraphie s'est diluée dans la multiplication des parcours et des improvisations désynchronisées. La forme a éclaté. Chez d'autres, elle s'est réduite à une performance unique, sans écriture et sans mémoire autres que celles intérieures à des corps qui n'en peuvent mais. Ou bien, lorsqu'elle ne se livrait pas à ce fantasme de pureté, elle s'est complu, à l'inverse, dans un mauvais baroque. On a vu proliférer le pastiche et le commentaire prétentieux. Les effets spectaculaires faciles. Le divertissement médiatique fait danse. Dans tous les cas, il s'est agi d'une impuissance à *faire œuvre*, camouflée en ascétisme ou en refus ironique.

Maguy Marin, elle, ne s'est jamais adonnée à ces idéologies dont les produits, la plupart du temps, se ressemblent et tournent à vide. Équivalents contemporains des imitations et du style pompier du XIXe siècle et dont il restera à peu près autant dans quelques années. Comme tout véritable artiste, Maguy Marin porte, elle, fièrement sa *modernité*, qui n'est pas de reprendre, quitte à les moquer, les codes de ses prédécesseurs *modernes*, mais de proposer des formes qui portent le mouvement de la vie, dans tous ses genres et espèces. Comme tout véritable artiste, elle ne crée pas pour divertir ou même – stricte inversion du divertissement, duchantisme répété jusqu'à plus soif – pour choquer. Comme tout véritable artiste, ce qui l'intéresse, c'est ce petit morceau d'absolu qu'elle pourra faire apparaître et lancer parmi nous. Ce rythme des corps et du langage qui fait un *transsujet*. *L'art*, disait Artaud, *c'est l'aujourd'hui encore aujourd'hui demain*.

9. Mark Lewis – *Above and Below* (2009-2014)

> Je pense que le cinéma a une sorte de relation forte avec l'espace pictural. Après tout, à l'origine, c'étaient des photogrammes en mouvement avec un cycle de 24 ou 18 images par seconde. Ainsi la relation dialectique entre le mouvement et le temps dans le film, quoique contradictoire, révèle quelque chose de l'ambition pour certaines images de vouloir ralentir ou pour celles qui ne peuvent se mouvoir, de peindre le mouvement. – *Mark Lewis,* « Interview », Musée du Jeu de Paume – 31 décembre 2009.

Dans la publication qui accompagne l'exposition « Above and Below », Chantal Pontbriand note avec beaucoup de justesse la manière très singulière qu'a Mark Lewis de construire des plans-séquences à partir de mouvements de caméra lents et réguliers, dont toute visée narrative a été supprimée.[1] Elle souligne les effets de ces choix cinématographiques sur les corps des spectateurs, sur leur expérience sensorielle, sur le vertige qu'ils peuvent éventuellement produire. Elle signale l'intérêt de Mark Lewis pour tous les gestes de ses « figurants », gestes souvent très banals mais qui constituent comme autant de microformes de résistance ou de réappropriation d'espaces dévastés. Les plus beaux étant souvent les plus simples : SDF de *Cold Morning*, promeneurs, joggeurs et cyclistes du *Minhocão*, fumeur de cigarette du *Café Grazynka*.

J'aimerais ici attirer l'attention sur une autre série d'aspects qui me semble tout aussi remarquable, même si elle est peut-être moins visible, et qui n'est pas sans rapports avec ce que nous venons de repérer chez

---

1. C. Pontbriand & M. Lewis, *Above and Below*, Paris, Le BAL, 2015. Catalogue publié à l'occasion de l'exposition organisée au BAL par Chantal Pontbriand en hommage au vidéaste canadien Mark Lewis (5 février – 17 mai 2015).

Maguy Marin. Le premier concerne l'attention portée aux fluements, souvent imperceptibles, du réel ; le deuxième, la manière, apparemment toute simple mais en réalité très sophistiquée, qu'a Mark Lewis de filmer ces fluements ; le dernier, les lignes éthiques et politiques qui prolongent, sans aucune ostentation, de façon presqu'invisible, cette attention et cette manière de filmer.

Filmer les fluements du réel

Dans les longs plans-séquences silencieux qu'affectionne Mark Lewis, le regard ressemble toujours, même quand il est apparemment immobile, à une façon de se glisser au beau milieu, au sein même des flux du réel. Du fait de ses déplacements à la fois souples et réguliers mais aussi du caractère illusionniste d'une image impeccable, qui rompt avec les écrans pauvres et baveux auxquelles l'art vidéo nous a trop souvent habitués, la caméra n'y est ni objectivante, ni expressive. Elle ne réifie pas ce qu'elle filme et ne se constitue pas non plus elle-même comme point focal de l'observation. Ses mouvements ressemblent beaucoup plus à ceux d'un cycliste qui négocierait les courbes de la descente ou de la montée d'un col ou à ceux d'un nageur qui, après avoir plongé dans une rivière, tour à tour se laisserait porter, accélérerait et se risquerait à traverser des tourbillons qui pourraient le tirer vers le fond aussi bien que le maintenir à la surface.

Hendon F.C. (2009) filme un stade de football abandonné dans la banlieue de Londres. « Je suis allé le plus haut possible, explique Lewis, puis, en bas, j'ai tourné en rond à 360 degrés, pour vraiment faire la démonstration de tout ce qu'il est techniquement possible de voir. » Comme s'il était lui-même emporté par un drone, le spectateur domine ainsi tout d'abord l'endroit, squatté par un camp de Roms. Des enfants jouent au ballon. Puis la caméra vire lentement vers les gradins abandonnés avant de plonger doucement dans les hautes herbes qui recouvrent le terrain.

Cold Morning (2009) est plus proche du documentaire. Il montre le lever d'un SDF à Toronto, un matin d'hiver, le long d'une avenue bordée de tas de neige noircis par la circulation. Une bouche au sol exhale de la vapeur et probablement un peu de chaleur. Deux pigeons s'y sont réfugiés. L'homme replie ses affaires, posément, pour commencer sa journée. On ne voit que ses jambes.

Dans *Cigarette Smoker At The Café Grazynka* (2010), le sujet est presque immobile. Il fume lentement une cigarette. Seuls de fins nuages traversent l'espace. Le temps s'étire et s'immobilise. « Je faisais un repérage à l'opéra de Varsovie. Au bistrot d'à côté, je pose la caméra et la laisse tourner pendant une heure. Je n'ai gardé que quelques minutes, le temps de la cigarette que fume un monsieur bizarrement coincé sous une étagère où se trouve posée une plante verte. »

Dans *Above And Below The Minhocão* (2014), on surplombe une autoroute surélevée, construite en plein centre de São Paulo et fermée à la circulation le dimanche pour être rendue aux piétons. Le jour décline. Les ombres des joggeurs, cyclistes et promeneurs s'allongent sur l'asphalte. On suit leurs déambulations tranquilles. Puis, imperceptiblement, la caméra se penche, glisse sous le pont vers la rue en contrebas et explore, toujours sans aucun heurt, d'autres trajectoires, d'autres vies. En bas.

Le film comme dispositif *rhuthmique*

Plutôt qu'un « reportage » qui documenterait une réalité parfois difficile d'accès mais toujours pleine, qu'une « observation » qui percerait et exposerait les mystères du monde, qu'une « critique » qui dévoilerait son fonctionnement inconscient, ou encore qu'une « expression » du moi égal, heureux ou torturé de l'artiste, chacun des films de Lewis constitue un dispositif conçu pour capter les rythmes les plus subtiles de la réalité. À la différence des approches journalistiques, scientifiques ou philosophiques, mais aussi de bien des approches artistiques, l'exploration échappe ici à toute logique dualiste. Elle ne cherche pas à faire surgir ou à dévoiler un sens à la fois caché, stable et définitif, qu'elle montrerait à un spectateur transformé *de facto* en observateur passif ; mais elle n'est pas non plus l'affirmation d'un point de vue à l'originalité autoproclamée.

Il s'agit plutôt, par l'intermédiaire de procédés alliant la peinture, la photographie et le cinéma, de faire partager au spectateur des mouvements intimes, des écoulements propres, des manières de fluer particulières à tel ou tel lieu, à tel ou tel moment, ou encore à tel ou tel personnage. D'une façon tout à fait remarquable, Lewis tourne le dos au montage serré et souvent heurté, qui a dominé le cinéma au XXe siècle dans le sillage des films de Léger et Murphy, d'Eisenstein et de Vertov, et le remplace par de longs plans-séquences qui viennent délicatement envelopper les sujets de leurs nappes ininterrompues.

  Problèmes de rythmanalyse

L'art de Mark Lewis est fondamentalement un art de l'organisation du mouvement, un art rythmique ou plutôt *rhuthmique*, c'est-à-dire un jeu, lui-même fluant, avec les multiples manières de s'écouler qui constituent le réel.

Descriptions de la vie ductile et évocations de la vie pleine

Bien que Mark Lewis lui-même reste étonnamment discret sur ce point, aucun de ses films ne laisse le spectateur indifférent. Chacun enferme, d'une manière assez énigmatique, une certaine force émotive et l'on ne peut s'empêcher à les voir d'être touché intimement. En fait, tout se passe comme si les différents dispositifs élaborés pour capter les fluements extérieurs faisaient aussi transparaître notre propre ductilité. Comme si la révélation que notre monde ne *fonctionne* plus, qu'il n'est plus composé de systèmes stables, mais qu'il s'écoule, se fait et se défait en permanence au gré de flux, d'interconnexions et de réseaux plus ou moins labiles, nous renvoyait à nous-mêmes, à ce que nous sommes nous-mêmes devenus sans même que nous nous en soyons rendu compte. Alors que nous croyons encore être des êtres assez bien délimités et relativement consistants, Mark Lewis nous suggère une autre histoire dans laquelle nous ne serions plus que des agrégats de comportements et d'activités variant dans le temps et dont la force de l'intégration est elle-même flottante. C'est pourquoi, en dépit de leur caractère apparemment neutre, purement descriptif, ses films nous troublent doucement mais sûrement.

Il est vrai que, d'une manière encore plus mystérieuse, ce trouble s'accompagne de la suggestion, très retenue mais insistante, qu'une nouvelle vie pleine est possible, cette vie même qui apparaît pourtant au même moment comme manquante et désarticulée. Que ce soient les enfants roms réfugiés de *Hendon F.C.*, le sans-abri de *Cold Morning*, le fumeur de cigarette en suspens du *Café Grazynka* ou les promeneurs, joggeurs et cyclistes contestant l'espace urbain du *Minhocão* à l'automobile, on voit bien ce que ces formes de vie impliquent de souffrance et de déshérence. Et pourtant, chacun apparaît comme une espèce de héros du quotidien qui, en dépit des difficultés immenses qu'il rencontre, se glisse dans les flots du monde et tente d'en capter les forces dans toute la mesure de ses possibilités pour continuer à vivre.

De par la précision même de ses descriptions, Lewis suggère ainsi un au-delà du donné, la possibilité d'une autre vie, décente celle-là, qui vient alimenter, sans grandes déclarations, une véritable éthique et politique du rythme. Au sens tout d'abord d'une critique des rythmes qui organisent ou désorganisent nos corps et nos esprits, donc d'une certaine dénonciation des pouvoirs qui les traversent. Mais aussi au sens, sinon d'une célébration, le mot serait peut-être un peu fort, du moins d'une défense et illustration des rythmes propres à chacun et donc *in fine* de notre pouvoir d'agir.

Même si la qualité esthétique et la grande pureté des films de Mark Lewis lui valent le plus grand nombre d'éloges, il me semble que leur valeur artistique est donc plus particulièrement liée à leur étonnante adéquation au monde flexréticulaire contemporain et, ce qui n'est pas moins important, à leur force critique, implicite la plupart du temps mais toujours présente. Après avoir longtemps travaillé la photographie, au début des années 1990, Mark Lewis a opté pour la vidéo. Ce faisant, raconte-t-il, il s'est trouvé lui-même, mais il a aussi certainement trouvé un moyen d'explorer, de rendre compte et d'interroger la gigantesque mutation que nous venons de traverser.

10. Damien Hirst – *Cerisiers en Fleurs* (2021)

> [Ces toiles] sont excessives – presque vulgaires. Comme Jackson Pollock abîmé par l'amour. Elles sont ornementales mais peintes d'après nature. Elles évoquent le désir et la manière dont on appréhende les choses qui nous entourent et ce qu'on en fait, mais elles montrent aussi l'incroyable et éphémère beauté d'un arbre en fleurs dans un ciel sans nuages. C'était jouissif de travailler sur ces toiles, de me perdre entièrement dans la couleur et la matière à l'atelier. Les *Cerisiers en Fleurs* sont tape-à-l'œil, désordonnées et fragiles, et grâce à elles je me suis éloigné du minimalisme pour revenir avec enthousiasme à la spontanéité du geste pictural. – *Damien Hirst*

Damien Hirst le dit lui-même : des toiles « excessives – presque vulgaires », des toiles « tape-à-l'œil, désordonnées et fragiles ». Beaucoup, beaucoup de fleurs en effet. La plupart rose comme des poupées *Barbie Cutie*. Et pourtant, quel plaisir de se retrouver un beau jour de décembre, ensoleillé et couvert de pétales. Un printemps à portée de neige. C'était à la fondation Cartier à Paris, un grand bâtiment de verre où la lumière et la nature pénètrent sans freins dans les immenses salles d'exposition du rez-de-chaussée.

Hirst y exposait une imposante série de toiles de très grands formats évoquant fort consciemment les impressionnistes en Normandie, Van Gogh en Provence et les peintres japonais d'Hanami. Il en avait peint plus d'une centaine nous dit-on, dont une trentaine était ici exhibée. Avec de telles références, le succès populaire était assuré mais il faut dire ce qui était en plus.

Échanges de nuages

Il y eut d'abord le choc et la surprise d'être entouré par ces nuages roses et blancs, sur fond de ciel bleu et de quelques branches fourchues. Les quatre cloisons, qui avaient été installées jusqu'à mi-hauteur dans la première salle, étaient en partie couvertes d'effloraisons qui sortaient des toiles, flottaient un instant dans l'air puis allaient rejoindre la végétation et le ciel des jardins alentour.

Un jeu, intime et extrêmement bienfaisant, entre un extérieur encore plein des grisailles de l'hiver et un intérieur gazeux et traversé de rayons de lumière. Des ciels printaniers, pleins de soleil, d'arbres et de fleurs, une soudaine explosion de vie, capturés et mis, pour notre plus grand plaisir, à notre disposition.

Sur chacun des grands côtés de cette première salle, un diptyque et un triptyque composés de toiles de mêmes formats jouaient à diviser géométriquement le flot continu de points de couleurs variées qui formaient la matière de base de la peinture d'Hirst. Chacun représentait un cerisier, coupé par le milieu ou divisé en trois bandes verticales, où le regard se plaisait à suivre les raccords parfaits des branches qui passaient d'un cadre à l'autre.

Coulées de glycines

Puis dans la très grande salle, vers laquelle on se dirigeait ensuite, plusieurs très grandes toiles de nouveau, dont une immense, composée de quatre panneaux où les amas de taches colorées coulaient comme des glycines accrochées à un fond de branches tissées à l'horizontale sous un ciel bleu pâle. Plus vraiment des branches, d'ailleurs, mais des entrelacs sombres et solides, coulées paradoxales de peinture à la Pollock, soutenant comme dans une pergola des nuages de fleurs rose clair agrémentés de quelques feuilles vertes, ocres et oranges.

Cette fois, à cause de la hauteur même de la toile, on était comme en dessous des ramures et de leurs extensions de confettis balancées par la brise. Assis sur les sièges cubiques qui se trouvaient au milieu de cette salle, on savourait ce nouvel instant où l'esprit était aspiré vers un azur paisible et déjà tiède, et où le corps se sentait, en même temps, plongé dans un bain fleuri et kitsch comme celui que l'on offre aux touristes à Bali.

Condensations de brouillards

En allant au sous-sol, on arrivait finalement par un large escalier à deux salles allongées où étaient accrochées deux séries de toiles de mêmes coupes, verticales, plus petites que les précédentes mais de tailles toujours respectables, et qui couvraient les murs de leurs amas de fleurs. Parfois, quelques branches apparaissaient encore, quelques coins de ciel plus ou moins bleu, plus ou moins clair, mais souvent la toile était entièrement recouverte de myriades de points blancs ou roses, virant parfois à un rouge plus soutenu, qui vibraient quand le regard caressait leur abstraction. Des averses de pétales colorés tombaient dru comme des chutes entourées de gouttelettes tourbillonnant dans l'air chassé par la descente de l'eau.

Le dispositif sériel adopté dans ces deux salles évoquait de nouveau les impressionnistes mais il y prenait un tour original. Au lieu de chercher, comme l'avait fait Monet, à représenter un sujet extérieur toujours semblable à différentes heures de la journée, ou à saisir au vol une suite d'instants aériens éphémères, la mise en série, libérée de tout rapport avec un quelconque objet réel, induisait dans le spectateur une succession d'états intérieurs, qui étaient chacun comme un arrêt du temps, une suspension ou, plus exactement, un ralentissement de la durée intime. La succession parfaitement simple et régulière des toiles, leurs variations chromatiques ou cinétiques, contrebalançaient justement la surabondance pointilliste et permettaient à chaque efflorescence gazeuse de trouver son unité intérieure. Variations, coupures et contrepoints introduisaient dans le fleuve floral des formes de condensation, d'intensification, qui transformaient chaque brouillard, au départ indistinct, en un corps souple et aimable.

La suite de ces moments suspendus plongeait le spectateur dans un état proche de celui que l'on ressent dans un *onsen* japonais après avoir parcouru des bassins remplis d'eaux de températures différentes. Comme chez le tout dernier Monet, celui des *Nymphéas* de l'Orangerie, l'approche optique propre à la peinture cédait la place, d'une manière tout à fait surprenante, à une espèce de « kinesthétique ». Et cette mutation de l'expérience visuelle en expérience corporelle apportait un plaisir rare.

Peindre les fluements de nos vies

Au-delà du rose, des mignardises et des effets de citation très attendus, il y a, dans les *Cerisiers en fleurs* d'Hirst, un souci paradoxal pour l'atmosphérique, le volume et l'expérience corporelle. Mais aussi pour les mouvements, les flux, les échanges qui les tissent sans cesse. C'est peut-être là l'aspect le plus intéressant de cette peinture qui, sinon, pourrait sembler dater et sombrer dans le pastiche et le kitsch.

Que ce soit par le jeu avec les courants de lumière allant et venant entre l'espace d'exposition intérieur et l'espace extérieur des jardins, par l'attention aux continuités ténues des branches entre les panneaux découpant un même arbre, par les croisements indistincts des corpuscules colorées flottant entre les cascades de fleurs qui se déversent autour des visiteurs, ou par les variations et contrepoints distinguant souplement des corps et des figures dans les nuages de brouillards blancs et roses emplissant le sous-sol, Hirst nous offre une série remarquable de transpositions artistiques d'une expérience intime contemporaine. Sous couvert d'une célébration facile du printemps, les *Cerisiers en fleurs* ne cessent de mettre en mouvement des flux entremêlés, des courants visuels et des formes d'expérience plus ou moins denses, plus ou moins tendus, analogues, à leur manière souriante et légère, à ceux qui, aujourd'hui, nous façonnent ou nous étouffent ou, en se retirant, nous ménagent parfois de nouveaux espaces à occuper. Une peinture qui, d'une manière tout à fait extraordinaire, sort du plan et de l'immobilité, pour se projeter en trois dimensions au cœur des fluements qui s'entrelacent et tissent les rythmes de nos vies.[1]

---

1. J'ai malheureusement pris connaissance trop tard du beau livre de Gregory Minissale pour pouvoir l'intégrer à ma réflexion : *Rhythm in Art, Psychology and New Materialism*, Cambridge, Cambridge University Press, 2021.

11. Élise Lerat & Collectif Allogène – *Feux* (2021)

> Ici, danseurs et danseuses tentent d'harmoniser leurs rythmes, intimes et personnels, à celui du groupe, confrontant leurs corps et mouvements au seuil du collectif. Comment garder son propre rythme, tout en faisant partie d'un tout ? Comment se laisser envahir par les mouvements des autres sans s'y perdre ? En tentant de créer, à partir des danses de chacun et chacune, un flux de mouvements qui ne s'achève que pour renaître dans de nouveaux gestes, jusqu'à l'ivresse. Alors comment vivre ensemble ? Voici une tentative qui mêle humour, tragique et éclat et qui dévoile les jeux de puissance, de prise de pouvoir, d'émulation, d'unisson, de libération. De chacun d'eux naissent des figures héroïques. – *Élise Lerat*

Feux était donné ce soir-là au Théâtre Universitaire de Nantes. Le public était jeune, heureux de pouvoir de nouveau sortir et se rencontrer, partager un moment d'exigence et de beauté. Difficile de dire, toutefois, ce qui les avait décidés à venir. Le joli titre de la pièce ? Sa présentation alléchante dans le programme du théâtre ? Le plaisir du spectacle vivant, trop longtemps suspendu par la pandémie ? Quelles que soient leurs motivations, les applaudissements nourris à la fin de la représentation allaient montrer que *Feux* avait touché juste.

Mouvements aléatoires et marches au pas

Après un crépitement de feux d'artifice dans l'obscurité, pas de décors, seulement un plateau rectangulaire blanc, très faiblement éclairé, plongé dans le silence, où l'on distingue à peine une danseuse qui parcourt le vide en esquissant des mouvements jamais achevés. Doucement et de tout son corps, elle oscille, balbutie un pas en avant, tourne sur elle-même, remonte les bras et recommence. Puis une autre prend sa place, puis un autre et encore un autre. Les entrées et les sorties alternent jusqu'à ce que tous se retrouvent en même temps sur le plateau. Cinq danseurs, trois femmes, deux hommes. Mais chacun continue à suivre sa route et ses routines. Séparé par l'ombre. Indifférent aux autres.

Les corps ondulent, les bras et les jambes se plient, les gestes sont ronds et rapides. D'autres plus lents et plus heurtés. D'autres explosifs. Chacun emplit son espace propre, trace une trajectoire zigzagante sans toutefois se heurter jamais à ses homologues. Isolement des atomes dans la soupe primordiale ? Errance et solitude des individus dans le monde d'aujourd'hui ?

Une très légère scansion, sur trois notes allongées, émerge alors du silence pendant que la lumière s'intensifie peu à peu. On distingue maintenant les couleurs des danseurs sur le fond noir qui délimite le plateau derrière eux. Les beiges, les marrons et les ocres dominent, ponctués par les taches mobiles d'un pantalon rouge brique et d'une chemise jaune d'or. Une autre est plutôt bleue.

La modulation se fait progressivement plus insistante. Le tintement frêle d'une cloche s'ajoute au retour des trois notes, puis une série de battements, plus rapides, plus percussifs, vient encore se superposer à ce fond sonore. Toutefois ces battements ne s'emboîtent pas les uns dans les autres – comme les mouvements des danseurs qui poursuivent leurs parcours improvisés sur un tempo de plus en plus rapide. Moment difficile pour le public. Déconstruction calculée des modèles et des habitus. Des mouvements rendus à leur singularité première. Des éléments de mouvement, certainement déjà chargés de potentiel mais encore sans buts et sans significations. Sans communication.

Ce moment d'incertitude toutefois ne dure pas car le désordre du monde premier cède bientôt la place à une scansion très régulière comme celle d'une goutte d'eau tombant lentement dans un verre, puis à une pulsation plus rapide divisant la première en courts segments.

Les danseurs sont maintenant face au public, sur la même ligne, au fond du plateau. Ils marchent, sur place, au rythme de ce métronome. D'abord doucement, puis de manière de plus en plus structurée. Les pas varient légèrement mais le rythme reste constant et répétitif. Une deux ! Une deux ! Un danseur dresse les bras comme pour porter un drapeau. Il tourne la tête vers le côté, le menton levé. Un autre ou une autre le suit. Puis un autre avance le bras vers l'avant. Lève les bras vers le ciel. Tend un bras vers l'arrière. Parfois les deux bras alternent leur balancement au rythme de la marche au pas. Les mêmes gestes sont repris par deux ou trois danseurs puis remplacés dans des accords toujours nouveaux. La ligne qu'ils forment avance progressivement vers le devant du plateau.

Une petite machine sociale se met ainsi en place, qui produit des effets visuels étonnants. Manifestation ou défilé militaire ?, on ne sait. En tout cas, moment de mise en ordre disciplinaire après les désordres des commencements. Les drapeaux flottent et toutes les têtes sont tournées du même côté.

Mais la machine à ordonner ne fonctionne pas très longtemps à plein régime. La palette sonore est envahie par une boucle de rock *heavy metal* assourdissante. Des variations fugaces se glissent au sein des retours périodiques des gestes et des sons. Les décalages entre danseurs s'accentuent, les gestes sont de moins en moins bien synchronisés et l'ordre contraint du défilé se défait. Quelques rapides altercations dansées éclatent. Le nous militarisé s'efface. Le soi reprend du sien. La ligne marchante et porteuse d'étendards se désagrège en un ensemble de corps désarticulés, dansant de nouveau chacun pour soi. L'ordre métrique n'a pas duré longtemps et le spectateur jouit de ce jeu de construction et de déconstruction de formes de mouvement qui nous sont si bien connues. Puis les bruits de bottes reviennent une dernière fois.

Oscillations et pulsations collectives

Lorsque le spectacle reprend, le plateau est de nouveau plongé dans l'obscurité. Un fond sonore s'écoule sans heurts, très bas, comme un chuchotement de musicien. Mais, cette fois, les danseurs ne sont plus séparés. Chacun trace encore dans l'espace les figures qui lui sont propres, pourtant, même à distance, ils se répondent. Les gestes sont plus lents. Certains sont portés, étendus vers le ciel, en attente. D'autres plus enjoués, comme des mimes d'enfance. Pendant qu'une danseuse, haut ivoire et pantalon noir, se déplace paisiblement puis pose élégamment les bras levés, une autre, plus volubile, s'éloigne puis revient en sautillant.

Jaune et noire, bleue et rouge, beige et gris, ocre et marron, une mosaïque de danseurs s'alignent maintenant face au public, comme tout à l'heure, mais cette fois sur le devant du plateau. Leurs bras légèrement pliés et appuyés sur les hanches forment une suite de chevrons, une frise géométrique très simple qui associe leurs corps par le travers. Ils ne se touchent pas mais chassent à l'unisson des pas de côté en se déhanchant. Ils sont comme des grandes herbes aquatiques oscillant doucement au gré des courants.

Puis certains s'asseyent, d'autres s'allongent, d'autres s'enlacent. Quelques touchés, quelques corps contre corps. Un léger battement de marche lente se fait alors entendre. Les danseurs se rapprochent du sol. Un garçon fait des simagrées et marche sur la pointe des pieds, les fesses en arrière, une fille le pointe du doigt. Trois jeunes femmes regardent un homme allongé, sans vie. Mais on le soulève par le devant du maillot et il lance un regard bien vivant au public. Puis il est traîné par les pieds et déposé en tas sur un autre corps. Les groupes se forment et se déforment, à terre. Les danseurs s'éloignent un court instant avant de revenir s'associer d'une nouvelle manière, comme des enfants qui jouent. Des poses, les jambes écartées, les bras levés au ciel. Parfois, une danseuse s'assied sur les fesses d'une autre, une autre marche à quatre pattes. Mais d'autres fois pointent des expressions de douleur, les poings sur les yeux ou les cheveux qui pendent devant le visage tourné vers la terre. Divertissements d'enfants ou réalités tragiques ? Là encore l'indécision bouscule le spectateur.

Mais des cris se font maintenant entendre pendant qu'une nouvelle boucle métallique sature progressivement l'espace, redoublant les battements de la marche lente. Un danseur lève les bras et vise comme avec un fusil pendant que des femmes pleurent et se réconfortent. Les groupes se font et se défont. Toujours lentement. Souvent avec des poses de statues sur quelques temps avant de continuer. Plus aucun d'entre eux ne suit de parcours solitaire. En dépit de la vie qui les agite de manière désordonnée et de la mort qui les attend, tous sont liés par des actions, des malheurs et des sentiments communs, dont les évocations mimées sont aussi claires que mystérieuses. Une espèce d'évidence s'impose, qui ne se donne pourtant pas entièrement et qui ajoute encore au charme de la pièce.

La fin arrive, dans le bruit et la fureur, lorsque deux longues pièces de tissu rouges, d'un velours épais comme du sang, sont tirées au travers de la scène. Un corps tombe et palpite. Les danseurs sont le plus souvent à terre. Des éclairs viennent zébrer l'espace qui est de nouveau plongé dans l'obscurité. La boucle métallique diminue et finalement s'éteint.

Danser les rythmes de nos vies

D'une manière étonnante, on retrouve ici le même intérêt pour ce que le monde est devenu depuis sa fluidification, et les mêmes exigences de précision descriptive des fluements de nos vies, que chez Maguy Marin, Mark Lewis et même Damien Hirst. Mais cette fois le projet rythmanalytique est devenu explicite. Dans une interview, Élise Lerat précise qu'elle a été grandement inspirée par la lecture de Barthes. *Feux*, y explique-t-elle, explore le modèle « idiorrythmique » esquissé dans *Comment vivre ensemble ?* À l'instar des ermites d'autrefois peuplant le désert au sud d'Alexandrie, ou des moines du mont Athos, qui vivent aujourd'hui encore chacun selon son rythme propre, les danseurs de *Feux* « tentent d'harmoniser le rythme de l'individu et celui de leur communauté, en se confrontant au rêve d'une vie à la fois solitaire et collective ».

En même temps, comme les conditions sociales et culturelles ont radicalement changé depuis l'époque de Barthes, *Feux* introduit, me semble-t-il, un certain nombre d'innovations qu'il vaut la peine de relever.

La première tient certainement à la variété beaucoup plus grande des façons de conjuguer l'individuel et le collectif que celles envisagées par ce dernier dans son cours au Collège de France. Loin de se limiter à l'alternance du retrait de l'ermite dans sa *skite* et de sa rencontre hebdomadaire avec ses semblables, simple succession de moments de solitude et de moments consacrés aux services religieux et à l'échange des produits artisanaux et de la nourriture, loin aussi des organisations périodiques assez semblables propres à certains béguinages médiévaux ou à certaines communautés de solitaires comme à Port-Royal, *Feux* explore, avec à chaque fois beaucoup de minutie, une série extrêmement diversifiée de manières de « vivre ensemble ». Dans la première partie, on assiste ainsi successivement à la représentation d'une espèce de chaos primordial – ou tout à fait contemporain ? –, à la mise en marche d'une machine sociale, comme on en a connu de nombreuses au cours des deux siècles passés, à sa désarticulation et finalement à sa dispersion. Puis la seconde évoque des formes d'interaction encore plus inattendues et dont les ressorts relèvent de ce que l'on pourrait appeler une poétique de la vie. Certaines ressemblent aux oscillations harmonieuses des plantes, d'autres aux regroupements éphémères d'enfants jouant dans une campagne, sur une plage ou dans une cour de récréation, d'autres encore à des mélanges d'actions et de drames collectifs qui évoquent très efficacement beaucoup des événements que nous vivons aujourd'hui. En utilisant toutes les ressources de l'art chorégraphique, Élise Lerat et le Collectif Allogène[1] proposent ainsi une palette de formes de vie qui élargit considérablement

---

1. La pièce a été chorégraphiée en collaboration avec les interprètes Audrey Bodiguel, Benoît Canteteau, Christophe Jeannot, Aline Landreau et Lisa Miramond.

l'empan du programme idiorrythmique. D'où le mélange, très présent dans la dernière partie, de plaisir et de douleur, de jeu et de sérieux, de distance humoristique et de sentiment tragique : « Tous perçoivent le monde qu'ils sont en train de créer, fluide et fragmenté. Où se mêlent humour, tragique et éclat. »

La deuxième innovation notable de *Feux* transparaît dans la reformulation de la question assez générale posée par Barthes : « Comment garder son propre rythme, tout en faisant partie d'un tout ? », en une question un peu plus précise, motivée par l'art chorégraphique lui-même, concernant les mouvements des individus, les sphères mobiles qu'ils dessinent et leurs interactions : « Comment, se demande Élise Lerat, se laisser envahir par les mouvements des autres sans s'y perdre ? » Et la réponse donnée à cette nouvelle interrogation, tirée de l'expérience de la vie contemporaine comme de la pratique artistique, est elle aussi inédite : « En tentant de créer, à partir des danses de chacun et chacune, un flux de mouvements qui ne s'achève que pour renaître dans de nouveaux gestes, jusqu'à l'ivresse. » Ici, on n'a plus affaire, comme chez Barthes, à des individus préexistants qui interagissent au sein d'une collectivité. L'individu substantiel et auto-suffisant apparaît comme un fantasme auquel il est devenu bien difficile de croire. Ce sont, bien au contraire, les activités de chacun et de tous, les manières dont ceux-ci « s'envahissent » les uns les autres, se conjuguent ou se repoussent, en quelque sorte leurs *rhuthmoi* complexes, qui définissent, dans la durée, leur identité et leur puissance fluantes. *Feux* apporte sur ce plan – et c'est là toute la force du médium chorégraphique – une vision très neuve de l'individuation qui correspond beaucoup mieux à notre expérience en ce début de XXIᵉ siècle que bien des descriptions des spécialistes contemporains de la société et de la culture.

Le dernier apport de *Feux*, mais je ne veux pas dire que l'on ne puisse pas en trouver d'autres encore, tient au projet idiorrythmique lui-même qui est retravaillé en fonction de cette variété infinie des formes possibles du « vivre ensemble » et de cette nouvelle vision antisubstantialiste de l'individuation. Le monde que les danseurs « sont en train de créer » est qualifié d'emblée de « fluide et fragmenté », à l'image très exactement du monde contemporain. Et les enjeux y apparaissent du coup assez différents de ceux qui motivaient Barthes dans une époque où les systèmes et la reproduction à l'identique l'emportaient encore. Bien sûr, on se préoccupe encore « de jeux de puissance, de prise de pouvoir », mais il s'agit surtout désormais, ce que Barthes évoquait à peine, « d'émulation, d'unisson, de libération ». L'individu n'apparaît pas simplement produit par l'entrecroisement de rythmes extérieurs favorables ou défavorables, ni même déterminé par un choix qu'il aurait pu faire de lui-même entre diverses options rythmiques. Il est surtout porteur d'une *puissance de vie* qui peut faire de lui, éventuellement, comme chez Mark Lewis, une « figure héroïque », c'est-à-dire une figure qui se distingue et se propose dans le même temps au partage, à la reproduction, ou plutôt à la réinterprétation par d'autres. Ce « héros » chorégraphique, c'est un *transsujet* comme on en trouve aussi en poésie et dans nombre d'autres arts.

12. Éléments de rythmanalyse artistique

Difficile, dira-t-on, de tirer des conclusions du rapprochement d'œuvres artistiques aussi peu nombreuses, aussi différentes et s'exprimant au travers de médiums aussi éloignés – et pourtant. Il ne faut pas raisonner ici en termes statistiques. En art, le nombre n'est d'aucune importance. On n'a jamais affaire qu'à des œuvres, par définition toujours uniques et irreproductibles. Sinon, ce n'est pas de l'art. Il faut donc plutôt s'étonner de ce que toutes ces manières de faire ont en commun malgré leurs singularités. Or, comment ne pas être frappé par la proximité de leurs préoccupations profondes ? Comment ne pas voir les analogies entre leurs manières de se déployer, quel que soit le médium choisi ? Comment ne pas s'étonner non plus de leur surprenante adéquation formelle avec le monde flexréticulaire ? Comment, enfin, ne pas être intrigué par l'émergence progressive de la référence à l'utopie idiorrythmique ? En dépit de leur faible nombre et de leurs singularités propres, toutes les réalisations que nous venons de considérer esquissent assez clairement les contours d'un mouvement rythmique dont le mélange de cohésion et de souplesse ressemble un peu à celui que nous avons repéré dans certaines sciences sociales et même dans certaines sciences de la nature.

Le monde contemporain et ses rythmes

Chacun des artistes dont nous avons traversé précédemment quelques-unes des œuvres porte, tout d'abord, une attention toute particulière aux rythmes du monde. Non pas nécessairement, on l'a vu, à ses cadences, ses répétitions, ni même à ses tempos plus ou moins accélérés, mais d'une manière toute nouvelle aux flux plus ou moins organisés, plus ou moins tendus, aux *rhuthmoi* qui tissent désormais l'univers flexréticulaire, les sociétés qui le peuplent et les individus singuliers ou collectifs qui y vivent.

Que ce soit dans les chorégraphies de Maguy Marin et leur exploration des rapports entre les mouvements des corps, les flots des discours et les mutations sociales en cours, dans les vidéos de Mark Lewis et leur manière de se glisser dans les fluements du monde et des sujets qui l'habitent, dans les peintures de Damien Hirst et la saturation de l'espace qu'ils provoquent par les écoulements de leurs surfaces colorées, ou les expérimentations idiorrythmiques de la dernière chorégraphie d'Élise Lerat, il s'agit toujours de rendre sensibles la nature fluide du monde d'aujourd'hui mais aussi les consistances très diverses des écoulements qui s'y produisent et donnent forme à nos existences.

L'art contemporain et ses rythmes

Même si le terme n'est pas utilisé, on voit aussi que les pratiques artistiques prennent elles-mêmes des formes *rhuthmiques*. Dans les conditions sociales et culturelles actuelles, ce mouvement n'est de fait pas très surprenant. En Grec ancien, on l'a vu dans le précédent volume, le terme *rhuthmós*, selon Benveniste, était composé du verbe *rhein/rheo*, qui signifie couler, et du suffixe *–thmos*, qui indique la modalité d'accomplissement d'une activité. La danse, pour prendre un exemple qui fera aisément comprendre ce qui est ici en question, en tant que notion abstraite, se disait *órkhêsis* mais le mouvement vivant que décrit la danseuse ou le danseur se disait, pour sa part, *orkhêthmós*. Ce suffixe permettait donc de désigner une danse non pas en tant qu'exemplaire parmi d'autres d'une notion générale mais dans sa réalité et sa forme concrètes, précisément « comme elle se présente aux yeux ». Autrement dit, le *rhuthmós* désignait une forme fluante, observable dans la succession ininterrompue de ses moments, et l'on comprend qu'il permette aujourd'hui de décrire des pratiques artistiques qui cherchent à rendre leurs réalisations à la fois uniques mais aussi les plus appropriées possible au monde fluide auquel elles s'affrontent.

On ne peut du reste qu'être frappé par la transformation des rapports entre les aspects *rhuthmiques* et métriques qui s'est produite au sein des pratiques contemporaines que nous venons d'évoquer. Parfois, l'organisation métrique subsiste mais elle est alors incorporée dans un écoulement bien plus grand qu'elle, qui subvertit sa valeur traditionnelle et lui donne désormais un rôle critique. Chez Maguy Marin comme chez Élise Lerat, la métrique n'est plus utilisée ni surtout célébrée comme un moyen de mise en ordre disciplinaire. Bien au contraire. Elle apparaît comme une forme sociale, dont on ne peut contester l'existence, mais dont il s'agit précisément de se libérer par l'art. Dans d'autres cas, l'organisation métrique disparaît presque au profit d'un flux diversifié. Chez Hirst, ce sont les surfaces peintes qui déversent en continu leurs cascades de fleurs colorées et saturent un espace d'exposition qui n'est plus que très subtilement segmenté par les écarts réguliers entre les toiles. Chez Lewis, des mouvements de caméra majestueux et sans aucun raccord remplacent le montage serré et souvent heurté fréquemment pratiqué au siècle dernier.

Des chorégraphies strictement organisées de Maguy Marin à celles d'Élise Lerat, qui donnent une place plus grande à l'improvisation, comme des évocations gazeuses mais délicatement accentuées de Damien Hirst aux vidéos fluantes et sans montage de Mark Lewis, il existe ainsi toute une palette d'approches dont on mesure les différences rythmiques. Mais on voit également, qu'au-delà de ces différences, toutes ces pratiques se rejoignent dans le même primat donné au *rhuthmós* et dans les jeux très variés auxquels ce primat permet de soumettre désormais le *métron*, jusqu'à parfois le faire disparaître. On pourrait du reste faire des remarques semblables à propos des performances évoquées dans le précédent volume de Francis Alÿs, Caitlan Bowdler, Philippe Saire, Wayne Sables et Laura Kriefman (vol. 1, p. 149).

Après le postmoderne et la déconstruction

Ces transformations des pratiques artistiques, leur intérêt conjoint pour les rythmes du monde et pour ceux qu'elles pourraient lui opposer, prennent un certain relief lorsqu'on les met en perspective avec quelques-unes des grandes mutations qui ont marqué les arts au cours des deux siècles derniers.

On sait qu'au XIXe siècle et jusqu'au début du suivant, chaque fois que, dans un champ particulier, les modèles reçus jusque-là étaient remis en question, les tenants de la tradition reprochaient aux artistes de verser dans un subjectivisme et une espèce d'amorphie qui étaient aussi, à leurs yeux, une anomie éthique et politique. Comme si l'art ne pouvait consister qu'à recopier des formes prétendument éternelles ou à reproduire des normes acceptées par la part dominante de la société. Les condamnations de ce type ont été monnaie courante en littérature, déjà contre les fulgurances romantiques puis contre le symbolisme et plus tard le dadaïsme et le surréalisme, en musique contre les innovations wagnériennes et leurs suites chez Debussy, Mahler, Schoenberg, en peinture contre l'impressionnisme puis le cubisme et l'expressionnisme, dans les arts vivants contre les danses moderne et expressionniste.

Les mouvements fort variés qui se sont réclamés au siècle suivant, au moins jusqu'aux années 1970, de « l'art moderne », ont tous contesté, avec raison, ce conformisme et ce traditionalisme, mais aussi la faiblesse des productions académiques et pompières, aujourd'hui entièrement oubliées, qu'ils ont suscitées à foison.

On peut s'interroger, en revanche, sur les contestations postérieures à ces années de bascule qui, au lieu de voir « l'art moderne » dans sa « modernité », c'est-à-dire dans son rapport critique au passé mais aussi sa capacité à continuer à nous toucher et à nous transformer, l'ont identifié à une « époque » selon une vision historiciste datée et sans rapport avec la réalité des pratiques. Au nom d'une conception simpliste de la succession des mouvements artistiques, tirée du travail de Lyotard, alliée à une vision du monde inspirée par le néolibéralisme en émergence, on a alors déclaré haut et fort que l'art devait se faire désormais « postmoderne », ce qui impliquait d'absolutiser la liberté de l'artiste, d'identifier son activité à un jeu et de confondre les spécificités ouvertes des œuvres avec de simples individualités à la fois repliées sur elles-mêmes et en compétition avec leurs semblables dans l'espace des médias et du marché de l'art. Comme si la production artistique pouvait échapper à toute contrainte intérieure ou sociale, comme si l'art relevait d'une innocence enfantine qu'on ne reconnaissait plus par ailleurs, et comme si les œuvres n'avaient que la valeur que leur donne l'échange marchand. Beaucoup d'artistes malheureusement sont alors tombés dans de nouvelles formes d'académisme et de pompiérisme, vite enseignées dans les écoles et reconnues par les investisseurs. Pour Ricardo Bofill ou Jeff Koons, pour me limiter à deux exemples particulièrement représentatifs de ces dérives, il s'est alors agi d'historier d'un mélange arbitraire et sucré de styles empruntés au passé les pâtisseries architecturales que l'on se proposait de vendre, ou bien de produire de manière quasi-industrielle et de diffuser par internet des objets associant le brillant de l'or aux ballons publicitaires.

Une autre forme de critique du traditionalisme artistique a connu, il est vrai, au cours de la même période un assez grand succès. Se fondant cette fois sur une vision du monde déconstructionniste, certains artistes – sans se soucier du paradoxe – ont fait des transgressions de Duchamp un nouveau modèle éternel. Les tenants de cette ligne ont porté plus bas que terre toute construction de sujets, tout souci formel et toute volonté de faire œuvre. Comme s'il ne pouvait y avoir jamais aucune puissance artistique, aucune forme même dynamique et tendue, aucune œuvre ouverte sur l'avenir, comme si tout ne pouvait être que dissolution, déconstruction ou dispersion. Certains, il est vrai, ont parfois su tirer de ce programme quelques profits, par exemple en donnant, dans la musique, le théâtre ou la danse, au sein de l'interprétation, une place plus grande à l'improvisation, à l'éphémère et à la reprise chaque fois à neuf de la performance. Mais ce point de vue a trop souvent motivé des pratiques autodestructrices qui ont voulu supprimer toute forme initiale, toute reprise et même parfois toute trace, pour rejoindre « la spontanéité de l'instant créatif » ou « l'authenticité d'un moment de communication » entre l'artiste et son public.

Au cours des dernières décennies, beaucoup d'artistes se sont ainsi perdus dans des « chemins qui ne mènent nulle part ». Contre l'art moderne, qui avait pourtant eu la grande vertu de remettre en question tout respect quasi-religieux ou simplement motivé par un conformisme bourgeois pour les formes traditionnelles, certains ont opté pour un sub-jectivisme néolibéral et un ludisme postmoderne entièrement intégré au monde de la marchandise. D'autres, qui se voulaient critiques à l'égard des faux-semblants postmodernes, mais reprenaient en même temps à leur compte les reproches de ce courant contre l'art moderne, ont prôné et pratiqué une mystique déconstructionniste sans concession, mais aussi sans postérité et sans autre partage possible que celui de l'instant.

Pourtant – et tous les travaux des artistes contemporains évoqués précédemment le prouvent – point n'est besoin de sacrifier au dieu absent de la déconstruction, à sa théologie négative et à ses rituels mystiques. Ce n'est pas parce que les notions de forme, de sujet et d'œuvre ont été préemptées par des pratiques et des théories plus ou moins subtilement alignées sur le marché, qu'il faudrait s'en passer entièrement. On peut en effet très bien s'opposer à l'académisme et à la reproduction stérile, comme à l'adhésion au monde néolibéral ou à la complaisance postmo-derne envers ce dernier, sans avoir besoin pour cela de s'imposer une ascèse aussi extrême que celle que l'on a vu se développer chez certains artistes attachés à l'une ou l'autre des multiples formes déconstruction-nistes qui ont proliféré durant ces dernières décennies – sans compter les dérives comiques de quelques-uns vers des formes de déconstructions marchandisées.

Indemnes des calculs roués ou des formes mélancoliques propres à ces courants, les artistes contemporains dont nous avons croisé les che-mins nous montrent, chacun à sa manière, une façon bien différente de pratiquer son art. Comme tout véritable artiste, chacun est attaché à trou-ver sa propre « modernité », c'est-à-dire sa *radicale historicité*, au sens non pas simplement de son inscription dans le contexte historique, mais de ce qui fait que cette inscription, en elle-même indispensable, génère un potentiel, une puissance à venir et donc une joie, qui vont lui permettre d'échapper à ce contexte et d'être réactualisable *ad infinitum*. Comme tout véritable artiste, chacun d'entre eux cherche des « formes » qui ne

soient pas figées dans des canons métaphysiques ou des traditions sociales, essaie avec opiniâtreté de produire des « sujets » qui pourront le
transformer lui-même ainsi que son public présent et futur, et espère produire des « œuvres » qui lui survivront.

Or, aujourd'hui, cette nouvelle modernité, cette radicale historicité, ce
souci de trouver une forme adéquate au monde mais qui n'en soit pas
moins critique à son égard, ce désir de lancer des sujets et des œuvres capables de traverser le temps, se réalisent principalement dans la description,
l'analyse et la critique rythmique de notre monde. Tout se passe donc
comme si nous assistions à la naissance, sinon d'un nouveau mouvement
artistique, du moins d'une nouvelle sensibilité et de nouvelles pratiques
entièrement tournées vers les rythmes du monde et de l'homme dans le
monde, et peut-être vers de nouvelles formes d'idiorrythmie. En tout cas,
très certainement, un au-delà du postmodernisme et de la déconstruction.

Mondes rythmiques futurs

L'envergure effective de ces transformations apparaît en pleine lumière
lorsque l'on interroge leur portée éthique et politique. Cela fait déjà bien
longtemps, en effet, que certains penseurs ont noté les dimensions rythmanalytiques de l'activité artistique. Dès les dernières années du
XIXe siècle, Gabriel Tarde et Georg Simmel ont pu estimer que les
extensions de l'usage du vers libre, de la décomposition impressionniste,
des modulations rythmiques et du chromatisme musical à la fin du
XIXe siècle n'étaient certainement pas sans rapports avec la fluidification
rapide et puissante des sociétés en cours, la transformation de la vie dans
les grandes villes et la naissance de nouvelles formes de socialisation
liées à la diffusion de la presse et des nouveaux moyens de communication : les publics. De même, dans les années 1920, Siegfried Kracauer a
écrit des pages mémorables sur les *Tiller girls* et les rapports entre leurs
chorégraphies mécanisées et les mouvements imposés aux ouvriers dans
les usines taylorisées de la seconde révolution industrielle. Quelques
années plus tard, Walter Benjamin a pour sa part souligné les rapports
étroits entre les rythmes poétiques totalement inédits des vers et des
proses de Baudelaire, et les chocs et stimuli nouveaux générés par la vie
dans les grandes villes modernes.

Aujourd'hui, la réémergence des préoccupations rythmiques dans
les œuvres de certains artistes paraît, elle aussi, directement liée à la mutation que nous venons de traverser et qui nous a fait basculer d'un monde

systémique à un monde flexréticulaire. Les formes de critique qu'ils déploient à l'égard de cette mutation ne relèvent plus, bien entendu, des modèles philosophiques élaborés à l'aube de la période moderne. Il ne s'agit plus simplement pour eux de remettre en question des traditions ou des injustices au nom de la seule liberté des individus économiques comme chez Adam Smith et ses innombrables successeurs, ni du reste au nom d'un libre examen des préjugés, comme celui promu par les principaux penseurs des Lumières, ou même d'une application d'impératifs moraux catégoriques, comme le suggérait Kant.

Toutefois, ces nouvelles formes de critique ne se manifestent pas non plus, à la manière de Hegel et de bien des marxistes, à travers une « dialectique » qui nierait et maintiendrait à la fois le donné concret afin de préparer un « dépassement étatique et/ou révolutionnaire », ni d'ailleurs comme une « analyse » de type réaliste ou positiviste qui se limiterait à établir, d'une manière totalement « neutre », les « faits », la « réalité de la vie », « *wie es eigentlich gewesen ist* » comme disait Ranke. La dialectique faisait de l'abstraction d'un après coup le point de vue d'où observer tout processus critique et pratique. Elle présupposait l'idée qu'il serait possible d'agir dans l'Histoire au nom d'une Vérité et d'un Bien absolus, qui certes ne seraient pas immédiatement donnés mais dont on pourrait escompter qu'ils le soient un jour. Mais le réalisme et le positivisme, pour leur part, absolutisaient le donné. Toute critique était subordonnée à leurs yeux à un être-là du monde qui rendait au fond dérisoire toute remise en question.

À l'encontre de toutes ces abstractions, les pratiques artistiques contemporaines savent que leur force critique ne leur vient pas de leur indexation sur des « normes » morales et politiques abstraitement « universelles », ni sur un « esprit absolu » qui les appellerait à lui de la toute fin de l'histoire, ni même sur le « monde » qui les précède et qu'elles devraient simplement décrire et accepter pour ce qu'il « est ». Comme on le voit très bien chez Maguy Marin ou chez Élise Lerat et le Collectif Allogène, elles revendiquent leur concrétude et leur historicité propres, c'est-à-dire à la fois leur inscription dans le tissu social et historique contemporain, et une part d'inachevé, d'ouverture, d'infini. Elles retrouvent ainsi une vérité poétique assez simple : la critique déployée par l'art est toujours simultanément au premier et au dernier degré, et c'est pourquoi elle peut dire le vrai et le juste sans nécessairement le savoir.

Cela étant, cette concrétude et cette historicité de la critique ne doivent pas être comprises comme on le faisait souvent au siècle dernier en s'inspirant assez librement de Nietzsche ou de Freud. Significativement, ces nouvelles pratiques artistiques ne se réclament plus de la « critique à coups de marteau » et de la «plongée dans les eaux de l'inconscient », qui ont connu la fortune que l'on sait après la Première Guerre mondiale puis dans le sillage des mouvements des années 1960. Elles ne cherchent plus, en s'appuyant sur les pulsions et les forces les plus profondes, à rompre les réseaux de significations et de valeurs imposées, par un « émiettement du tout » et une stratégie de l' « esquive » et du « masque ». Elles récusent le mythe du « grand saut ». Elles n'essayent plus d'imiter Artaud et Bataille, et ne jouent plus les saynètes déjà écrites de la rupture ou de la dispersion. Elles savent l'inanité de ces folies bien calculées, de ces jeux sur les mots qui miment lourdement l'inconscient.[1]

À l'inverse, le maintien, en dépit de cet attachement au concret et à l'historicité, de la vocation éthique et politique des artistes va à l'encontre, il faut aussi le souligner, de toutes les formes de déconstruction para-mystique, qui se sont multipliées ces dernières années. Beaucoup d'artistes se sont en effet laissé prendre, on l'a noté, à des discours philosophiques qui, tout en mettant ostensiblement en avant leur rapport à la « Poésie » et à l'« Art », ne cessaient de remâcher leur ressentiment dû, autrefois chez le dernier Heidegger, à l'effondrement du régime nazi qu'il avait soutenu, et, chez nombre de ses disciples, un peu plus tard, à leur désenchantement à l'égard du marxisme et du freudisme, auxquels ils avaient de leur côté confié toute leur foi. De leur point de vue de croyants floués à qui on ne le ferait plus, toute critique, tout projet et tout engagement éthiques et politi-ques présupposaient, plus ou moins profondément caché, un préjugé « substantialiste », « techniciste » et « anthropocentrique ». Il fallait donc, affirmaient-ils du haut de leurs tours d'ivoire fissurées, « cesser de critiquer » pour « se mettre à l'écoute de l'Être », c'est-à-dire, dans la version plutôt classicisante proposée par Gadamer, de ce que nos « Ancêtres » pouvaient nous avoir transmis par l'intermédiaire de nos « Traditions » et de notre « Langue » ou, dans la version plus moderne de Derrida qui se voulait plus au fait des dernières découvertes de la linguistique et de la sémiotique, de s'approcher au plus près d'un Être toujours « différant », en acceptant la

---

1. D'une manière qui surprendra peut-être certains lecteurs, Deleuze et Guattari avaient déjà signalé ces dévoiements de Nietzsche et Freud dans *Mille plateaux, op.cit.* Voir à cet égard *Elements of Rhythmology. A Rhythmic Constellation. The 1980s*, Paris, Rhuthmos, 2021, pp. 329-330.

dispersion et la dissémination du sens et des valeurs au sein des mondes sans fonds et sans consistance constitués par les « Signes ».

Aujourd'hui, ces tentations d'autodissolution des artistes et de l'art, qui ont connu un temps un certain succès, semblent heureusement en net recul. Les leçons que les artistes tirent eux-mêmes de leur pratique l'emportent sur les discours très éloignés de la réalité tenus par les philosophes. Quand un artiste produit une œuvre d'art ou quand nous en traversons une, c'est en effet à chaque fois cette activité tout à fait singulière qui fait exister la « tradition », la « langue », la « culture » et les « signes », et les unes et les autres n'ont en dehors de cette activité aucune réalité intrinsèque. La force critique de l'art ne se dilue donc pas dans ses prétendues conditions ontologiques, herméneutiques ou sémiotiques, et s'exprime au contraire dans les rythmes transsubjectifs que la moindre activité artistique fait apparaître, dans les modulations de leur puissance, c'est-à-dire ce qu'ils seront capables de faire aux rythmes des individus singuliers ou collectifs qu'ils traverseront à l'avenir. Cette force est celle qui façonnera les mondes rythmiques futurs.

Aujourd'hui comme hier, la critique artistique ne relève donc pas d'une simple différenciation à l'égard du passé, ni d'un progrès quasi automatique vers un futur idéal, ni d'une prétendue neutralité à l'égard du donné historique, ni d'une mise en pièces des croyances et des idéologies censée permettre de retrouver enfin la vie brute, ni d'un jeu toujours perdant avec la tradition, la langue, la culture ou les signes dans lesquels nous serions « toujours déjà jetés ». La force critique des artistes est consubstantielle à leur capacité de créer des œuvres qui rassemblent toutes les dimensions du présent, des plus insupportables aux plus lumineuses, et qui, en dépit de cet ancrage primordial, pourront se perpétuer à l'avenir à travers des chaînes d'individus singuliers ou collectifs extrêmement étendues.

En ce sens, cette force critique ne peut être qu'une recherche inachevable du sens à donner à l' « homme » et donc aux sociétés et aux cultures dans lesquelles il vit. L'art fait, depuis toujours et d'une manière bien plus large que n'a pu le faire bien souvent la philosophie, ce que Foucault avait commencé à entrevoir, à la fin de sa vie, chez Baudelaire : il problématise la vie.[1] Un auteur injustement oublié de l'entre-deux-guerres, Bernard

---

1. M. Foucault, *Histoire de la sexualité. Vol. 2. L'usage des plaisirs*, Paris, Gallimard, 1984, pp. 17-18. Pour une analyse éclairante de ce thème, M. Potte-Bonneville, *Michel Foucault, l'inquiétude de l'histoire*, Paris, PUF, 2004, chap. VI.

Groethuysen l'avait déjà bien compris. Dans son *Anthropologie philoso-phique*, il écrivait ainsi, à propos de saint Augustin mais son constat valait pour toute anthropologie historique :

> L'homme est la créature problématique de l'univers non-problématique de la nature. Un arbre, un animal ne se mettent pas en question. Seul l'homme est pour lui-même un problème.[1]

C'est là le sens éthique et politique de toute œuvre et de toute ana-lyse artistique auquel était déjà sensible, à la même époque, Walter Benjamin qui lui aussi, comme Foucault, était fasciné par Baudelaire et sa puissance poétique. Certes, les Lumières ont pris une anthropologie particulière, la leur, *abstraitement universaliste*, pour une anthropologie générale, mais les critiques réactionnaires comme du reste les critiques anarchisantes portées contre les Lumières ont jeté, pour leur part, le bébé avec l'eau du bain. La réalité anthropologique *existe* bel et bien, même s'il faut la concevoir comme *radicalement historique*, c'est-à-dire à la fois comme concrète et inscrite dans une situation historique, ou comme spécifique et irréductible à des caractères purement universels, mais en même temps, problématique, ouverte vers le partage et l'avenir, et donc irréductible à des caractères purement locaux. De ce point de vue, les arts, quel que soit le médium choisi, sont des pratiques qui, par *les rythmes qu'ils inventent*, ne cessent d'affronter *la radicale historicité de l'homme*.

---

1. B. Groethuysen, *Anthropologie philosophique* [1931], Paris, Gallimard, 1980, p. 122. Sur Groethuysen, P. Michon, *Éléments d'une histoire du sujet*, Paris, Kimé, 1999, chap. IV.

Conclusion

Dans le précédent volume, nous avons vu qu'un vaste glissement semble s'être produit dans les sciences sociales au cours de ces deux dernières décennies. Presque totalement absents au cours des années 1980-1990, les rythmes sociaux, qu'ils soient observés au niveau des groupes entiers ou à celui des individus, ont commencé à faire l'objet d'une attention de plus en plus grande. La rythmanalyse, qui avait été fort négligée jusque-là, a enfin reçu droit de cité. Mais d'une manière assez surprenante, l'enquête présentée dans ce second volume a montré que ce mouvement était loin d'être isolé. D'autres, plus ou moins comparables *mutatis mutandis*, semblent en effet s'être produits, assez tôt dans la théorie du langage et la poétique, mais aussi, un peu plus tard, dans les sciences de la nature et dans les pratiques artistiques. On dira, avec justesse, que comparaison n'est pas raison et qu'il convient de conserver à chaque science et à chaque pratique sa spécificité. Toutefois, l'objet de ce périple transdisciplinaire n'était précisément pas de réduire ces transformations à un modèle totalement homogène, mais au contraire de tenter de les éclairer les unes par les autres, de croiser leurs points de vue, de mettre ainsi en lumière les *problèmes* qui y restent non résolus et d'en libérer, si possible, les *potentiels* encore inexprimés.

Rythme et langage

1. La première partie a mis en lumière un certain nombre de ressources disponibles pour analyser les rythmes de l'activité langagière, qui sont les grands absents de la plupart des rythmanalyses contemporaines.

1.1 Les premières proviennent des travaux réalisés par Benveniste au cours des trois décennies qui ont suivi la Seconde Guerre mondiale.

1.1.1 Comme on sait, Benveniste a écrit en 1951 un article, republié en 1966, sur la notion de rythme en Grèce ancienne qui a profondément transformé notre perception de cette notion. Grâce à lui, on peut aujourd'hui clairement distinguer ses acceptions platoniciennes métriques et ses acceptions antérieures, mais aussi postérieures, fondées sur les usages et l'étymologie du terme *rhuthmós*, comme forme instantanée prise par une réalité fluante ou, plus largement, comme manière de fluer.

1.1.2 Mais sa contribution à la rythmanalyse ne s'arrête pas là. Entre les années 1950 et 1970, il a bâti, dans le sillage de Humboldt, une linguistique révolutionnaire de l'« énonciation » ou *du* « discours » qui décrit, d'une manière extrêmement précise, l'organisation de l'activité langagière propre aux êtres humains, linguistique que nous pouvons très légitimement considérer comme une théorie des *rhuthmoi* du langage. Cette approche inédite lui a permis d'esquisser les contours de ce que j'ai appelé une « anthropologie radicalement historique » qui se plaçait à égale distance du culturalisme de Lévi-Strauss, du traditionalisme de Gadamer, et du déconstructionnisme sémiotique de Derrida, tout en rejetant le subjectivisme philosophique traditionnel ou ses versions plus axées sur le corps promues par la phénoménologie.

1.2 Dans les années 1970-1990, Meschonnic a posé, pour sa part, les bases d'une poétique, qui a ouvert la possibilité d'une rythmanalyse *des* « discours », en commençant par ceux considérés comme littéraires.

1.2.1 Ce travail, qui prolonge la réflexion *rhuthmique* développée par Benveniste, tout en s'inspirant fortement des pratiques de la traduction et de l'écriture poétique, ainsi que des réflexions de nombreux écrivains depuis le XVIIIᵉ siècle, lui a permis d'étendre les découvertes concernant le flux du discours individuel aux formes, en un sens fermées et pourtant fluantes et transmissibles, que constituent les œuvres littéraires et, de là, à tous les discours tenus par des êtres humains. Meschonnic a ainsi proposé une théorie générale des *rhuthmoi* du langage, qui a peu retenu l'attention mais qui nous offre, aujourd'hui encore, les outils dont a besoin la rythmanalyse, si elle ne veut pas se limiter à décrire les comportements d'individus muets et sans interactions, et le fonctionnement de sociétés dans lesquelles le langage ne compterait pour rien.

1.2.2 Cette théorie permet de retrouver des préoccupations anthropologiques très anciennes remontant à Aristote, malheureusement souvent négligées voire rejetées par les courants matérialiste et ontologique contemporains. Contrairement à Serres, Morin, Deleuze et Guattari, mais aussi aux philosophes sous influence heideggérienne comme Gadamer et Derrida, Meschonnic développe une théorie du sujet qui reprend en partie les acquis de Benveniste mais les étend en fonction des résultats obtenus par la rythmanalyse poétique.

1.2.3 Comme le *je* du discours, un poème, un roman – mais c'est aussi valable pour n'importe quel autre type d'œuvre d'art – instaure l'unicité et la spécificité d'un monde, tout en restant réénonçable ou réactualisable *ad infinitum*. Grâce à son « rythme », au sens désormais d'organisation signifiante complexe, chaque œuvre offre aux êtres humains une large forme subjective, qui à la fois leur transmet des pouvoirs sémantiques spécifiques, condense des expériences, des mémoires et des désirs, et offre des places qu'ils peuvent occuper à chaque fois qu'ils les traversent. Par un paradoxe fécond, chaque œuvre se présente ainsi à la fois comme un *individu* totalement distinct des autres et une forme-sujet entièrement ouverte sur les autres, un *transsujet*.

1.2.4 Du point de vue de la rythmanalyse poétique, le langage dote ainsi les êtres humains de différentes formes de sujet – le sujet de l'énonciation, le sujet du parler et le sujet du poème – mais aucune d'entre elles ne relève de sa définition classique comme « fondement » ou « support » de la foi, de la volonté et de la connaissance, comme *hupokeimenon*. Les formes subjectives mises au jour par la poétique échappent entièrement au substantialisme. Toutefois, cela n'implique pas qu'elles relèveraient d'un « sentiment intime » et plus ou moins flottant de l'« existence », comme chez le premier Heidegger ou chez Sartre, ou de l'ensemble de la « pratique » et des « sensations » du « corps », comme chez Merleau-Ponty, qui ne sont en fait que seconds par rapport à l'activité du langage. Et cela n'implique pas non plus, qu'elles seraient complètement dissoutes par la « procession », la « tradition », la « différance » ou la « différence », c'est-à-dire par l'émergence de nouveaux modes de l'être, comme le dit le second Heidegger, par la puissance des énoncés venus du passé, comme l'affirment Gadamer et ses successeurs, par une référence constante des signes aux autres signes, comme le soutiennent Derrida et bien d'autres avec lui, ou encore par un constant passage à travers elles des forces de la nature et de la société, comme l'affirment de leur côté Deleuze & Guattari et leurs disciples. Ces formes sont instituées par et pendant l'énonciation ou la réénonciation d'un discours et seulement à travers elle. Ce qui implique qu'elles sont liées à ses réactualisations successives et donc fondamentalement discontinues et plurielles, mais qu'elles n'en existent pas moins.

1.2.5 On a vu en quoi cette définition du sujet se distinguait assez nettement de celle proposée, au début des années 1990, par Ricœur dont la conception du langage non seulement ignorait tous les aspects non narratifs, en particulier toutes les marques lexicales, syntaxiques, prosodiques qui participent à la production de la *signifiance*, mais aussi laissait de côté la question même de la *valeur* du discours, des possibilités de réénonciation qu'il porte avec lui, et donc de ses dimensions artistiques mais aussi, indissolublement, éthiques et politiques. Sans qu'il faille trop solliciter cette comparaison, la théorie du sujet que Meschonnic a introduite dans la rythmanalyse avait ainsi certainement plus de points communs avec les approches menées par certains anthropologues et certains psychanalystes qu'avec aucune de celles proposées par les philosophes contemporains.

1.3 Nous avons ensuite traversé l'un des rares essais récents venant des études littéraires à s'être affronté aux notions de manière et de rythme, à avoir donné une place à la pragmatique de l'écriture et de la lecture, à avoir réfléchi à la subjectivation et à l'individuation par les pratiques du langage, et à l'éthique et à la politique qui leur sont nécessairement liées. Publié en 2011 par Marielle Macé, cet essai était joliment intitulé *Façons de lire, manières d'être*.

1.3.1 Marielle Macé y exposait quelques propositions inédites dans le champ stylistique où elle se plaçait. Loin de simplement appliquer des modèles traditionnels, elle introduisait une perspective pragmatiste qui n'y avait pas encore cours. Elle apportait surtout une somme d'exemples et d'analyses d'expériences de lecture tout à fait remarquable.

1.3.2 Mais nous n'avons pu que constater l'absence de toute référence aux apports de la linguistique et de la poétique. Comme s'il était possible de comprendre le phénomène littéraire sans savoir ce qu'est le langage ou, au moins, ce que ses principaux spécialistes ont pu en dire.

1.3.3 Cette absence, inexplicable et tout à fait dommageable pour le propos, avait pour corollaire un recours à des références philosophiques incompatibles les unes avec les autres. Au cours d'une parade assez éclectique, Heidegger, Agamben, Merleau-Ponty et Ricœur étaient tout d'abord sollicités, puis venaient Simondon et Leroi-Gourhan, et enfin, exposés sur les plus beaux chars, Barthes, Rancière, Deleuze et Foucault.

1.4 Les contributions de Benveniste et de Meschonnic restent donc, au moins pour le moment, les seules ressources d'ampleur disponibles pour développer des approches rythmanalytiques du langage et de la littérature. Cela ne veut pas dire qu'elles soient elles-mêmes sans limites propres, en particulier, on l'a noté chez Meschonnic, en ce qui concerne le rapport des rythmes du langage à ceux des corps et du social.

1.4.1 Du point de vue méthodologique, Meschonnic montrait bien comment les rythmes du langage, tout particulièrement les rythmes des œuvres littéraires, transforment les locuteurs-auditeurs non pas simplement en agissant sur leurs représentations, leurs opinions ou leurs valeurs, ni même sur leur caractère ou leur mentalité, mais principalement en modifiant leur *manière d'agir et d'exister*. D'une manière indirecte, il suggérait aussi leur dimension collective. Par l'intermédiaire de leurs rythmes, les discours font en effet circuler des formes de subjectivation qui peuvent, à certaines conditions, être partagées par de très nombreux locuteurs. Se construisent ainsi des « manières d'agir et d'exister collective » plus ou moins intenses. Conjointement aux significations et aux engagements, qui se forment dans la couche lexico-syntaxique superficielle des discours, passe toute une quantité d'affects et de sens dont nous ne sommes jamais totalement conscients et qui sont portés par les rythmes signifiants.

1.4.2 En revanche, nous avons vu que Meschonnic ne proposait aucun dispositif conceptuel susceptible d'articuler ces rythmes à ceux du corps et du social, et qu'il ignorait la plupart des études analytiques de terrain les concernant.

1.4.3 De même, du point de vue axiologique, Meschonnic présentait une conception très élaborée de la valeur des rythmes du langage. Du fait même de leur qualité rythmique très particulière, les œuvres littéraires constituent des formes idéaltypiques de ce que peut être une activité langagière ordinaire pratiquée de manière éthiquement et politiquement défendable. Elles montrent et rappellent sans cesse que le langage offre aux locuteurs des occasions d'accéder au sujet et de s'individuer, c'est-à-dire de devenir autonomes voire de se séparer de leurs groupes, sans toutefois perdre la possibilité d'être compris et d'être reconnus comme appartenant pourtant à ces groupes. Par son existence même, la littérature propose ainsi des valeurs éthiques et politiques pour les modes de signifier ordinaires. Elle montre qu'il existe une infinité de rythmes ou de formes de vie possibles, qui pourtant restent toutes dans le langage, et que la liberté, sur ce plan, se définit donc par le pouvoir de glisser des unes aux autres sans entraves, et surtout d'en inventer de nouvelles *pour les autres*.

1.4.4 Mais Meschonnic ne proposait, en revanche, aucune définition de ce que pourraient être, sur les plans corporel et social, des rythmes éthiquement et politiquement désirables. Il se contentait de rejeter les formes de vie métrifiées, comme le faisaient la plupart des penseurs critiques depuis la fin du XIXe siècle.

Essai d'extension de la rythmanalyse poétique inspiré par la philosophie de l'information

2. J'ai ensuite tenté de repousser, autant qu'il était possible, l'une et l'autre de ces limites de la rythmanalyse poétique en mettant à profit des ressources tirées de la philosophie de l'information. L'objet était de doter la *rhuthmanalyse* langagière de la dimension sociale qui lui faisait défaut.

2.1 Dans notre monde, les mètres sont loin d'avoir disparu – ils ont en fait migré des centres dominants du système capitaliste mondial vers les périphéries des pays en voie de développement ou en émergence –, mais la flexréticularisation favorisée par les nouvelles technologies de transport, de communication, d'information et par l'extension du capitalisme à toute la planète, s'est traduite par des manières inédites de contrôler la signifiance, les corps et la vie sociale, qu'il va nous falloir décrire avec de nouveaux outils et juger avec des normes mieux adaptées.

2.1.1 En ce qui concerne la signifiance, nous devons faire face aujourd'hui, à la fois à des procédures de dissipation systématique des tensions, à la diffusion de discours euphémisés et réversibles, assez caractéristiques des médias et des formes d'interactions classiques, et à des entreprises d'hystérisation, cette fois typiques des réseaux sociaux et de l'Internet, impliquant la diffusion de fausses nouvelles, de théories du complot et d'attaques personnelles, toujours proférées sur le ton et avec l'énergie du boniment et de la harangue.

2.1.2 Le même genre d'observation s'impose au niveau des mouvement des corps et des interactions sociales tels que nous avons commencé à les entrevoir dans le volume précédent. D'un côté, notre monde favorise la diffusion de corporéités hédonistes, consuméristes, postmodernes, et de formes d'interaction fondées sur les principes du marché et de la judiciarisation. De l'autre, il impose des normes temporelles envahissantes qui provoquent une série de pathologies qui vont de la fatigue psychique et physique au *burn-out* et à la dépression.

2.2 Dans tous ces cas, les problèmes ne relèvent plus d'une simple métrification de la vie mais bien de manières beaucoup plus subtiles, mais pas moins dangereuses, de rythmer celle-ci. C'est pourquoi, j'ai proposé, en m'inspirant du travail de Gilbert Simondon, une extension de la théorie poétique de la signifiance qui pourrait lui permettre à la fois de s'articuler plus facilement aux sciences sociales et humaines et de s'adapter méthodologiquement et peut-être aussi axiologiquement à la nouvelle donne imposée par le monde flexréticulaire. La théorie simondienne de l'« in-formation » rejoint en effet la poétique de la « signifiance » de Meschonnic sur la question de ce que l'on appellera la puissance potentielle d'individuation contenue dans une « bonne forme ». En même temps, elle apporte quelques éclairages sur un certain nombre de points encore obscurs dans l'approche poétique.

2.2.1 Tout d'abord, elle permet de préciser la nature d'un phénomène crucial, qui apparaît dans l'analyse poétique sans y être, me semble-t-il, complètement thématisé. Pour Meschonnic, on l'a vu, le rythme possède une force propre qu'il assimile à une extension des pouvoirs pragmatiques du langage. Mais, si l'on connaît le *statut* de cette force, on ne sait pas en revanche très précisément *comment* elle se déploie. Simondon montre, quant à lui, que lorsqu'un « germe » déclenche un processus de prise de forme, ce n'est pas qu'il possède une énergie forte par elle-même. L'énergie d'un « germe » n'est pas une énergie *accumulée* mais une énergie *potentielle*, c'est-à-dire en réalité susceptible de « moduler » les énergies présentes par ailleurs dans le champ de réception. En fait, la « tension d'information » propre à un « germe » ou à un « rythme signifiant », pour parler comme Meschonnic, n'agit jamais seule.

2.2.2 Cette remarque nous a amenés à la deuxième contribution de Simondon. La considération des caractéristiques des « germes », des « bonnes formes » ou des « rythmes des œuvres » ne suffit pas à expliquer tout le processus d'individuation. Il faut aussi considérer, ce que ne fait pas Meschonnic, celles des « champs » dans lesquels les « germes » pénètrent et qu'ils sont amenés éventuellement à réorganiser. Pour des raisons qui tiennent en partie à l'antagonisme entre la poétique et les modèles phénoménologiques et herméneutiques du langage et de la littérature, Meschonnic n'a pas développé de théorie de la réception ni de théorie du partage collectif des puissances subjectives du langage, mais il semble précisément possible, grâce à Simondon, de pallier ce manque sans en revenir aux points de vue élaborés depuis la phénoménologie et l'herméneutique par Gadamer et par Jauss. Simondon montre qu'au potentiel contenu dans le « germe » doit s'adjoindre celui contenu dans le « champ de réception » qui est tout aussi nécessaire au processus d'individuation. La tension de l'in-formation est aussi fonction de l'ouverture des récepteurs éventuels, de leur capacité à recevoir un schème inconnu, c'est-à-dire des énergies potentielles accumulées dans le « champ » qu'ils constituent et qui sont prêtes à s'exprimer pourvu que l'occasion s'en présente. Si, en revanche, le rapport entre le potentiel du « germe », qui engage le processus par lequel se fait de proche en proche la prise de forme, et « l'état réceptif » du « champ » dans lequel celle-ci se produit est nul, il y a de grandes chances qu'aucune individuation n'ait lieu.

2.2.3 Pour être en mesure de compléter de manière cohérente les approches rythmanalytiques de l'individuation par les sciences sociales et de les rendre applicables au nouveau monde, il ne suffit donc pas de substituer le primat du langage au primat du social et d'extraire le concept de « signifiance » de sa définition *informationnelle*, en lui restituant son aspect *sémantique*, comme le font, avec force, la linguistique de l'énonciation et la poétique des discours. Il faut encore retirer au concept de sémantique tout aspect *probabiliste* – ce qui reste le cas quand la question des « germes » ou des « rythmes signifiants » est coupée de celle des « champs sémantiques » et des « modulations » – et y inclure un aspect *qualitatif* en le définissant comme un jeu modulatoire, se propageant peut-être par « transduction », entre une tension d'information initiale interne à un germe et la tension du champ sémantique où celui-ci va intervenir. Quoi qu'il en soit, il nous faut une théorie de la signifiance plus englobante, qui tienne compte à la fois des puissances potentielles propres aux discours et des puissances potentielles dispersées au sein des champs parcourus de fractures, de zones de basse et de haute tension dans lesquels ils interviennent.

2.2.4 Une fois amendée de cette manière, la rythmanalyse poétique éclaire d'un nouveau jour, me semble-t-il, les évolutions récentes de la signifiance notées précédemment. On a vu que l'organisation réticulaire dont s'est doté le monde néolibéral implique en effet une très basse tension et, du coup, comme le disait Simondon, une très faible capacité « informatrice » de l'information et plus largement des discours. Dans les réseaux contemporains, tout énoncé qui fait obstacle à la transparence, à la vitesse et à la quantité de la communication doit être éliminé ou, tout au moins, minoré au maximum. Cette même logique prévient, par ailleurs, la formation de « champs sémantiques » potentiellement chargés en diffusant au maximum les tensions. Tout est fait pour empêcher qu'ils deviennent « métastables ». Chaque fois qu'une contradiction risque de polariser et de redonner une certaine consistance à ce qui doit rester liquide, cette contradiction est immédiatement soumise à un traitement communicationnel et participatif, destiné à décharger son potentiel explosif.

2.2.5 Bien sûr, les manières opposées de parler et d'argumenter sont également devenues monnaie courante ces dernières années. De plus en plus d'individus et, depuis quelque temps, de gouvernements et d'États utilisent, en plus des médias traditionnels de masse, les réseaux plus subtiles des médias sociaux ou des blogs, pour saturer les différentes sphères publiques de fausses nouvelles, de discours tranchants et agressifs. De ce point de vue, tout semble s'être passé comme si la logique dissipative qui a commencé par s'imposer avait suscité l'apparition, ou plus exactement la réapparition, de son exact inverse, qui oppose désormais ses rythmes hystériques minoritaires aux rythmes asthéniques dominants.

Rythme et nature

3. La deuxième partie nous a permis de mettre en évidence dans les sciences de la vie une série de transformations conceptuelles assez proches de celles que nous avons pu repérer dans les sciences sociales et certaines études linguistiques et poétiques. En privilégiant l'exemple des neurosciences, nous avons vu que les différentes facettes de la vie mentale n'y sont plus envisagées selon les conceptions analytiques et systémiques qui prévalaient antérieurement mais sont ramenées, d'une manière

typiquement *rhuthmique*, à l'activité fluctuante de populations neuronales elles-mêmes à géométrie variable.

3.1 Du côté des conceptions de la connaissance et de la pensée, nous avons vu que Jean-Pierre Changeux hésitait encore entre deux points de vue : d'un côté, les « représentations » mentales seraient portées par des « cartes neurales », qu'il serait possible de distinguer les unes des autres comme des éléments discrets, et qui « existeraient "réellement" dans notre cerveau sous des "formes" latentes, composées de traces neuronales stables » ; de l'autre, le cerveau et ses différentes parties fonctionneraient en permanence et c'est au cours de cette activité continue et variable que seraient « triées », « stockées » et éventuellement « remobilisées » les différentes « pré-représentations ». Apparaissaient ainsi dans sa description les prémisses d'une conception intégralement dynamique pour laquelle les états de conscience devraient être conçus sous le signe d'une individuation-désindividuation toujours en cours.

3.2 Gerald Edelman et Giulio Tononi adoptaient, quant à eux, un point de vue intégralement dynamique.

3.2.1 Ils soulignaient, tout d'abord, une particularité de l'organisation anatomique du cerveau : la plupart des groupes de neurones, au moins dans le système thalamocortical, sont reliés de manière réciproque. Ces interconnexions permettent ainsi une « réentrée » des signaux à l'intérieur du cortex et du thalamus, qui pourrait constituer le processus principal par lequel se forme la conscience. Ces boucles mèneraient en effet à la formation d' « amas fonctionnels » de neurones caractérisés par de fortes interactions mutuelles sur une période de quelques centaines de millisecondes, qui constitueraient les principaux corrélats neuronaux de l'expérience de la conscience. Ces « amas fonctionnels » seraient certes toujours changeants dans leur composition précise, mais ils seraient aussi relativement cohérents et durables. Du point de vue physiologique, ces amas fonctionnels se caractériseraient par un type d'organisation complexe, situé entre le purement aléatoire et le complètement régulier, qui permettrait « une synthèse optimale de spécialisation et d'intégration fonctionnelles ». Tous les sous-ensembles composant ces amas pourraient ainsi travailler indépendamment tout en gardant simultanément la capacité d'interagir et de s'unir dans une activité cohérente.

3.2.2 S'appuyant sur cette base, Edelman et Tononi décrivaient ensuite la conscience dans sa durée. Comme le montrent les mesures de l'activité électrique du cerveau par EEG, au réveil les ondes lentes et régulières cèdent la place à des ondes irrégulières et rapides. La réapparition de la conscience serait ainsi liée à une transformation de l'activité neuronale dont la « complexité », moindre pendant le sommeil, augmenterait de nouveau, c'est-à-dire gagnerait à la fois en intégration et en différenciation. Des millions d'« états de consciences », c'est-à-dire de brèves configurations d'interactions neuronales, durant chacun quelques centaines de millisecondes, commenceraient à se suivre les uns les autres. Toutefois, ces états de conscience seraient si brefs et, grâce au phénomène de « réentrée », si bien imbriqués les uns dans les autres, qu'ils nous apparaîtraient sous la forme d'un flux de conscience continu, dont la pulsation complexe serait toutefois enregistrable grâce à l'EEG. Edelman et Tononi appelaient cette population de neurones à la fois vibrante, variable et intégrée, qui supporte ces états de conscience, le « cœur » ou le « noyau dynamique ».

3.2.3 Continuant leur progression du bas vers le haut, Edelman et Tononi proposaient alors une théorie du flux de conscience lui-même. Le cœur dynamique suivrait, au sein d'un large répertoire d'états cohérents possibles et disponibles, une trajectoire reliant une série d'états qui constitueraient les corrélats neuronaux de la succession d'expériences dotées de qualités spécifiques ou *qualia* composant le flux de la conscience (sensations, images, pensées ou encore humeurs). Bien entendu, l'espace neuronal à N-dimensions du cœur dynamique serait lui-même simultanément en train de se transformer et de s'enrichir grâce au développement et à l'expérience.

3.2.4 Simultanément à ces expériences conscientes et à leurs corrélats neuronaux, Edelman et Tononi prenaient aussi en compte tout un ensemble d'expériences inconscientes : les routines motrices et cognitives, les souvenirs inconscients, les intentions et les attentes, et leurs corrélats neuronaux propres. Les processus qui se déroulent dans le cœur dynamique utiliseraient en effet des ressources situées hors de portée mais qui n'en seraient pas moins liées à eux à travers de longues boucles neuronales parallèles qui traverseraient en particulier les appendices du cortex, tels que les ganglions de la base et le cervelet.

3.2.5 Enfin, Edelman et Tononi proposaient une théorie de ce qui se passe lorsque nous avons « une pensée ». Aux interactions entre les dynamiques complexes du noyau neuronal et les processus inconscients liés à des appendices extérieurs, ils ajoutaient une différenciation-superposition à l'intérieur du cœur lui-même de deux types de conscience : la conscience primaire dont disposeraient les animaux et la conscience secondaire, dont seraient dotés en sus les êtres humains. Lorsque nous pensons à des images ou à des mots, ceux-ci s'accompagneraient en fait toujours en arrière-plan du « bruissement parallèle de la perception, des sentiments, de l'humeur et des souvenirs flottants ». Toute pensée mobiliserait ainsi un riche mélange de souvenirs, d'émotions, de croyances, de désirs et perceptions et d'éléments cognitifs, conduits par la force vitale des appétits animaux.

3.2.6 Pour Edelman et Tononi, les neurosciences devaient donc impérativement abandonner aussi bien leurs vieilles conceptions associationnistes et représentationalistes, que toutes les conceptions de type cybernétiques liées à la comparaison avec l'ordinateur, et adopter un modèle méthodologique que l'on peut sans abus qualifier de *rhuthmique*. Ce modèle, insistaient-ils, devrait en effet leur permette de penser les trajectoires de la conscience, mais aussi toutes celles des pensées inconscientes, les routines motrices et cognitives, les souvenirs, les intentions et les attentes, à partir de l'activité d'amas comprenant un nombre variable de milliards de neurones (parmi la centaine de milliards que contient le cerveau humain), de l'organisation des milliards d'interactions entre les microcomposants de ces amas, et les millions de *qualia* successives imbriquées les unes dans les autres qui en résultent.

3.3 L'examen des recherches concernant la mémoire, présentées par Georges Chapouthier, a abouti à des conclusions comparables. On y a relevé là encore un phénomène de basculement non concerté mais relativement homogène des formes de raisonnement. Que ce soit au niveau anatomique, cellulaire ou moléculaire, on a partout abandonné l'idée de trouver des constituants élémentaires de la mémoire (des structures anatomiques, des réseaux synaptiques figés, des briques moléculaires) et on s'est de plus en plus intéressé au fonctionnement global de l'ensemble des parties du cerveau, aux trains d'influx qui circulent dans les réseaux nerveux, aux substances qui modulent l'activité d'apprentissage ou de remémorisation. De même, au niveau génétique, la plupart des chercheurs rejettent aujourd'hui l'idée qu'un programme informationnel déterminerait entièrement, rapidement et définitivement la morphogenèse du cerveau, et donc de sa capacité mémorielle, au profit de l'idée d'une construction-reconstruction permanente à la fois guidée par l'information contenue dans les gènes et modulée selon les conditions rencontrées à travers en particulier l'action des gènes de développement.

3.4 Dans tous les travaux qui ont pu être consultés, la mémoire, la conscience et la pensée n'apparaissent donc plus comme composées d'éléments stables, souvenirs, représentations ou pensées, qui entreraient ensuite dans un fonctionnement interactif, ni même comme des systèmes intégrés fonctionnant sur un modèle cybernétique, stockant, ranimant et traitant selon les besoins ces éléments. Chacune de ces capacités mentales est vue, au contraire, comme résultant d'une activité constante de populations neuronales interconnectées, activité dont l'organisation et les modulations permettent à la fois de produire des entités mentales et de réactualiser le système. Outre la perspective corpusculaire, ce primat méthodologique donné à l'activité sur les éléments et sur le système, et donc aux formes temporelles de cette activité, rattache très clairement cette nouvelle approche des neurosciences au paradigme *rhuthmique* démocritéen, tout en y introduisant des considérations holistes qui le rapprochent, d'une manière tout à fait remarquable, du paradigme *rhuthmique* aristotélicien. Il y a là des similarités qui n'ont guère été perçues pour le moment et qui *de facto* n'ont suscité aucun échange entre les disciplines concernées, mais qui ouvrent certainement des possibilités nouvelles d'emprunts et d'hybridations conceptuels.

3.5 Une occasion de tester ce genre d'échange nous est fournie par un problème qui restait pendant chez Edelman et Tononi. D'un côté, ceux-ci proposaient une vision plus dynamique que celle suggérée par Changeux des processus neuronaux qui soutiennent la conscience. Ils soulignaient leur intégration et différenciation, leur « complexité », mais aussi leur manière de progresser au sein du noyau neuronal dynamique à l'image de tourbillons de signaux pris dans d'autres tourbillons de signaux liant le noyau à ses appendices extérieurs. Mais, contrairement à celui-ci, ils ne disaient pas grand-chose sur les moments de « choix » par lesquels, toutes les quelques centaines de millisecondes, le cerveau sélectionnerait un état de conscience particulier parmi des milliards d'autres possibles, assurant ainsi la progression d'un procès de conscience particulier.

3.5.1 Changeux proposait, quant à lui, deux concepts pour rendre compte de cette organisation téléologique du flux de la conscience : les concepts de « mélodie » et d'« harmonie d'ensemble ». Certes, ce flux est fondamentalement dynamique et continuellement changeant mais il est « tout sauf un chaos » : il est « tout à la fois un et multiple en chacun de ses moments ». Or, en cela, il ressemble généralement, comme Bergson l'avait déjà fait remarquer, à une « mélodie ». Mais, ce que Bergson n'avait pas pris en compte, c'est qu'à certains moments une illumination peut traverser le cerveau. La temporalité de la trajectoire mélodique fait alors place à un élargissement instantané de la pensée, expérience d'illumination décrite par des mathématiciens comme Hadamard ou Poincaré, et comparable à ce que « l'architecte Alberti appelait *consensus partium* ou le peintre Henri Matisse, "harmonie d'ensemble" ». La progression linéaire se transforme alors en une sorte de progression « en largeur », éphémère mais extrêmement gratifiante.

3.5.2 L'anticipation et la recherche active de ces moments d'intégration mentale apportant de fortes gratifications expliqueraient ainsi les « choix » immanents établis par le cœur dynamique au sein de la profusion des ébauches qu'il produit sans cesse. Pour le dire autrement, la succession des états de conscience serait orientée téléologiquement par l'anticipation d'une intégration différenciée de la totalité des éléments traités et, bien sûr, des récompenses qui pourraient lui être liées. Plus la complexité de cette totalité serait grande, plus les gratifications qui lui seraient associées seraient puissantes, même s'il faut bien sûr aussi tenir compte dans l'autre sens de degrés de complexité moindres correspondant à la vie de tous les jours.

3.5.3 Cette proposition semblait à première vue apporter une réponse au problème laissé pendant par Edelman et Tononi mais elle soulevait à son tour quelques questions. Les témoignages d'architectes, de peintres et même de mathématiciens que Changeux utilisait pour soutenir sa démonstration avaient le défaut de faire penser que le « *consensus partium* » ou « l'harmonie d'ensemble », qui s'établissent parfois à l'intérieur de la conscience et qui lui fournissent en quelque sorte une finalité interne, seraient du même ordre formel que le *plan* d'un bâtiment, la *composition* d'un tableau ou même la *structure* d'une théorie mathématique. Or, ces témoignages ne montrent en réalité rien de tel, mais seulement qu'un architecte, un peintre ou un mathématicien perçoivent un sentiment de très forte félicité quand un bâtiment, une peinture ou une théorie sont achevés d'une manière qui leur semble « harmonieuse ». Par ailleurs, Changeux avait tendance à séparer la question du « *consensus partium* » de celle des mélodies qui y conduiraient. On retirait de sa description l'impression que celles-ci seraient linéaires et inscrites dans la successivité du temps alors que celui-là s'établirait dans l'instant d'une harmonie simultanée. On sentait qu'il manquait ici aux neurosciences les ressources théoriques qui leur auraient permis d'articuler de manière plus satisfaisante les différents concepts d'organisation qu'elles mobilisaient : les concepts diachroniques : la mélodie, la phrase, l'enchaînement, et les concepts synchroniques : le plan, la composition, la structure. Or, dans la mesure où c'est le « même » cœur dynamique qui prend successivement différentes formes, il fallait bien en effet que ce soit la même chaîne de concepts qui rende compte de ses états de recherche et de ses états harmoniques.

Proposition d'extension de la rythmanalyse neuroscientifique inspirée par la philosophie de la connaissance et la poétique

4. La poétique et la philosophie de sciences semblent pouvoir fournir à cet égard quelques ressources. Depuis la toute fin du XIXe siècle, certains auteurs et penseurs ont, en effet, précisément essayé de penser *ensemble* le mouvement et l'organisation, la linéarité et l'anticipation constante d'une totalité transversale.

4.1 Avec Mallarmé, la notion de mélodie s'est effacée une première fois au profit de la notion de rythme, qui a désormais été utilisée pour désigner les nouvelles manières d'organiser le flux poétique, une fois celui-ci libéré des règles métriques et de la versification traditionnelles. Directement inspirée des nouvelles pratiques poétiques, des « poèmes en prose » baudelairiens, des « balbutiements syntaxiques » mallarméens et du « vers libre », cette nouvelle notion a désormais été comprise comme une forme d'organisation pluridimensionnelle où la succession temporelle n'est qu'une dimension parmi d'autres d'un écheveau de séquences, d'associations, d'échos, d'oppositions entrecroisés et de silences.

4.2 Dans les années 1930, le philosophe Gaston Bachelard qui, ce n'est pas une surprise, se référait à Mallarmé, a abouti, à son tour, à une critique du modèle mélodique et à une promotion du concept de rythme.

4.2.1 Bergson avait eu tort de placer la conscience sous la lumière douteuse de la durée intime et du modèle mélodique. La durée ne peut en réalité se percevoir en dehors des instants qualitativement différents qui la peuplent. Ce n'est pas notre continuité intime qui est première et les instants de purs artefacts produits par l'intellect, mais bien la suite plus ou moins régulière des moments saillants de notre pensée, qui nous permet de nous sentir durer. Autrement dit, ce sont les « rythmes » de notre pensée qui permettent de percevoir la durée et non l'inverse, rythmes qui, précisait Bachelard, n'ont pas besoin d'être « fondés sur une base temporelle bien uniforme et régulière » mais constituent « des systèmes d'instants ». La durée elle-même serait ainsi composée d'une multiplicité de « rythmes » eux-mêmes très diversifiés.

4.2.2 Les moments de résolution et d'intégration du divers mental, auxquels Changeux faisait référence, pourraient donc se comprendre non pas simplement comme des illuminations soudaines plus ou moins mystérieuses, mais comme les résultats de constructions rythmiques multiples ou, pour le dire autrement, de « complexifications » des diverses durées mentales produisant, à la suite d'une phase critique, « une de ces pensées générales et fécondes qui tiennent sous leur dépendance mille pensées ordonnées », c'est-à-dire un nouvel ordre intellectuel à la fois hiérarchisé et harmonieux. Les rythmes pourraient ainsi se « coordonner » dans des moments de grâce relativement rares et produire alors des pensées très complexes. La durée ou plutôt l'écheveau des durées ressemblerait donc moins à une mélodie linéaire qu'à une torsade de rythmes ponctuée de nœuds plus serrés sans être jamais souqués. Généralisant cette conclusion, Bachelard soutenait ainsi que l'ensemble de la réalité psychique pourrait finalement être placé sous l'égide du concept de rythme et, comme on sait, en déduisait la nécessité d'élaborer une « rythmanalyse » qui pourrait compléter la psychanalyse par une prise en compte des « ondulations » de la vie psychique dans toutes ses dimensions.

4.3 Nous avons vu qu'une troisième forme de substitution du concept de rythme à celui de mélodie a été élaborée par Meschonnic dans les années 1970-1980, sur des bases cette fois linguistiques et poétiques assez distinctes de celles utilisées par Bachelard mais qui le rejoignait sur l'objectif rythmanalytique lui-même.

4.3.1 On sait que la linguistique n'intéressait pas ce dernier et que s'il prêtait en revanche une grande attention à la poétique, il concevait celle-ci plutôt comme une étude de l'imaginaire appuyée sur une phéno-ménologie et une psychanalyse des archétypes proche de celle de Jung. Par ailleurs, assez bizarrement, alors qu'il reprenait à son compte un certain nombre d'apports de la psychanalyse, il ne tenait aucun compte du jeu des mots, des échos sonores, des résonances, des répétitions et des ruptures, en bref de la signifiance produite par ce jeu, et renvoyait la puissance des images poétiques à leur seule participation supposée à des archétypes collectifs. C'est pourquoi, en dépit de ses conséquences inno-vantes, sa définition du rythme lui-même restait très en deçà de la contri-bution mallarméenne dont il se réclamait pourtant.

4.3.2 Meschonnic renouait, quant à lui, avec la pointe des travaux symbolistes à la lumière des progrès récents de la linguistique et de la poétique. Comme en avait déjà eu l'intuition Mallarmé, la « littérarité » d'un discours, ce qui lui donne sa qualité littéraire, dépend de son « rythme », c'est-à-dire de l'ensemble des interactions entre les différents éléments et niveaux du discours. La puissance poétique d'un texte n'a donc rien à voir avec des « archétypes » ou une quelconque thématique des « éléments ». Elle dépend en premier lieu, et tout simplement, du système des signifiants qui constitue son « rythme », c'est-à-dire de l'organisation signifiante de son flux. Et, comme nous l'avons vu, la qualité littéraire d'un discours est à son maximum quand ce rythme porte en soi suffisamment de tensions irrésolues pour que se créent une sorte de réverbération continue et donc un potentiel jamais épuisé pour de nouvelles lectures.

4.4 Au vu de cette petite histoire des rapports entre mélodie et rythme, on pourrait donc faire ici l'hypothèse suivante : les neurosciences pourraient peut-être trouver dans la rythmanalyse poétique issue de l'hy-bridation des réflexions mallarméennes, de la réflexion bachelardienne et des apports de la linguistique et de la poétique, les ressources théoriques nécessaires pour surmonter les problèmes évoqués plus haut.

4.4.1 D'un côté, elles y retrouveraient au niveau du langage toutes les notions d'unité dynamique différenciée, d'interactions, d'échos ou de résonances des parties au sein d'un tout, auxquelles elles sont désormais attachées. Du point de vue poétique, le rythme d'un discours littéraire se présente comme un phénomène dynamique hautement « complexe », très précisément au sens d'Edelman et Tononi : il constitue un système simultanément fluant, différencié et intégré ; il possède des sous-ensembles spécialisés mais chacun d'eux a un effet sur tous les autres, grâce à des boucles et des interactions constantes.

4.4.2 De l'autre, la rythmanalyse poétique pourrait leur suggérer une solution pour relier de manière plus satisfaisante la succession des instants de conscience ordinaires et les instants d'illumination, de souvenir intense ou de percée imaginative qui semblent ponctuer la vie de l'esprit. Plutôt que de voir les processus de pensée, comme une succession de phrases musicales et d'accords, de suites linéaires et d'instants d'élargissement, on pourrait les considérer à l'image du rapport entre l'activité discursive ordinaire et le discours littéraire. Ce rapport est en effet beaucoup plus riche – et certainement beaucoup plus proche de la vie de l'esprit – que le rapport de l'harmonie à la mélodie musicale, qui sont l'une et l'autre purement sonores et ne comportent chacune aucune dimension sémantique. La vie de l'esprit constituerait ainsi une suite d'états du cœur dynamique de complexité variable, dont les modulations ressembleraient à celles du discours ordinaire, et seraient principalement guidées par la recherche des gratifications associées au dépassement de certains seuils d'intégration-différenciation qui ressembleraient, de leur côté, à l'aspect sursaturé ou maximalisé, unique et pourtant partageable, du rythme poétique d'une œuvre.

4.5 Une telle vision des choses permettrait aux neurosciences de surmonter la réduction de la vie de l'esprit à une simple « adaptation » darwinienne à la réalité extérieure, réduction qu'elles défendent parfois. Le souvenir intense, l'illumination intellectuelle ou le coup de génie imaginatif qui constituent les guides de tout processus de pensée ne peuvent en effet se limiter à des moments d'adéquation réussie avec la réalité, et doivent certainement représenter, avant tout, des moments d'intégration-différenciation maximalisés du cœur dynamique, des sortes de moments de surcomplexification, qui font bien surgir en son sein une forme d'adéquation, mais aussi bien avec le présent qu'avec le passé ou le futur. Dans cet état sursaturé, le cœur dynamique semble alors doté d'une énergie potentielle particulière qui fait que l'un et l'autre, l'un ou l'autre, sont alors comme contenus dans le premier. Le cœur peut re-créer un état de conscience antérieur, ou créer un état entièrement nouveau qui peut représenter la solution d'un problème actuel, ou à l'inverse la production d'un problème qui prendra à l'avenir une importance déterminante.

4.6 En s'appuyant sur le modèle poétique, on pourrait donc proposer l'hypothèse suivante : l'illumination intellectuelle, le coup de génie imaginatif ou même le souvenir proustien, tous ces moments qui, par le fait qu'ils sont associés à de fortes gratifications, guident la sélection au sein de la profusion mentale, semblent représenter des instants d'intégration-différenciation maximalisés du cœur dynamique qui font surgir en son sein une énergie potentielle d'un type particulier. La mémoire, la compréhension et l'imagination seraient ainsi liées à la capacité du cerveau d'atteindre des états neuronaux extrêmement complexes, dominés par une sorte de réverbération interne généralisée permettant, en quelque sorte, au passé, au présent et au futur de refluer les uns sur les autres. Ces états particuliers ne feraient toutefois que maximaliser des possibilités neuronales qui seraient déjà présentes dans les états ordinaires du cœur dynamique, comme le poème ne fait que maximaliser les potentialités du discours ordinaire.

4.7 Les neurosciences pourraient donc trouver dans la rythmanalyse poétique des ressources qui pourraient leur permettre d'approfondir leur compréhension de la vie du cerveau. Mais de tels échanges pourraient bien sûr être envisagés également dans l'autre sens, même si cela va à l'encontre de la croyance, courante chez les littéraires, à l'indépendance absolue de la sphère langagière et poétique. On pourrait en effet se demander si le lien entre la qualité poétique d'un discours et la maximalisation de sa complexité rythmique, tel qu'il a été repéré par les études poétiques depuis Mallarmé, ne pourrait pas s'expliquer en fonction des formes de dynamiques neuronales. La poésie apparaîtrait alors comme une fonction langagière aussi nécessaire à la vie des hommes que les moments de forte complexité le sont à la vie de notre cerveau.

Rythme et art

5. Nous avons achevé le cycle de nos observations avec une série de réactions aux chocs reçus lors de rencontres avec quelques pratiques artistiques contemporaines.

5.1 Ces réactions nous ont fait entrer, il faut le reconnaître, dans un domaine assez différent de celui des sciences ou des connaissances formalisées, théorisées et plus moins disciplinées, observées précédemment. Et pourtant, nous avons constaté que ces pratiques éclairaient à leur manière, elles aussi, la réalité rythmique du monde d'aujourd'hui, jetant d'un côté une lumière crue sur les manières de fluer de nos vies et ne cessant, de l'autre, d'imaginer, de tester, de proposer d'autres formes rythmiques, plus propices aux individus singuliers et collectifs. Si, comme le remarquait déjà Mandelstam, ce qui compte est la plus ou moins grande « rythmicité » des sociétés et des groupes au sein desquels nous vivons, on comprend la pertinence du travail des artistes, qui de par leur pratique quotidienne ne cessent d'affronter les rythmes du monde, de les travailler, de les transfigurer, quelles que soient leurs formes d'expression.

5.2 Le contraste est, du reste, saisissant entre la variété, la subtilité et l'inventivité des interventions réalisées par les artistes et le simplisme des diagnostics soutenus par certains philosophes et sociologues. Très souvent, les uns ramènent toutes les transformations récentes à des causes qu'ils prétendent systémiques : la « vitesse » et l'« accélération », pendant que les autres réduisent, d'une manière historiciste sommaire, notre monde à un univers d' « après la modernité », un univers « postmoderne », peuplés d'atomes qui ressembleraient aux individus d'avant mais qui au lieu d'agir pour leur profit agiraient désormais pour leur simple plaisir. La divergence est encore plus grande en ce qui concerne les propositions pratiques. Philosophes et sociologues oscillent, on l'a vu, entre promotion de la jouissance immédiate, défense d'une vie privée bien organisée, regret mélancolique ou réactionnaire pour le passé, et attente de l'Apocalypse et de l'effondrement général. À toutes ces perspectives sans lendemains, les artistes opposent, pour leur part, la force *rythmutopique* de leurs pratiques et toutes les formes de vie mystérieusement puissantes qu'ils ne cessent d'inventer.

Nos chantiers

6. Renonçant aux visions surplombantes familières des philosophes, je me suis astreint dans ces deux volumes à parcourir, dans leurs méandres et dynamiques propres, un certain nombre de propositions rythmanalytiques venant de disciplines assez variées. Toutefois, pour éviter d'être emporté par chacun de ces courants et au contraire tirer parti, autant que faire se pouvait, de leurs différentes forces, j'ai systématiquement croisé les perspectives. Pour le dire autrement, j'ai essayé de rester attentif aux spécificités des *rhuthmoi* propres à chaque discipline, tout en favorisant leurs confrontations mais aussi leurs rapprochements. J'espère de la sorte avoir montré, sans forçage ni naïveté, à partir de quelques cas, les profits que nous pourrions tirer de la rupture des blocus disciplinaires et d'une interaction véritable des points de vue.

6.1 Sur cette base, on l'a vu, il a été possible de prolonger la perspective sociologique présentée dans le premier volume en recourant à certains apports de l'anthropologie et de la poétique, d'étendre la perspective poétique en utilisant la philosophie de l'information, enfin, de proposer aux sciences de la vie quelques idées puisées dans la philosophie des sciences et la poétique. Ces croisements nous ont déjà permis de dessiner les contours d'une *rhuthmanalyse* prenant en compte à la fois le social, le langage et les corps. Or, on peut raisonnablement penser que beaucoup d'autres sont encore envisageables et que la *rhuthmanalyse* connaîtra grâce à eux de nombreux développements inattendus.

6.2 Ces expériences ont toutefois également montré que multiplier ce type de croisements ne sera vraiment possible que si nous arrivons à surmonter un certain nombre d'obstacles ou de blocages méthodologiques et pratiques qui restent aujourd'hui prégnants, en dépit des progrès accomplis.

6.2.1 Le premier, assez général, tient au déséquilibre actuel entre les études rythmanalytiques et les réflexions rythmologiques. On a noté que ce déséquilibre était inverse sur le continent et dans le monde anglo-saxon ou ses marges, mais quel que soit son sens il n'en pose pas moins des problèmes importants. Beaucoup de nouvelles idées surprenantes sont aujourd'hui en train d'émerger, or si nous voulons rester ouverts à cet inconnu qui vient vers nous, il nous faut absolument rééquilibrer les rapports entre ces deux approches du rythme. À l'évidence, il n'y aura pas de rythmologie valide sans une connaissance des multiples rythmanalyses qui ont été développées ces dernières années. Et l'inverse est bien sûr vrai aussi : aucune de ces rythmanalyses ne saurait progresser sans recourir à une réflexion rythmologique générale. À nous de tenir ensemble ces deux exigences.

6.2.2 Un autre obstacle, lui aussi très commun, tient à la persistance de la définition traditionnelle du concept de rythme qui tend à effacer les spécificités des phénomènes étudiés. Si certaines manières de fluer sont régulières, cycliques ou périodiques, beaucoup d'autres on l'a vu, que ce soit dans les sciences de la société, en linguistique et en poétique, dans les différents arts, et même dans certaines sciences de la vie, ne suivent pas ce modèle. La conception de la rythmanalyse proposée par Lefebvre est certainement en partie responsable de ce problème mais elle est loin d'être la seule, c'est pourquoi la domination métrique reste aujourd'hui l'un des tout premiers obstacles qu'il nous faut surmonter.

6.2.3 Un troisième obstacle d'envergure, mais qui perpétue cette fois une faiblesse déjà présente dans l'ensemble de la « constellation rythmique » des années 1970, concerne le rejet par les conceptions naturalistes démocritéennes des conceptions anthropologico-historiques aristotéliciennes de l'analyse des rythmes. Entre Serres, Morin, Deleuze et Guattari, d'une part, et Benveniste, Barthes, Meschonnic, de l'autre, les rapports ont été très conflictuels ou bien inexistants. Or, il en est malheureusement de même aujourd'hui. La plupart des approches rythmanalytiques ignorent la dimension langagière des rythmes ainsi que les travaux disponibles concernant cet aspect fondamental. Cet obstacle ne sera probablement pas très facile à surmonter, mais quelques exemples célèbres tirés du passé suggèrent que cela ne doit pas être tout à fait impossible – on peut citer à cet égard au moins Aristote, Diderot, Goethe et même, peut-être, Nietzsche – mais aussi quelques exemples plus proches de nous, comme on l'a vu en confrontant la sociologie et les neurosciences à l'anthropologie et à la poétique, mais aussi la poétique elle-même aux philosophies de l'information et de la connaissance et aux sciences sociales.

6.2.4 Une difficulté, plus qu'un obstacle, concerne les ressources que le mouvement rythmanalytique actuel pourrait trouver dans les réflexions anti-dualistes des années 1980 et 1990. La rythmanalyse pourrait en effet certainement tirer profit, sur les plans méthodologique comme axiologique, de l'importance que ces travaux ont accordée aux interactions, aux boucles, aux spirales et aux va-et-vient dans la constitution des phénomènes qu'ils essayaient de décrire. Mais il lui faudra prendre garde à l'aspect un peu abstrait de ces considérations qui, pour la plupart, négligeaient les spécificités concrètes des flux organisés qu'ils avaient pourtant commencé à identifier. Il y a là certainement un autre chantier qu'il faudra ouvrir pour mieux relier les rythmanalyses actuelles avec certains des mouvements théoriques novateurs de la fin du XX$^\text{e}$ siècle.

6.2.5 Une dernière difficulté, d'ordre pratique celle-là, est liée à la résistance très forte que rencontre encore aujourd'hui le mouvement rythmanalytique dans les institutions d'enseignement supérieur et de recherche, tout particulièrement sur le continent.

6.2.5.1 Du côté des sciences de la nature, on note la difficulté de beaucoup de spécialistes de chronobiologie à relier la thématique rythmique avec des usages non métriques pourtant en expansion dans certaines sciences de la vie comme l'éthologie, la microbiologie et les sciences neuronales. Selon ces spécialistes, les « rythmes biologiques » ne pouvant être que d'ordre métrique, toute extension de la définition même du rythme est exclue. Mais il devient du coup impossible d'articuler au sein d'une même perspective les phénomènes cadencés qu'ils observent et les phénomènes fluants étudiés par d'autres.

6.2.5.2 Du côté des sciences sociales et humaines, cela fait maintenant plus d'une vingtaine d'années que des études rythmanalytiques de grande qualité paraissent régulièrement, et une bonne dizaine que leur flot a considérablement gonflé, pourtant il n'existe encore aucun centre de recherche, aucun laboratoire dédié à ce nouveau mouvement. Beaucoup de travail sur ce thème est chaque jour réalisé, mais l'essentiel est mené dans des centres disciplinaires spécialisés. L'intérêt pour le rythme est toujours confiné à des départements particuliers et celui-ci n'a pas encore acquis dans l'esprit de la communauté scientifique le statut qu'il mérite. Il est assez significatif à cet égard que tous les jeunes chercheurs qui, lors de leur thèse, se sont risqués sur ce terrain ont pour la plupart dû passer à autre chose pour obtenir un poste, quand ils ont pu en obtenir un.

6.2.5.3 On le voit, le défi ici n'est pas seulement théorique mais bien pratique, institutionnel et donc, d'une certaine manière, politique. Quand disposerons-nous de lieux et de financements susceptibles de soutenir cette recherche émergente ?

6.3 Il me faut, pour finir, évoquer un certain nombre de problèmes qui concernent cette fois l'aspect axiologique de la rythmanalyse.

6.3.1 Tout d'abord, même s'ils ont eu tendance à s'éloigner de nous dans un passé de plus en plus lointain, il ne faut pas se cacher les dangers éthiques et politiques que continuent à faire peser la croyance à une naturalité des outils métriques fabriqués par l'esprit humain pour décrire et mesurer des phénomènes empiriques, et les possibilités d'exportations indues vers les sphères sociales et culturelles, que cette croyance implique. Dans ces deux essais, j'ai volontairement laissé de côté ces problèmes qui étaient déjà bien documentés, mais il n'est pas inutile de rappeler ici, au moins rapidement, les problèmes soulevés, dans la première moitié du XXe siècle, par la transposition sauvage des modèles métrologiques des sciences de la nature et des techniques sur les champs psychologique, social, culturel et historique. Grâce à des recherches de grande qualité, on connaît bien aujourd'hui les modèles, en général autoritaires, qui ont été tirés de ce genre d'extension abusive.

6.3.2 Par ailleurs, nous avons noté que l'aspect éthique et politique de la rythmanalyse, tel que l'envisageaient très explicitement Bachelard et Lefebvre, a souvent été écarté dans les essais contemporains au profit de simples descriptions d'esprit positiviste. Il faut donc à ce propos rappeler que le programme rythmanalytique constituait aux yeux de ses deux fondateurs, en dépit parfois de présupposés méthodologiques assez traditionnels, une réactualisation des critiques freudienne et marxiste de l'aliénation dans les sociétés et les villes capitalistes modernes, mais aussi de leurs promesses de réalisation de soi et d'émancipation sociale.

6.3.3 Concernant maintenant le monde d'aujourd'hui, la rythmanalyse ne pourra déployer toute sa puissance critique si elle se limite à incriminer « l'Empire » ou le « Système » mondial. Il lui faut se départir de l'idée selon laquelle le monde d'aujourd'hui constituerait un immense organisme autoreproducteur fermé, dans lequel rien ne pourrait être changé et qui courrait donc à sa perte, ou bien au contraire où tout pourrait être changé par la seule grâce d'une « révolution par le bas ». Ce à quoi nous avons affaire constitue plutôt un ensemble des dispositifs de domination rythmiques plus ou moins bien emboîtés les uns dans les autres, plus ou moins en concurrence, plus ou moins stables. Sans même parler des fortes tensions et de la fragmentation en cours, ce qui domine à l'évidence, c'est plutôt la diversité, l'instabilité, la fluidité, les mutations et les bifurcations brusques.

6.3.3.1 Cette situation implique, d'une part, de renoncer à un certain nombre de rêves mélancoliques. Nous ne pouvons pas faire abstraction de la réalité fluide telle qu'elle est aujourd'hui, même si elle nous est de plus en plus insupportable. Outre le fait que l'on se trompe presque toujours en idéalisant le passé, il est de toute façon impossible de revenir en arrière et d'espérer que l'on pourrait reconstruire le monde structuré et métrifié tel qu'il a existé autrefois.

6.3.3.2 Mais nous ne pouvons pas non plus attendre une transformation radicale voire un renversement du monde flexréticulaire sur la seule base d'une « déconstruction des normes » ou d'une « politique des multitudes » qui, l'une et l'autre, ont été rattrapées par la fluidification rapide des systèmes socio-économiques. Toutes ces formes d'anti-systémisme sont non seulement devenues inadéquates à la réalité mais se sont progressivement transformées en supplétifs plus ou moins consentants du néolibéralisme.

6.3.4 Notre problème n'est donc pas de revenir aux rythmes métriques de la grande période du capitalisme classique, ni de mythifier le capitalisme néolibéral d'aujourd'hui, ni d'espérer le déconstruire ou le différencialiser tout en lui rendant un hommage quotidien, mais, à l'exemple d'un certain nombre d'artistes et de poètes, d'inventer les nouveaux rythmes de l'avenir.

La plupart des chapitres de ce livre s'inspirent, au prix de transformations souvent importantes, de textes publiés au cours de la dernière décennie. Les autres sont inédits.

Chap. 1 : « Conclusion », P. Michon, *Elements of Rhythmology. IV. A Rhythmic Constellation. The 1970s*, Paris, Rhuthmos, 2021.

Chap. 2 : « Une poétique du sujet » *in* P. Michon (dir.), *Avec Henri Meschonnic. Les gestes dans la voix*, La Rochelle, Himeros/Rumeur des Âges, 2003, pp. 41-62, puis éd. revue et aug. « Sur la critique poétique du sujet » *in* P. Michon, *Fragments d'inconnu. Pour une histoire du sujet,* Paris, Le Cerf, 2010, pp. 159-181 ; « A Rhythm Constellation in the 1970s and 1980s – Lefebvre, Foucault, Barthes, Serres, Morin, Deleuze & Guattari, and Meschonnic », paper partly presented at Goldsmith College on April 25, 2017 in the Seminar series Rhythmanalysis: « Everything You Always Wanted to Know but Were Afraid to Ask. » : http://rhuthmos.eu/spip.php?article2428 et « Une brève histoire de la théorie du rythme depuis les années 1970 », Rhuthmos, 20 juin 2012 : http://rhuthmos.eu/spip.php?article608.

Chap. 3 : « Compte rendu de M. Macé, *Façons de lire, manières d'être* – Rythme et manière dans la nouvelle stylistique », *Rhuthmos*, 24 octobre 2011 : http://rhuthmos.eu/spip.php?article437.

Chap. 4 : Inédit.

Chap. 5 : « Epistemological models used in memory studies by social and neuro-science. A philosophical inquiry », intervention présentée lors du « Colloque interdisciplinaire sur la mémoire dans les neurosciences et les sciences humaines » organisé par Suzanne Nalbantian au Cold Spring Harbor Laboratory en 2007, et publiée, pour partie, dans « Vers un nouveau paradigme scientifique : le paradigme rythmique ? », in C. Doumet et A. W. Lasowski (dir.), *Rythmes de l'homme, rythme du monde*, Paris, Hermann, 2010.

Chap. 6 : Idem.

Chap. 7 : Idem.

Chap. 8 : « Maguy Marin – L'aujourd'hui encore aujourd'hui demain », texte paru dans le n° 226 de la revue *Théâtre public*, consacré à Maguy Marin, Montreuil, Editions théâtrales, Octobre-décembre 2017, pp. 17-22.

Chap. 9 : « Mark Lewis – Above and Below », intervention pendant la Soirée du BAL dédiée à Mark Lewis le 12 mars 2015 : *Rhuthmos ,* « Arts plastiques et Vidéo – Soirée autour de Mark Lewis – Le BAL – Paris – 12 mars 2015 » : http://rhuthmos.eu/spip.php?article1493.

Chap. 10 : Inédit.

Chap. 11 : Inédit.

Chap. 12 : « Quelques réflexions sur le rythme aujourd'hui », intervention présentée, à l'invitation de Maguy Marin, à RAMDAM – Centre d'art, Sainte Foy-lès-Lyon, le 4 mars 2017.

Bibliographie des vol. 1 et 2

Article « Rythme », *Trésor de la langue française informatisé* : http://stella.atilf.fr/Dendien/scripts/ tlfiv5/visusel.exe?12;s=467938005;r=1;nat=;sol=1;

Alhadeff-Jones, Michel, "Three Generations of Complexity Theories : Nuances and Ambiguities," *Educational Philosophy and Theory*, vol. 40, n° 1, 2008, pp. 66-82 and republished in Mason, M. (Ed.) (2008). *Complexity Theory and the Philosophy of Education*, Oxford, Blackwell-Wiley. http://www.rhuthmos.eu/spip.php?article610.

— « Everyday Rhythms – Atelier Vidéo », 28 octobre 2011 – https://rhuthmos.eu/spip.php?article434.

— *Time and the Rhythms of Emancipatory Education. Rethinking the temporal complexity of self and society.* London-New York, Routledge, 2017.

Alÿs, Francis, *Railings* (Fitzroy Square), 2004 – https://rhuthmos.eu/spip.php?article2813.

Aristote, *La poétique. Textes, traduction, notes* par Dupont-Roc, Roselyne & Lallot, Jean, Paris, Le Seuil, 1980.

Ascher, François & Godard, Francis (dir.), *Colloque de Cerisy – Modernité : la nouvelle carte du temps.* La Tour d'Aigues, Éditions de l'Aube, 2001.

Aubert, Nicole, *Le culte de l'urgence. La société malade du temps*, Paris, Flammarion, 2003.

— (dir.), *Vivre l'urgence dans les organisations*, Paris, L'Harmattan, 2005.

Augé, Marc, *Non-lieux. Introduction à une anthropologie de la surmodernité*, Paris, Le Seuil, 1992.

Bachelard, Gaston, *L'intuition de l'instant. Étude sur la Siloë de Gaston Roupnel* [1932], Paris, Stock, 1992.

— *Dialectique de la durée* [1936], Paris, PUF, 2006.

Bailly, Jean-Paul & Heurgon, Edith, *Nouveaux rythmes urbains : quels transports ?* La Tour d'Aigues, Editions de l'Aube, 2001.

Baier, Lothar, *Pas le Temps ! Essai sur l'accélération*, Arles, Actes Sud, 2000.

Barthes, Roland, *Comment vivre ensemble ? Simulation romanesque de quelques espaces quotidiens?* [1977], Paris, Le Seuil-IMEC, 2002.

Barretta, Claudia & Miramontes, Leticia & Zorrilla, Aníbal, *Ritmando Danzas. Análisis Rítmico de la Danza.* Buenos Aires, Editorial Autores de Argentina, 2013.

Baudelaire, Charles, *Petits poèmes en prose* [1862] in *Œuvres complètes*, Paris, Gallimard, 1976.

— « Le Peintre de la vie moderne » [1863] in *Œuvres complètes*, Paris, Gallimard, 1976.

Bauman, Zigmunt, *Liquid Modernity*, Cambridge, Polity Press, 2000.

Baxmann, Inge & Gruss, Melanie, *Arbeit und Rhythmus – Lebensformen im Wandel*, München, Wilhelm Fink, 2009.

— « Utopies du travail heureux au début du XXe siècle » in I. Baxmann *et al.*, *Arbeit und Rhythmus – Lebensformen im Wandel*, Paderborn, Wilhelm Fink Verlag, 2009, pp. 15-36 : http://rhuthmos.eu/spip.php?article643.

Bégout, Bruce, *La découverte du quotidien*, Paris, Allia, 2005.

Béja, Alice & Paquot ,Thierry (dir.), "Changer de rythme," *Esprit* n° 410, Paris, décembre 2014.

Benveniste, Émile, « La notion de "rythme" dans son expression linguistique » [1951], *Problèmes de linguistique générale I*, Paris, Gallimard, 1966.

— *Problèmes de linguistique générale I*, Paris, Gallimard, 1966.

— *Problèmes de linguistique générale II*, Paris, Gallimard,1974.

Benjamin, Walter, *Charles Baudelaire. Ein Lyriker im Zeitalter des Hochcapitalismus* [1936] – trad. fr. *Charles Baudelaire. Un poète lyrique à l'apogée du capitalisme*, Paris, Payot, 1979.

Bensaïd, Daniel, *Walter Benjamin, sentinelle messianique*, Paris, Plon, 1990.

— *La Discordance des temps. Essais sur les crises, les classes, l'histoire*, Paris, Éditions de la passion, 1995.

Beyer, Chris, *Rythmes de vie, rythmes de villes . Étude des articulations temporelles dans les agglomérations moyennes*, Thèse de doctorat de géographie sous la direction d'Yves Jean et Dominique Royoux, soutenue le 26 novembre 2014 à l'Université de Poitiers.

Bergson, Henri, *Essai sur les données immédiates de la conscience* [1889], Paris, PUF, 1970.

— *L'Évolution créatrice* [1907] , Paris, PUF, 2013.

— *La Pensée et le Mouvant* [1911], Paris, PUF, 2013.

Bisson, Frédéric, « Ainsi marche Anna Cruz », *in Rythmanalyses – Multitudes*, n° 46, automne 2011.

Bode, Rudolf, *Der Rhythmus und seine Bedeutung für dir Erziehung*, Jena, Eugen Diederich, 1920. Trad. angl. Paola Crespi. *Rhythm and its Importance for Education* in *Body & Society*, n° 20, Sage, 2014, pp. 51-74.

Boissière, Anne, « Espace acoustique, rythme, *Gestaltung* : à propos des tracés informes d'Augustin Lesage », Catalogue de l'exposition *L'autre de l'art, Art involontaire, art intentionnel en Europe, 1850-1974*, LaM, , 2014, pp. 149-159.

Boltanski, Luc & Thévenot, Laurent, *De la justification. Les économies de la grandeur*, Paris, Gallimard, 1991.

Bolton, Thadeus, « Rhythm », *American Journal of Psychology*, 6, 1894, pp. 145-238.

Bonfiglioli, Sandra, « La ville est un thème qui doit être considéré comme le pivot d'un nouveau pacte social. Et les femmes savent ce qu'elles veulent », D. Royoux & P. Vassalo (dir.), *Urgences temporelles. L'action publique face au temps de vivre*, Paris, Éditions Syllepse, 2013.

Borch, Christian, Bondo Hansen, Kristian & Lange, Ann-Christina, « Markets, bodies, and rhythms: A rhythmanalysis of financial markets from open-outcry trading to high-frequency trading », *Environment and Planning* D, 33 (6), 2015, pp. 1080-1097.

Boulin, Jean-Yves, « Le temps du travail dicte-t-il l'emploi du temps des citadins ? », T. Paquot (dir.), *Le quotidien urbain. Essais sur les temps de la ville*, Paris, La découverte/Institut des villes, 2001.

Boulin, Jean-Yves & Lesnard, Laurent, *Les batailles du dimanche*, Paris, PUF, 2017.

Boulez, Pierre, *Penser la musique aujourd'hui*, Paris, Gonthier, 1963.

Bourassa, Lucie, « La forme du mouvement (sur la notion de rythme) » *Horizons philoso-phiques*, Vol. 3, n° 1, 1992, pp. 103-120 : http://www.rhuthmos.eu/spip.php?article234.

— « "Du texte véridique" au "fait rythmique et transitoire". Les rythmes du traduire et la poétique de Mallarmé » *in* Brisset, Anne (éd.), « Poésie, cognition, traduction I/Poetry, Cognition, Translation I », *TTR – Traduction, terminologie, rédaction*, vol. 12, n° 1, 1999, pp. 91-114 : http://www.rhuthmos.eu/spip.php?article370.

— « Du signe à l'articulation : Humboldt, Hegel, Mallarmé » *in* Lindorfer, Bettina & Naguschewski, Dirk (ed.), *Hegel. Zur Sprache. Beiträge zur europäischen Sprach-reflexion*, Tübingen, Gunter Narr Verlag, 2002, pp. 181-197. http://www.rhuthmos.eu/spip.php?article356.

— *Rythme et Sens. Des processus rythmiques en poésie contemporaine* [1993], Paris, Rhuthmos, 2015.

— *Henri Meschonnic. Pour une poétique du rythme* [1997], Paris, Rhuthmos, 2015.

Bouton, Christophe, *Le temps de l'urgence*, Paris, Le Bord de l'eau, 2013.

Bowdler, Caitlan, *Dance as Rhythmanalysis* – Piccadilly Gardens Manchester (2015), *Rhuthmos*, 29 janvier 2022 : https://rhuthmos.eu/spip.php?article2816.

Brain, Robert Michael, *The Pulse of Modernism. Physiological Aesthetics in Fin-de-Siècle Europe*, Seattle-London, University of Washington Press, 2015.

Brighenti, Andrea Mubi & Kärrholm, Mattias, « Beyond Rhythmanalysis: Towards a territoriology of rhythms and melodies in everyday spatial activities", *City, Territory and Architecture*, n° 5, Springer, 2018 : http://www.rhuthmos.eu/spip.php?article2471.

Bücher, Karl, *Arbeit und Rhythmus* [1896] 1899.

Carayol, Valérie & Bouldoires, Alain (dir.), *Discordance des temps. Rythmes, temporalités, urgence à l'ère de la communication*, Pessac, Maison des Sciences de l'Homme d'Aquitaine, 2011.

Carpentier, Raymond & Clignet, Rémi, *Du temps pour les sciences sociales. La durée, l'ordre et le rythme*, Paris, L'Harmattan, 1998.

Castel, Robert & Haroche, Claudine, *Propriété privée, propriété sociale, propriété de soi. Entretiens sur la construction de l'individu moderne*, Paris, Fayard, 2001.

Cavagna Andrea *et al.*, « Scale-free correlations in starling flocks », *Proceedings of the National Academy of Sciences of the United States of America*, June 29, 2010 107 (26) 11865-11870.

Changeux, Jean-Pierre, *L'Homme de vérité*, Paris, Odile Jacob, 2002.

Chapoulie, Jeaan-Michel, *Les professeurs de l'enseignement secondaire. Un métier de classe moyenne*, Paris, Éditions de la Maison de sciences de l'Homme, 1987.

Chapouthier, Georges, *Biologie de la mémoire*, Paris, Odile Jacob, 2006.

Chen, Yi, « "Walking with" : A Rythmanalysis of London's East End », *Culture Unbound*, 3, 2013, pp. 531-549.

— *Practising Rhythmanalysis: Theories and Methodologies*, London-New York, Rowman & Littelfield, 2017.

Chiffoleau, Sylvia (dir.), « Les empreintes du temps : calendrier et rythmes sociaux », *Revue des mondes musulmans et de la Méditerranée*, n° 136, Aix-en-Provence, Presses universitaires de Provence, 2014.

Citton, Yves, « Axiomes de survie pour une rythmanalyse politique », *Multitudes*, n° 46, 2011 – https://rhuthmos.eu/spip.php?article1703.

Cook, Matthew & Edensor,Tim, « Cycling through dark space: Apprehending landscape otherwise », *Mobilities*, 12 (1), pp. 1-19.

Coser, L. A. et Coser, R. L., « Time Perspective and Social Structure" » *in* Gouldner, A. W. et Gouldner, H. P. (dir.), *Modern Sociology*, New York, Harcourt Brace, 1963.

Couturier-Heinrich, Clémence, *Aux origines de la poésie allemande. Les théories du rythme des Lumières au Romantisme*, Paris, CNRS éditions, 2004.

— « Gottfried Hermann (1772-1848), un philologue kantien », *Revue germanique internationale*, n° 14, 2011 : « http://www.rhuthmos.eu/spip.php?article1372

— « Les emplois du mot *rythme* en Allemagne autour de 1800 : un terme technique s'émancipe », 2016, *Rhuthmos* : http://www.rhuthmos.eu/spip.php?article720

Cowan, Michael, *Technology's Pulse. Essays on Rhythm in German Modernism* [2011], Paris, Rhuthmos, 2018.

Cowan, Michael & Guido, Laurent (dir.), « Rythmer/Rhythmize », *Intermédialités. Histoire et théorie des arts, des lettres et des techniques*, n° 16. Montréal, Université de Montréal, automne 2010.

Crespi, Franco (dir.), *Tempo vola. L'esperienza del tempo nella società contemporanea*, Bologna, Il Mulino, 2005.

Crespi, Paola, « Rhythmanalysis in Gymnastics and Dance: Rudolf Bode and Rudolf Laban », *Body & Society*, n° 20, Sage, 2014.

Crespi, Paola & Manghani, Sunil (eds.), *Rhythm and Critique. Technics, Modalities, Practices*, Edinburgh, Edinburgh University Press, 2020.

Cunha, Manuela, « Le temps suspendu – Rythmes et durées dans une prison portugaise », *Rhuthmos*, 12 octobre 2011 : http://rhuthmos.eu/spip.php?article424.

— « El tiempo que no cesa. La erosión de la frontera carcelaria », *Rhuthmos*, 2 novembre 2011: http://rhuthmos.eu/spip.php?article454.

Dahan-Gaida, Laurence (dir.), *Temps, Rythmes, Mesures. Figures du temps dans les sciences et les arts*. Paris, Hermann, 2012.

Dameron, Catherine, « L'enfant au cœur des rythmes scolaires », D. Royoux & P. Vassalo (dir.), *Urgences temporelles. L'action publique face au temps de vivre*, Paris, Éditions Syllepse, 2013.

de Saussure, Ferdinand, *Cours de linguistique générale* [1915], Paris, Payot, 1979.

Debord, Guy, « Théorie de la dérive », *Les Lèvres nues*, n° 9, décembre 1956, in *Œuvres*, Paris, Gallimard, 2006, pp. 251-257.

Deleuze, Gilles & Guattari, Félix,. *Mille plateaux. Capitalisme et schizophrénie 2*, Paris, Minuit, 1980.

Descombes, Vincent, *Les institutions du sens*, Paris, Minuit, 1996.

— *Le complément de sujet. Enquête sur le fait d'agir de soi-même*, Paris, Gallimard, 2004.

Despont, Catherine, « Productive Creativity: On Janina Wellmann's *The Form of Becoming* », 2017 : https://bombmagazine.org/articles/productive-creativity-on-janina-wellmanns-the-form-of-becoming-embryology-and-the-epistemology-of-rhythm-1760-1830/

Dessons, Gérard, *Introduction à l'analyse du poème*, Paris, Armand Colin, 1991.

— *Introduction à la poétique. Approches des théories de la littérature*, Paris, Dunod, 1995.

— *L'Art et la Manière. Art, littérature, langage*, Paris, Champion, 2004.

Dodgshon, Robert, « Geography's place in time », *Geografiska Annaler*, Series B, Human Geography, vol. 90 (issue 1), March 2008, pp. 1-15 – disponible sur *Rhuthmos*, 13 avril 2015 : https://rhuthmos.eu/spip.php?article1520.

Doumet, Christian & Wald Lasowski, Aliocha (dir.), *Rythmes de l'homme, rythmes du monde*. Paris, Hermann, 2010.

Drevon, Guillaume, Gwiazdzinski, Luc, and Klein, Olivier (éd.), *Chronotopie – Chronotopics. Lecture et écriture des mondes en mouvement. Readings and Writings on a World in Movement*, Seyssinet-Paris et Elya Editions, 2017.

Durkheim, Émile, *Les Formes élémentaires de la vie religieuse* [1912], Paris, PUF, 1985.

Dumont, Louis, *Homo aequalis. Genèse et épanouissement de l'idéologie économique*, Paris, Gallimard, 1977.

— *Essais sur l'individualisme. Une perspective anthropologique sur l'idéologie moderne*, Paris, Le Seuil, 1983.

Dupont-Roc, Roselyne & Lallot, Jean, *Aristote – La poétique. Textes, traduction, notes*, Paris, Le Seuil, 1980.

During, Elie, « Le rythme et la mesure dans l'Esthétique de Hegel » *in* Sauvanet, Pierre & Wunenburger (éd.), *Rythmes et Philosophie*, Paris, Kimé, 1996, pp. 163-190.

Edelman Gerald M. & Tononi G., *A Universe of Consciousness. How Matter Becomes Imagination*, New York, Basic Books, 2000.

Edensor, Tim, « Reconsidering national temporalities, institutional time, everyday routines, serial spaces and synchronicities », *European Journal of Social Theory*, 9 (4), 2006, pp. 525-545.

— (ed.), *Geographies of rhythm: Nature, place, mobilities and bodies*, Farnham, Ashgate, 2010.

— « Walking in rhythms : Place, regulation, style and the flow of experience », *Visual Studies*, 25 (1), 2010, pp. 69-79 .

— « Commuter: Mobility, rhythm and commuting » in Creswell, T. & Merriman, P. (eds.), *Geographies of mobilities: Practices, spaces, subjects*, Farnham, Ashgate, 2011.

— « Rhythm and arrhythmia » in Adey, P., Bissell, D., Hannam, K., Merriman, P. & Sheller M. (eds), *The Routledge Handbook of Mobilities*, Abingdon, Oxon, Routledge, 2014.

— *From light to dark. Daylight, Illumination, and Gloom*, Minneapolis, Minnesota University Press, 2017.

Edensor, Tim & Holloway, Julian, « Rhythmanalysing the coach tour : The ring of Kerry, Ireland », *Transactions of the Institute of British Geographers*, 33, 2008, pp. 483-501.

Edensor, Tim & Bowdler, Caitlan, « Site-specific dance : Revealing and contesting the ludic qualities, everyday rhythms, and embodied habits of place », *Environment and Planning* A, 47, 2015, pp. 709-726.

Edensor,Tim, Kärrholm, Mattias & Wirdelöv, Joan , « Rhythmanalysing the urban runner : Pildammsparken, Malmö, *Applied Mobilities*, 2017, pp. 1-18.

Edensor, Tim & Larsen, Jonas, « Rhythmanalysing marathon running: "A drama of rhythms" », *Environment and Planning A: Economy and Space*, 50(3), 2018, pp. 730-746.

Ehrenberg, Alain, *La fatigue d'être soi. Dépression et société*, Paris, Odile Jacob, 1998.

Eikelboom, Lexi, *Rhythm. A Theological Category*, Oxford, Oxford University Press, 2018.

Elden, Stuart, *Understanding Henri Lefebvre, Theory and the Possible*, London-New York, Continuum, 2004.

— « Rhythmanalysis: An introduction » in H. Lefebvre, *Rhythmanalysis: Space, Time and Everyday Life*, London-New York, Continuum, 2004.

— « Some are born posthumously : The French afterlife of Henri Lefebvre », *Historical Materialism*, 14 (4), 2006, pp. 185-202.

Elden, Stuart, Lebas, Elizabeth & Kofman, Eleonore (eds), *Henri Lefebvre, Key Writings*, London, Bloomsbury, 2017.

Elias, Norbert, *Du temps* [1984], Paris, Fayard, 1997.

Eymard-Duvernay F. (éd.), *L'économie des conventions, méthodes et résultats.* Tome 1 : *Débats* / Tome 2 : *Développements*, Paris, La découverte, 2006.

Fabbri, Véronique, *Danse et Philosophie. Une pensée en construction*, Paris, L'Harmattan, 2007.

Faye, Jean-Pierre, *Langages totalitaires*, Paris, Hermann, 1972.

Faye, Jean-Pierre, *Introduction aux langages totalitaires*, Paris, Hermann, 1972.

Fayeton, Philippe, Le *rythme urbain. Éléments pour intervenir sur la ville*, Paris, L'Harmattan, 2000.

Ferry, Luc & Renaut, Alain, *La pensée 68,* Paris, Gallimard, 1985.

— *68-86, Itinéraires de l'individu*, Paris, Gallimard, 1987.

Fessard, Alfred, *Les propriétés rythmiques de la matière vivante*, Paris, Hermann, 1936.

Finchelstein, Gilles, *La dictature de l'urgence*, Paris, Fayard, 2011.

Fleming, P. R., *A Short History of Cardiology*, Amsterdam – Atlanta, GA, Rodopi, 1997.

Formarier, Marie, *Entre rhétorique et musique. Essai sur le rythme latin antique et médiéval*, Turnhout, Brepols, 2014.

Formarier, Marie & Schmitt, Jean-Claude (dir.), *Rythmes et croyances au Moyen Âge*. Pessac, Ausonius, 2014.

Foucault, Michel, *Histoire de la folie à l'âge classique*, Paris, Gallimard, 1961.

—— *Surveiller et Punir. Naissance de la prison*, Paris, Gallimard, 1975.

—— *Histoire de la sexualité. Vol. 1 : La Volonté de savoir*, Paris, Gallimard, 1976.

—— *Histoire de la sexualité. Vol. 2 : L'Usage des plaisirs*, Paris, Gallimard, 1984.

—— *Histoire de la sexualité. Vol. 3 : Le Souci de soi*, Paris, Gallimard, 1984.

Fraisse, Paul, *Psychologie du temps*, Paris, PUF, 1967.

—— *Psychologie du rythme*, Paris, 1974.

Friedmann, Georges, *Le Travail en miettes. Spécialisation et loisirs* [1956], Paris, Gallimard, 1964,

Fukuyama, Francis, *La Fin de l'histoire et le Dernier Homme*, Paris, Flammarion, 1992.

Gardella, Édouard, « Au rythme de l'accompagnement. L'expérience éthique du travail de rue dans l'urgence sociale » [2009], *Rhuthmos*, 14 mars 2011 : https://rhuthmos.eu/spip.php?article299.

—— *L'urgence sociale comme chronopolitique. Temporalités et justice sociale de l'assistance aux personnes sans-abri en France depuis les années 1980*, thèse de doctorat en sociologie, sous la direction de Patrice Duran et de Daniel Cefaï, soutenue en 2014 à l'ENS de Cachan.

—— « L'urgence comme chronopolitique », *Temporalités*, 19|2014 – http://journals.openedition.org/temporalites/2764.

Garrabé, Laure, *Les rythmes d'une culture populaire : les politiques du sensible dans le maracatu-de-baque-solto, Pernambuco, Brésil*, thèse de doctorat en anthropologie, sous la direction de Jean-Marie Pradier et de François Laplantine, soutenue en 2010 à l'Université de Paris 8.

—— « L'étude des pratiques performatives au prisme d'une anthropologie de l'esthétique », *Rhuthmos*, 22 octobre 2016, https://rhuthmos.eu/spip.php?article1200.

—— Résumé de la thèse : : https://rhuthmos.eu/spip.php?article211.

Gergen, Kenneth, *The Saturated Self. Dilemmas of Identity in Contemporary Life*, New York, Basic Books, 2000.

Genard, Jean-Louis, « Le concept de rythme au cœur d'un tournant esthétique de la pensée et des politiques de la ville », *EspacesTemps.net*, Travaux, 30 mai 2019 – https://www.espacestemps.net/articles/le-concept-de-rythme-au-coeur-dun-tournant-esthetique-de-la-pensee-et-des-politiques-de-la-ville/

Gérardot, Maie, « La construction rythmique de l'incontournable touristique. L'exemple de la tour Eiffel », *Articulo – Journal of Urban Research*, 4|2008, 4 October 2008 : http://articulo.revues.org/195.

—— *Tourisme et métropole. Analyser le lien entre tourisme, métropole, métropolisation et métropolité par le rythme. L'exemple de Paris*, thèse de doctorat en géographie, sous la direction de Rémy Knafou, soutenue en 2009 à l'Université de Paris 1.

— « Le rythme en géographie : un état des lieux », *Rhuthmos*, 2 septembre 2010 : https://rhuthmos.eu/spip.php?article171.

Ghasemzadeh, Nima & Zafari A. Maziar, "A Brief Journey into the History of the Arterial Pulse," *Cardiology Research and Practice*, vol. 2011, Article ID 164832.

Ghyka, Matila, *Le nombre d'or. Rite et rythmes pythagoriciens dans le développement de la civilisation occidentale*, Paris, Gallimard, 1931.

Giddens, Anthony, *The Constitution of Society. Outline of the Theory of Structuration*, Cambridge, Polity, 1984.

— *Les conséquences de la modernité* [1990], Paris, L'Harmattan, 1994.

Girard, Bernard, *Une révolution du management. Le modèle Google*, Paris, MM2 Editions, 2006.

Godard, Francis, « Cessons d'opposer temps individuels et temps collectifs », *Projet* n° 273, mars 2003, pp. 35-42 : http://rhuthmos.eu/spip.php?article917.

— « Les temps du quotidien » *in* L. Vodoz & C. Jemelin (dir.), *Les territoires de la mobilité : l'aire du temps*, Lausanne, PPUR, 2004, pp. 43-56 : http://rhuthmos.eu/spip.php?article1255

— « Vie publique et vie privée : de nouveaux régimes temporels », *Réseaux*, 2007/1, N° 140, pp. 29-65 : http://rhuthmos.eu/spip.php?article1302.

Golston, Michael, « "Im Anfang war der Rhythmus" : Rhythmic Incubations in Discourses of Mind, Body, and Race from 1850-1944 », *Stanford Humanities Review*, vol. 5, supplement : Cultural and Technological Incubations of Fascism, 1996: http://rhuthmos.eu/spip.php?article683

— *Rhythm and Race in Modernist Poetry and Science: Pound, Yeats, Williams, and Modern Sciences of Rhythm*, New York, Columbia University Press, 2008.

Goonewardena, Kanishka, Kipfer, Stefan, Milgrom, Richard, & Schmid Christian (ed.), *Space, Difference, Everyday Life : Reading Henri Lefebvre*, New York, Routledge, 2008.

Graff, Christian, *Étude de rythmes ponctuels. Introduction aux rythmes irréguliers (de l'éthologie à la psychophysique)*, Mémoire d'habilitation à diriger les recherches, 3 novembre 2014, Méthodes et statistiques. Univ. Grenoble Alpes; École Doctorale pour l'Ingénierie, la Santé, et l'Environnement (EDISCE).

Groethuysen, Bernard, *Anthropologie philosophique* [1931], Paris, Gallimard, 1980.

Guinzbourg, Moisséï Iakovlevitch, *Le rythme en architecture* [1923], CH-Gollion, Infolio, 2010.

Gurvitch, George, *La Vocation actuelle de la sociologie*, 2 vol., Paris, PUF, 1950.

Gwiazdzinski, Luc, *La Ville 24 heures sur 24. Regards croisés sur la société en continu* [2003], Paris, Rhuthmos, 2016.

— *La Nuit, dernière frontière de la ville* [2005], Paris, Rhuthmos, 2016.

— « Les métropoles à l'épreuve de la saturation. Pour une politique des rythmes », Lageira, Jacinto & Lamarche-Vadel Gaëtane (dir.), *Appropriations créatives et critiques*, Sesto

San Giovanni, Mimesis, 2018, *Rhuthmos*, 1er mars 2020 : https://rhuthmos.eu/spip.php?article2502.

Habermas, Jürgen, *Théorie de l'agir communicationnel*, 2 vol. [1981], Paris, Fayard, 1987.

Halbwachs, Maurice, *Les Cadres sociaux de la mémoire* [1925], Paris, Albin Michel, 1994.

— *La Mémoire collective* [1950], Paris, Albin Michel, 1997.

Hanse, Olivier, *À l'école du rythme... Utopies communautaires allemandes autour de 1900*, Saint-Étienne, Presses univ. de Saint-Étienne, 2010.

— « Utopies rythmiques au début du XXe siècle allemand : le rythme comme ciment social et comme remède au morcellement des sciences », *Rhuthmos*, 27 mai 2012 : http://rhuthmos.eu/spip.php?article626.

— « Rythme et mesure chez Ludwig Klages (1872-1956) avec un extrait de La Nature du rythme », *Rhuthmos*, 13 juillet 2012 : http://rhuthmos.eu/spip.php?article636.

Harvey, David, *The Condition of Postmodernity*, Oxford, Blackwell, 1989.

Hartog, François, *Régimes d'historicité. Présentisme et expériences du temps*, Paris, Seuil, 2003.

Hazan, Éric, *Lingua Quintae Respublicae. La propagande au quotidien*, Paris, Raisons d'agir, 2006.

Henriques, Julian, Tianen, Milla & Väliaho, Pasi, « Rhythm returns : Movement and cultural theory », *Body & Society*, N° 20, 2014, pp. 3-29.

Hertz, David, *The Tuning of the Word. The Musico-Literary Poetics of the Symbolist Movement*, Carbondale and Edwardsville, Southern Illinois University Press, 1987.

Honoré, Carl, *Éloge de la lenteur* [2004], Paris, Marabou, 2005.

— *Under Pressure: Rescuing Our Children from the Culture of Hyper-Parenting*, San Francisco, HarperSanFrancisco, 2008.

Hopwood, Nick, Schaffer, Simon & Secord, Jim, « Seriality and scientific objects in the nineteenth century », *History of Science*, xlviii, 2010 : http://rhuthmos.eu/spip.php?article1413

Iacub, Marcela, *Le crime était presque sexuel. Et autres essais de casuistique juridique*, Paris, Flammarion, 2002.

Ikoniadou, Eleni, *The Rhythmic Event, Art, Media and the Sonic*, Cambridge-MA et Londres, Routledge, 2014.

Jakobson, Roman, « Linguistique et poétique » [1960], *Essais de linguistique générale*, Paris, Minuit, 1963.

— « Concluding statement. Linguistics and poetics », T. A. Sebeok (dir.), *Style in Language*, Cambridge, MIT Press, 1960.

Jameson, Fredric, *Late Marxism: Adorno, or, The Persistence of the Dialectic*, London & New York, Verso, 1990.

— *Postmodernism, or, The Cultural Logic of Late Capitalism*, Durham, Duke University Press, 1991.

Jenny, Laurent (dir.), *Le style en acte. Vers une pragmatique du style*, Genève, MētisPresses, 2011.

Jouvenel, Hugues de (dir.), « L'emploi du temps. L'évolution comparée des usages du temps. La désynchronisation des temps sociaux. La répartition sexuelle des tâches. » *Futuribles. Analyse et Prospective*. N° 285, Paris, avril 2003.

Kern, Leslie, « Rhythms of gentrification: Eventfulness and slow violence in a happening neighbourhood », *Cultural Geographies*, 23 (3), 2015, pp. 414-457.

Klages, Ludwig, *Vom Wesen des Rhythmus* [1922], trad. fr. Hanse, Olivier, *La Nature du rythme*, Paris, L'Harmattan, 2004.

Klimis, Sophie, « Rhythm as Self-Creation of the Subject. In search of the *corporeal-poetical-political continuum* » in A. Böhler, C. Herzog, A. Pechriggl (Hg.), *Korporale Performanz. Zur bedeutunggenerierenden Dimension des Leibes*, Bielefeld, Transcript, 2013, S. 83-102 : https://rhuthmos.eu/spip.php? Article1509

Koselleck, Reinhart, « Champ d'expérience et horizon d'attente : deux catégories histori-ques », *Le Futur passé. Contribution à la sémantique des temps modernes*, trad. Hoock J. & Hoock, M.-C., Paris, EHESS, 1990.

Korotayev A. & Tsirel S., « A Spectral Analysis of World GDP Dynamics: Kondratieff Waves, Kuznets Swings, Juglar and Kitchin Cycles in Global Economic Development, and the 2008–2009 Economic Crisis », *Structure and Dynamics*, vol. 4, # 1, 2010, pp. 3-57.

Laban, Rudolf, « Eurhythmie *und* Kakorhythmie in *Kunst und Erziehung* » [1921], trad. angl. Crespi, Paola : *Eurhythmy and Kakorhythmy in Art and Education* in *Body & Society*, n° 20, Sage, 2014, pp. 75-78.

Lacôte, Thomas, « Temps lisse, temps strié : un clap de fin ? », 4 mars 2017 : https://phtoggos.wordpress.com/2017/03/04/temps-lisse-temps-strie-clap-de-fin/

Laïdi, Zaki, *Le Sacre du présent*, Paris, Flammarion, 2002.

Lamy, Julien, Le *pluralisme cohérent de la philosophie de Gaston Bachelard*, thèse de philosophie soutenue à l'Université Lyon 3 – Jean Moulin, 2018 : http://www.rhuthmos.eu/spip.php?article2242.

Lamy, Julien & Wunenburger, Jean-Jacques (dir.), *Rythmanalyse(s). Théories et pratique du rythme. Ontologie, définitions, variations*, Lyon, Jacques André. 2018.

Landes, David S., *L'heure qu'il est : les horloges, la mesure du temps et la formation du monde moderne* [1983-2000], Paris, Les Belles Lettres, 2017.

Laplantine, Chloé, *Émile Benveniste, l'inconscient et le poème*, Limoges, Lambert-Lucas, 2011.

Laplantine, François, *Le Social et le Sensible. Introduction à une anthropologie modale*, Paris, Téraèdre, 2005.

— « Le vivant et le vécu, l'expérimentation et l'expérience, la catégorie et l'énergie », *Rhuthmos*, 14 février 2011 : http://rhuthmos.eu/spip.php?article276.

Lasen, Amparo, *Le temps des jeunes. Rythmes, durée et virtualités*, Paris, L'Harmattan,. 2001.

Latour, Bruno, *Changer de société. Refaire de la sociologie* [2005], trad. de l'anglais par Nicolas Guilhot, Paris, La Découverte, 2006.

Le Breton, David, *Passions du risque*, Paris, Métailié, 1991.

Leccardi, Carmen, *Orizzonti del tempo. Esperienza del tempo e mutamento sociale*, Milano, FrancoAngeli, 1991.

— « Accélération du temps, crise du futur, crise de la politique », *Temporalités. Revue de sciences sociales et humaines*, n° 13, 2011 – https://rhuthmos.eu/spip.php?article803.

Leconte, Claire, *Des rythmes de vie aux rythmes scolaires. Une histoire sans fin*, Villeneuve-d'ascq, Presses univ. du Septentrion, 2014.

Lee, Henry H., Molla, Michael N., Cantor, Charles R. & Collins, James J., « Bacterial charity work leads to population-wide resistance », *Nature*, Macmillan Publishers, 2 Septembre 2010.

Lefebvre, Henri, *Le Matérialisme dialectique* [1939], Paris, PUF, 1957.

— *Critique de la vie quotidienne* [1947], 2de éd. aug., Paris, l'Arche, 1958.

— *Critique de la vie quotidienne*, Vol. 2, Paris, L'Arche, 1961.

— *Au-delà du structuralisme* [recueil d'articles des années 1960], Paris, Anthropos, 1971.

— *Critique de la vie quotidienne*, Vol. 3, Paris, L'Arche, 1981.

— *La Production de l'espace*, Anthropos, Paris, 1974.

— « L'espace : produit social et valeur d'usage », *La nouvelle revue socialiste*, n° 18, 1976.

— *Éléments de rythmanalyse. Introduction à la connaissance des rythmes* [1992], Paris, Eterotopia, 2019 – éd. augmentée.

Lefebvre, Henri & Guterman, Norbert, *Cahiers de Lénine sur la dialectique de Hegel*, Paris, Gallimard, 1939.

Le Goff, Jacques, « Au Moyen Âge : Temps de l'Église et temps du marchand » [1960], *Pour un autre Moyen Âge – Temps, travail et culture en Occident : 18 essais*, Paris, Gallimard, 1977.

— « Le temps de travail dans la crise du XIVe siècle : du temps médiéval au temps moderne » [1963], *Pour un autre Moyen Âge – Temps, travail et culture en Occident : 18 essais*, Paris, Gallimard, 1977.

Le Goff, Jean-Pierre, *La Barbarie douce,* Paris, La Découverte, 1999.

Lepetit, Bernard, & Pumain, Denise (dir.), *Temporalités urbaines*, Paris, Anthropos, 1993.

Leroi-Gourhan, André, « L'expérience ethnologique », *in* J. Poirier (dir.), *Ethnologie générale*, Paris, Gallimard, Ency. de La Pléiade, 1968.

— *Le Geste et la Parole. Vol. I. Technique et Langage*, Paris, Albin Michel, 1964.

— *Le Geste et la Parole. Vol. II. La Mémoire et les Rythmes*, Paris, Albin Michel, 1965.

Lesourd, Francis (dir.), « Les temporalités éducatives », *Pratiques de formation – Analyses* n° 51-52, Saint denis, Université Paris 8, Novembre 2006.

Levine, Robert, *A Geography of Time* [1997], Oxford, Oneworld, 2006.

Levit, Georgy, « Rezension: Wellmann, Janina. 2010. *Die Form des Werdens: Eine Kulturgeschichte der Embryologie, 1760-1830* », *Werkstatt Geschichte*, 2012, n° 61, pp. 112-115.

Lipovestky, Gilles, *Les temps hypermodernes*, Paris, Grasset, 2004.

Lopes Coelho, Salomé y Zorrilla, Aníbal (ed.) & Equipo de Investigación sobre el Ritmo en el Arte, *Estética y política del ritmo*, Paris, Rhuthmos, 2020.

Lyon, Dawn, « Doing audio-visual montage to explore time and space : The everyday rhythms of Billingsgate Fish Market », *Sociological Research Online*, 17 (2), 2016.

— « What is Rhythmanalysis ? » – conférence en ligne (8-10 juillet 2014) : http://www.rhuthmos.eu/spip.php?article2800.

— *What is Rhythmanalysis ?*, London-New York, Bloomsbury Academic, 2018.

— (ed.) *Rhythmanalysis : Place, Mobility, Disruption and Performance*, Research in Urban Sociology, Volume 17, Bingley, UK : Emerald Publishing, 2022.

Mabilon-Bonfils, Béatrice (dir.), *La fête techno. Tout seul et tous ensemble*, Paris, Autrement, 2004.

Macé, Marielle, *Façons de lire, manières d'être*, Paris, Gallimard, 2011.

Maiello, Francesco, *Histoire du calendrier. De la liturgie à l'agenda* [1993], Paris, Le Seuil, 1996.

Maldiney, Henri, « L'esthétique des rythmes » [1967] *in Regard, parole, espace*, Lausanne, L'Âge d'homme, 1973.

Malkiel, Yakov, « Lexis and Grammar – Necrological Essay on Émile Benveniste (1902-1976) », *Romance Philology*, Vol. 34, N° 2, 1980, pp. 160-194.

Mallarmé, Stéphane, *Œuvres complètes*, Paris, Gallimard, 1945.

Mallet, Sandra, « Aménager les rythmes : politiques temporelles et urbanisme », *Espace Temps.net*, 2013, *Rhuthmos*, 1er novembre 2015 : https://rhuthmos.eu/spip.php?article1647.

— « Le label *Cittaslow* et sa diffusion dans les communes françaises : la lenteur pour produire des espaces durables ? », *Territoire en mouvement Revue de géographie et aménagement*, 37 | 2018 : http://journals.openedition.org/tem/4173.

Mandelstam, Ossip, « L'État et le rythme » [1920], *The Complete Critical Prose and Letters*, Ann Arbor, Ardis, 1979.

Manghani, Sunil & Crespi, Paola, « Rhythmanalysis: An Interview with Paola Crespi », *Theory, Culture and Society*, 2015: http://rhuthmos.eu/spip.php?article1601.

Mankiw, N. G., « Real Business Cycles : A new Keynesian Perspective », *Journal of Economic Perspectives*, vol. 3, N° 3, 1989, p. 79-90.

Mankiw N. G. & Romer D. (eds.), *New Keynesian Economics*. Vol. 1: *Imperfect competition and sticky prices* ; Vol. 2: *Coordination Failures and Real Rigidities*, MIT Press, 1991.

Martinot-Lagarde, Pierre (dir.), « Rythmes et temps collectifs », *Projet* n° 273, Paris, 2003.

Maffesoli, Michel, *Le rythme de la vie. Variations sur l'imaginaire postmoderne*, Paris, La Table ronde, 2004.

Mauss, Marcel, « Essai sur les variations saisonnières des sociétés eskimo. Étude de morphologie sociale » [1905], *Sociologie et Anthropologie*, Paris, PUF, 1950.

— « Essai sur le don ; forme et raison de l'échange dans les sociétés archaïques » [1924] dans *Sociologie et Anthropologie*, Paris, PUF, 1950.

— *Manuel d'ethnographie*, Paris, Payot, 1947.

Melucci, Alberto, « Rythmes internes et rythmes sociaux dans un monde planétaire », *Nouvelles pratiques sociales*, 10 (2), 1997, pp. 195-202 et *Rhuthmos*, 3 avril 2011 : http://rhuthmos.eu/spip.php?article316.

Menétrey, Sylvain & Szerman, Stéphane, *Slow Attitude ! Oser ralentir pour mieux vivre.* Paris, Armand Colin, 2013.

Merton, Robert K., « Socially Expected Duration: A case Study of Concept Formation in Sociology » *in* Powell, W. W. et Robbins, R., *Conflict and Consensus*, Glencoe, The Free Press, 1984.

Meschonnic, Henri, *Pour la poétique*, Paris, Gallimard, 1970.

— *Pour la poétique II. Épistémologie de l'écriture. Poétique de la traduction*, Paris, Gallimard, 1973.

— *Pour la poétique III, Une parole écriture*, Paris, Gallimard, 1973.

— *Le Signe et le Poème*, Paris, Gallimard, 1975.

— *Pour la poétique IV. Écrire Hugo*, 2 vol., Paris, Gallimard, 1977.

— *Pour la poétique V. Poésie sans réponse*, Paris, Gallimard, 1978 .

— *Critique du rythme. Anthropologie historique du langage*, Lagrasse, Verdier, 1982.

— *Critique de la théorie critique. Langage et Histoire*, Saint-Denis, Presses Univ. de Vincennes, 1985.

— *Modernité Modernité*, Lagrasse, Verdier, 1988.

— *La Rime et la Vie*, Lagrasse, Verdier, 1990.

— *Modernité Modernité* [1988], Paris, Folio,1994.

— *Politique du rythme, politique du sujet* , Lagrasse, Verdier, 1995.

— *Poétique du traduire*, Lagrasse, Verdier, 1999.

— *La modernité après le post-moderne*, Maisonneuve & Larose, 2002.

— *Pour sortir du postmoderne*, Paris, Klincksieck, 2009.

Meschonnic, Henri & Dessons, Gérard, *Traité du rythme. Des vers et des proses*, Paris, Dunod, 1998.

Michon, Pascal, Individuatio. *Pour une anthropologie historique de la modernité. Contribution à une critique des sciences sociales,* thèse de doctorat en histoire, Paris, EHESS, 1995.

— *Les Papiers du Collège International de Philosophie*, N° 30, Paris, 1996.

— *Éléments d'une histoire du sujet*, Paris, Kimé, 1999.

— « Des états du langage dans le nouveau capitalisme », *Drôle d'époque*, N° 7, nov. 2000, Nancy, pp. 141-158.

— *Poétique d'une anti-anthropologie. L'herméneutique de Gadamer*, Paris, Vrin, 2000.

— « La sociologie peut-elle sortir seule de son dualisme. Le cas de Norbert Elias », *Cahiers internationaux de sociologie,* vol. CX, janvier-juin 2001, pp. 143-169.

— *Fragments d'inconnu. Pour une histoire du sujet*, Paris, Le Cerf, 2010.

— « Une rythmologie politique » *in* J. Birnbaum (dir.), *Où est passé le temps*, Paris, Gallimard, Folio Essai, 2012, pp. 136-137.

— *Les rythmes du politique. Démocratie et capitalisme mondialisé* [2007], Paris, Rhuthmos, 2015.

— *Marcel Mauss retrouvé. Origines de l'anthropologie du rythme* [2010], Paris, Rhuthmos, 2015.

— *Rythmologie baroque. Spinoza, Leibniz, Diderot*, Paris, Rhuthmos, 2015.

— *Rythme, pouvoir, mondialisation. Sur les formes anciennes et nouvelles des processus d'individuation* [2005], Paris, Rhuthmos, 2016.

— *Elements of Rhythmology: 1. Antiquity*, Paris, Rhuthmos, 2018.

— *Elements of Rhythmology: 2. From the Renaissance to the 19th Century*, Paris, Rhuthmos, 2018.

— *Elements of Rhythmology: 3. The Spread of Metron. From the 1840s to the 1910s*, Paris, Rhuthmos, 2019.

— *Elements of Rhythmology: 4. A Rhythmic Constellation. The 1970s*, Paris, Rhuthmos, 2021.

— *Elements of Rhythmology: 5. A Rhythmic Constellation. The 1980s*, Paris, Rhuthmos, 2021.

Middleton, Jennie, « Stepping in time » : Walking, time, and space in the city », *Environment and Planning*, A, 41, 2009, pp. 1943-1961.

— « Sense and the city : Exploring the embodied geographies of urban walking », *Social and Cultural Geography*, 11 (6), 2010, pp. 575-596.

Minissale, Gregory, *Rhythm in Art, Psychology and New Materialism*, Cambridge, Cambridge University Press, 2021.

Morin, Edgar. *La Méthode. La Nature de la nature*, Paris, Le Seuil, 1977.

— « From the concept of system to the paradigm of complexity », *Journal of Social and Evolutionary Systems*, Vol. 15, Issue 4, 1992, pp. 371-385.

Morris, Eilon, *Rhythm in Acting and Performance. Embodied Approaches and Understandings*, London-New York, Bloomsbury, 2017.

Mourey, Jean-Pierre & Ramaut-Chevassus, Béatrice (dir.), *Art et ville contemporaine. Rythmes et flux*, Saint-Étienne, Publications de l'Université de Saint-Étienne, 2012.

Mubi Brighenti, Andrea & Kärrholm, Mathias, "Beyond Rhythmanalysis: Towards a territoriology of rhythms and melodies in everyday spatial activities," *City, Territory and Architecture*, Vol. 5, N° 4, 2018.

Nettel, Guadalupe, *Ritmo*, Revista de la Universidad de México, n° 848. México, Mayo de 2019.

Neveux, Marguerite, *Le nombre d'or. Radiographie d'un mythe*, Paris, Le Seuil, 1995.

O'Brien, Richard, *Global Financial Integration : The End of Geography*, London, Chatham House-Pinter, 1992.

Parker, Kim H., « A brief history of arterial wave mechanics », *Medical and Biological Engineering and Computing*, vol. 47, n° 2, 2009,. pp. 111-118.

Peneff, Jean, *L'hôpital en urgence*, Paris, Métailié, 1992.

Pennuto, Concetta, « Pulsations du corps en médecine », *Histoire, médecine et santé*, 2017 : http://hms.revues.org/1095

Petitier, Paule & Séginger, Gisèle (dir.), *Les formes du temps. Rythme, histoire, temporalité.* Strasbourg, Presses universitaires de Strasbourg, 2007.

Pigeaud, Jackie (dir.), *Le Rythme*, Rennes, Presses universitaires de Rennes, 2014.

Pillinger, Jane, *Working Time in Europe : A European Working Time Policy in the Public Services*, European Trade Union Institute 2000.

Pirani, Bianca, Maria & Smith, Thomas, S. (ed.), *Body and Time: Bodily Rhythms and Social Synchronism in the Digital Media Society*. Newcastle upon Tyne, Cambridge Scholars Publishing, 2013.

Polizzi, Gaspare, « Rythme et durée: la philosophie du temps chez Bergson et Bachelard », *in* Wunenburger, Jean-Jacques & Worms, Frédéric (ed.), *Bachelard et Bergson: continuité et discontinuité*, Paris PUF, 2008, pp. 54-66.

Pontbriand, Chantal & Lewis, Mark, *Above and Below*, Paris, Le BAL, 2015.

Potte-Bonneville, Mathieu, *Michel Foucault, l'inquiétude de l'histoire*, Paris, PUF, 2004.

Pradel, Benjamin, *Rendez-vous en ville ! Urbanisme et urbanité événementielle : les nouveaux rythmes collectifs*, thèse de doctorat en sociologie 2010. Disponible en ligne ici : https://tel.archives-ouvertes.fr/tel-00546513v3

— L'introduction de cette thèse est aussi disponible en ligne ici : « Le rythme : une question de recherche urbaine », *Rhuthmos*, 28 novembre 2011 : https://rhuthmos.eu/spip.php?article460

Prochiantz, Alain, *Machine-Esprit,* Paris, Odile Jacob, 2001.

Rabinbach, Anson, *Le moteur humain. L'énergie, la fatigue et les origines de la modernité* [1992], Paris, La fabrique, 2004.

Reinberg , Alain & Ghata,Jean, *Les rythmes biologiques* [1957], Paris, PUF, 7ᵉ éd. 1997.

Reinberg, Alain, « Les rythmes biologiques : une vieille histoire et de nouveaux défis » in C. Doumet & A. W. Lasowski (dir.), *Rythmes de l'homme, rythmes du monde*, Paris, Hermann, 2010, pp. 127-149.

Revill, George, « Points of departure : Listening to rhythm in the sonorous spaces of the railway station », *The Sociological Review*, 61 (S1), 2013, pp. 51-68.

Revol, Claire, « La rythmanalyse lefebvrienne des temps et espaces sociaux. Ébauche d'une pratique rythmanalytique aux visées esthétiques et éthiques », *Rhuthmos*, Février 2014 : https://rhuthmos.eu/spip.php?article1102.

— *La rythmanalyse chez Henri Lefebvre (1901-1991). Contribution à une poétique urbaine*, Thèse de doctorat en philosophie de l'Université de Lyon 3, 2015.

— « Henri Lefebvre's rhythmanalysis as a form of urban poetics » in Leary-Owhin, Michael E. & McCarthy, John P. (ed.), *The Routledge Handbook of Henri Lefebvre, the City and Urban Society*, Routledge, 2020.

RHUTHMOS, Plateforme internationale et transdisciplinaire de recherche sur les rythmes dans les sciences, les philosophies et les arts: www.rhuthmos.eu, depuis 2010.

Ricœur, Paul, *Temps et Récit*, 3 vol., Paris, Le Seuil, 1983-1985.

— *Soi-même comme un autre*, Paris, Le Seuil, 1990.

Rosa, Hartmut. *Accélération. Une critique sociale du temps* [2005], Paris, La Découverte, 2010.

— *Aliénation et accélération. Vers une théorie critique de la modernité tardive* [2010], Paris, La Découverte, 2012.

Rotemberg J. and Woodford M. , « Dynamic general equilibrium models with imperfectly competitive product markets », *in* Cooley T., ed., *Frontiers of Business Cycle Research*, Princeton Uni. Press, 1995.

Royoux, Dominique & Vassalo, Patrick (dir.), *Urgences temporelles. L'action publique face au temps de vivre,* Paris, Sillepse, 2013.

Sables, Wayne, *Traffic* (2004), *Rhuthmos*, 29 janvier 2022 : https://rhuthmos.eu/spip.php?article2815.

Saire, Philippe, *Mini-golf du Petit-Chêne* (2002), film : Kamal Musale, *Rhuthmos*, 29 janvier 2022 : https://rhuthmos.eu/spip.php?article2814.

Sassen, Saskia, *The Global City – New York, London, Tokyo*, Princeton, Princeton University Press, 2001.

Sauvanet, Pierre, *Le Rythme grec. D'Héraclite à Aristote*, Paris, PUF, 1999.

— *Le Rythme et la Raison. 2 vol. : 1. Rythmologiques. 2. Rythmanalyses*, Paris, Kimé, 2000.

— « Retour sur quelques malentendus en matière de théorie du rythme », *Rhuthmos*, 7 novembre 2011: https://rhuthmos.eu/spip.php?article446.

— « Existe-t-il un "concept" de rythme au XIXe siècle ? Quelques réflexions à partir du mot "rythme" chez Hegel » – Journée d'étude « Histoire du rythme, histoire des Rythmes » – 12 décembre 2014, CNRS-EHESS.

— (dir.), « Les rythmes en arts », *Les Cahiers d'Artes*, Bordeaux, Université Bordeaux Montaigne, 2019.

— « Actualité de la recherche en rythmanalyse(s) : quelques éléments pour un état des lieux, suivis d'un retour sur quelques malentendus », *in* J. Lamy & J.-J. Wunenburger (dir.), *Rythmanalyse(s). Théorie et pratique du rythme. Ontologie, définitions, variations*, Lyon, Jacques André éditeur, 2018.

Sauvanet, Pierre & Wunenburger, Jean-Jacques (dir.), *Rythmes et Philosophie*, Paris, Kimé, 1996.

Scheuerman, William E., *Liberal Democracy and the Social Acceleration of Time*, Baltimore-London, Johns Hopkins University Press, 2004.

Schmid, Christian, Prigge, Walter & Stanek, Lukasz dans Goonewardena, K., Kipfer, S., Milgrom R. & Schmid C. (ed.), *Space, Difference, Everyday Life : Reading Henri Lefebvre*, New York, Routledge, 2008.

Schmitt, Jean-Claude, *L'Invention de l'anniversaire*, Paris, Les éditions arkhê, 2016.

— *Les Rythmes au Moyen Âge*, Paris, Gallimard, 2016.

Sennett, Richard, *Ce que sait la main. La culture de l'artisanat* [2008], Paris, Albin Michel, 2010.

Serres, Michel, *La Naissance de la physique dans le texte de Lucrèce. Fleuves et turbulences*, Paris, Minuit, 1977.

Simondon, Gilbert, *L'Individuation psychique et collective* [1958], Paris, Aubier, 1989.

Simmel, Georg, *Philosophie de l'argent* [1900], Paris, PUF, 2014.

— « Die Bedeutung des Geldes für das Tempo des Lebens », in G. Simmel, *Gesamtausgabe*, vol. 5, Suhrkamp, Francfort, 1992.

Simpson, Paul, « Chronic everyday life : Rhythmanalysing street performance », *Social & Cultural Geography*, 9 (7), 2008, pp. 807-829.

— « Apprehending everyday rhythms : Rhythmanalysis, time-lapse photography, and the space-time of the everyday street », *Cultural Geographies*, 19 (4), 2012, pp. 423-445.

Smith, Robin James & Hetherington, Kevin, « Urban rhythms: Mobilities, space and inter-action in the contemporary city – Introduction to Special Issue on Urban Rhythms », *The Sociological Review*, 61, 2013, pp. 4-16

Smith, Robin James & and Hall, Tom, « No time out : Mobility, rhythmicity and urban patrol in the twenty-four hour city », *The Sociological Review*, 61, 2016, pp. 89-108.

Snyder, Benjamin H.,*The Disrupted Workplace, Time and the Moral Order of Flexible Capitalism, Oxford*, Oxford Uni. Press, 2016.

Sue, Roger, *Temps et ordre social. Sociologie des temps sociaux*, Paris, PUF, 1994.

Tabboni, Simonetta, *La rappresentazione sociale del tempo*, Milano, Franco Angeli, 1991.

— *Les temps sociaux*, Paris, Armand Colin, 2006.

Taïbi, Nadia, *L'expérience ouvrière de Simone Weil. La philosophie au travail*, Thèse de doctorat en philosophie soutenue le 29 octobre 2007 à l'Université Lyon 3 – Jean Moulin.

— *La philosophie au travail. L'expérience ouvrière de Simone Weil*, Paris, L'Harmattan, 2009.

— *Simone Weil et notre temps. Philosopher, penser, résister*, Vallet, M-Éditer, 2019 .

Tarde, Gabriel, *L'Opinion et la Foule* [1901], Paris, PUF, 1989.

Thompson, Edward P., *Temps, discipline du travail et capitalisme industriel* [1967], Paris, La Fabrique, 2004.

Thrift, Nigel J., « Torsten Hägerstrand and social theory », *Progress in Human Geography*, 29 (3), June 2005, pp. 337-340.

Touraine, Alain, *Le retour de l'acteur. Essai de sociologie*, Paris, Fayard, 1984.

— *Critique de la modernité*, Paris, Fayard, 1992.

Vannini, Phillip, « In time, out of time, rhythmanalyzing ferry mobilities », *Time & Society*, 21 (2), 2012, pp. 241-169.

Vidal, Laurent, *Les hommes lents. Résister à la modernité. XVe–XXe siècle*. Paris, Flammarion, 2020.

Virilio, Paul, *La Vitesse de libération*, Paris, Galilée,1995.

— *Le Futurisme de l'instant. Stop-eject*, Paris, Galilée, 2009.

Weil, Simone, *La Condition ouvrière* [1937], Paris, Gallimard, 1951.

Wellmann, Janina, *Die Form des Werdens: Eine Kulturgeschichte der Embryologie, 1760-1830*, Göttingen, Wallstein, 2010.

Wilting, Jens & Priesemann, Viola « 25 years of criticality in neuroscience – established results, open controversies, novel concepts », *Current Opinion in Neurobiology*, vol. 58, October 2019, pp. 105-111.

Wunderlich, Filipa Matos, « Walking and rhythmicity : Sensing urban space », *Journal of Urban Design*, 13 (1), 2008, pp. 31-44.

— « The aesthetics of place-temporality in everyday urban space : The case of Fitzroy Square » in T. Edensor (ed.), *Geographies of Rhythm : Nature, Place, Mobilities and Bodies*, Farnahm, Ashgate, 2010.

— « Place-temporality and urban place-rhythms in urban analysis and design : An aesthetic akin to music », *Journal of Urban Design*, 18 (3), 2013, pp. 383-408.

Wunenburger Jean.-Jacques. (dir.), *Les rythmes : lectures et théories*, Paris, L'Harmattan, 1992.

Younès, Chris, « L'événement rythmique : apport de la philosophie de Maldiney pour la pensée de l'*aisthesis* en architecture », *Phantasia*, vol. 5, 2017, pp. 136-141.

Zeller, Olivier, « Les rythmes urbains (XVe-XIXe siècles) », *Rhuthmos*, 19 juin 2011, http://rhuthmos.eu/spip.php?article373.

Zerubavel, Eviatar, *Hidden Rhythms. Schedules and Calendars in Social Life*, Chicago-London, The University of Chicago Press, 1981.

— *The Seven Day Circle. The History and Meaning of the Week*, Chicago-London, The University of Chicago Press, 1985.

— *Time Maps. Collective Memory and the Social Shape of the Past*, Chicago-London, The University of Chicago Press, 2003.

Index